战略视野下中国国家形象的塑造
——理论、历史与实践

ZHANLUE SHIJIAOXIA
ZHONGGUO GUOJIA XINGXIANG DE SUZAO
LILUN LISHI YU SHIJIAN

陈世阳 / 著

九州出版社 JIUZHOUPRESS 全国百佳图书出版单位

图书在版编目（CIP）数据

战略视野下中国国家形象的塑造 / 陈世阳著. -- 北京：九州出版社，2020.10
ISBN 978-7-5108-9639-2

Ⅰ．①战… Ⅱ．①陈… Ⅲ．①国家－形象－研究－中国 Ⅳ．①D6

中国版本图书馆CIP数据核字 (2020) 第195689号

战略视野下中国国家形象的塑造

作　　者	陈世阳 著
出版发行	九州出版社
地　　址	北京市西城区阜外大街甲 35 号（100037）
发行电话	(010) 68992190/3/5/6
网　　址	www.jiuzhoupress.com
电子信箱	jiuzhou@jiuzhoupress.com
印　　刷	北京九州迅驰传媒文化有限公司
开　　本	710 毫米 ×1000 毫米　16 开
印　　张	19.25
字　　数	300 千字
版　　次	2020 年 12 月第 1 版
印　　次	2020 年 12 月第 1 次印刷
书　　号	ISBN 978-7-5108-9639-2
定　　价	78.00 元

目 录

第三部分　中国国家形象塑造的战略设想

前　言

随着通信技术和全球化的发展，世界各国逐渐意识到良好的国家形象对推进对外战略、维护国家利益、扩大国家权力所具有的积极影响，纷纷从战略高度对国家形象重新定位，竞相调整或重塑国家形象。英国为了改变其昔日帝国形象，开展"新英国运动"；从 1998 年开始，印度用了十年时间向全球推广它的全球形象；2003 年 1 月 21 日，美国总统布什宣布正式成立"全球传播办公室"，以提升美国的国家形象，扩大美国的国际影响。2008 年 1 月 22 日，中国国家主席胡锦涛在同全国宣传思想工作会议代表座谈时指出，要做好对外宣传工作，进一步展示和提升国家良好形象。2009 年 5 月俄罗斯政府成立了一个专门委员会，负责改善本国国际形象，由前副总理、俄联邦政府办公厅主任谢尔盖·纳雷什金领导，成员包括外交部长谢尔盖·拉夫罗夫。2013 年 12 月，中共中央总书记、国家主席习近平强调，要注重塑造我国的国家形象，重点展示中国文明大国形象、东方大国形象、负责任大国形象以及社会主义大国形象。人类正在步入一个国家形象相互竞争的时代。

一、国家形象战略问题的提出及论证

针对国家形象作用的凸显，许多学者提出了国家形象战略，主张从战略高度来认识和研究国家形象。例如韩源认为，在全球化时代的国际竞争中，国家形象的战略地位被凸现出来，国家形象的塑造与传播也被提到国家战略的高度来认识。[①] 那么国家形象能否提升到战略层面，国家形象战略是否成

---

① 韩源. 全球化背景下的中国国家形象战略框架 [J]. 当代世界与社会主义，2006,(1):100.

立？学界并未给出解释。要回答这个问题，需要从理论和实践层面来论证国家形象战略的可行性和必要性。

（一）国家形象战略的研究具有现实的必要性和紧迫性

国家形象作为一个战略问题的提出，并不是从既定的学科体系规范中推导出来的，而是在国家战略实践中产生的。在国家形象的建构和传播过程中，广大发展中国家处于不利地位，国家形象面临严重挑战。目前，各国的国家形象基本上是由少数西方跨国传播媒体为主体的全球信息传播体系来塑造的。占世界人口 1/7 的发达国家占据世界新闻总量的 2/3。当前传播于世界各地的新闻大部分由西方国家垄断。以美国为例，目前全世界至少有 65% 的信息源和信息接收终端来自美国，世界上流通的 80% 的文字和影像来源于美国。各国进口的电视节目，75% 来自美国；在世界传播的 300 多套卫星电视中，约有一半也来自美国。[①] 流通于世界的大部分新闻都是根据西方发达国家的价值标准来选择、传播的，这给包括中国在内的广大发展中国家带来不利的影响。以美国为首的西方国家，通过其掌握的强大媒体传播力量，把自己塑造成为维护世界正义与和平的"救世主"，而把广大发展中国家丑化为"邪恶"的代表。美国等西方国家把歪曲中国国家形象作为其国家战略的重要组成部分，通过有意识地在国际舞台上歪曲中国人权状况，宣扬"中国威胁论""中国崩溃论"等，不断"妖魔化"中国，给中国国家形象和国际舆论环境带来极为不利的影响。以至于有舆论称"中国面临的最大战略威胁可能就是它的国家形象"[②]。这种状况引起了中国政府和学术界的注意，但国家形象还未被提升到战略高度来认识。中国拥有多项战略，比如，国防战略、西部开发战略、能源战略、经济战略等，但没有国家形象战略，因此中国政府有必要为此进行长远规划，将国家形象战略作为国家总体战略中的一项重要内容。

（二）国家形象战略的提出在理论上的可行性

实践的发展推动了理论研究。当前，国家形象战略的提出在理论上主要是基于国家形象在国际关系中的重要作用以及国家形象的复杂性、可塑性而

---

① 刘继南，周积华，段鹏等.国际传播与国家形象 [M].北京：北京广播学院出版社，2002.19.
② [美] 乔舒亚·库珀·雷默.事关形象的紧急关头 [N].参考消息，2006-10-04(16).

提出的。

第一，国家形象是国际关系中的一个重要变量。现实主义、新自由制度主义、建构主义三大西方主流理论从不同角度论述了威望、声誉或国家形象 ① 在国际关系中的作用。现实主义认为国家之所以追求国家在国际关系中的荣誉和威望（prestige），是因为它们是具有价值的目标。摩根索将对威望的追求归结于人性，认为国家像个人一样，有追求威望的本能。② 除了摩根索之外，其他现实主义者从不同角度论述了声誉的作用。在《伯罗奔尼撒战争》中，修昔底德认为，声誉因素是伯罗奔尼撒战争的内在推动力之一。托马斯·榭林在《武器及其影响》中认为，声誉是值得国家为之而战的为数不多的因素之一。这些现实主义者认为，声誉是国际冲突产生的根本动机之一。

新自由制度主义的代表人物罗伯特·基欧汉在《霸权之后》一书中论述对国际承诺的遵守问题时，重点强调了声誉（reputation）因素。他认为，一个政府的声誉成为说服别人与其达成协议的一项重要资产。声誉是一种倾向性特征，可以用来预测、解释其未来行为。③ 国家之所以关心其声誉是因为国家相信他国会凭借一国声誉来判断其未来的行为。基欧汉认为，声誉对那些即使不重视个人荣誉和自尊的政府来说，都具有非同寻常的重要意义。良好的声誉使得政府易于加入可以从中受益的国际组织；而那些声誉不佳者则要付出难以达成协议的代价。④

温特在《国际政治的社会理论》中论及国家利益概念时，在乔治·亚历山大和罗伯特·基欧汉所提出的三种国家利益——生存、独立、经济财富的基础上，提出了第四种利益，即"集体自尊"（self-esteem）。集体自尊指一个集团对自我有着良好感觉的需要，对尊重和地位的需求。自尊是个人的基本人性需求也是个人成为团体成员的原因之一。团体作为表达这种意愿的形式，

---

① 关于威望、声誉和国家形象三个概念之间的关系，笔者认同王钰博士的界定，国家形象是包含威望与声誉的一个外延更大的概念。具体见王钰.权力与声誉——对中国在美国国家形象及其构建的研究[D].博士论文，复旦大学，2006.9-10；王学东.国家声誉与国际制度[J].现代国际关系，2003,(7):15.西方学者更多使用"威望"和"声誉"，而中国学者使用"国家形象"的较多。

② [美]汉斯·摩根索.国家间政治——寻求权力与和平的斗争[M].北京：中国人民公安大学出版社，1990.104-105.

③ Jonathan Mercer. *Reputation and International Politics*(Ithaca and London: Cornell University Press,1996),pp.16.

④ [美]罗伯特·基欧汉.霸权之后[M].苏长河等译，世纪出版集团，2001.128.

也有了这种需求。像其他国家利益一样，集体自尊也可以通过多种方式表达。一个关键因素是：集体自我形象是正面的还是负面的。[①] 在建构主义看来，国家形象属于国家利益的范畴，塑造良好的国家形象就是维护国家的利益——集体自尊的需求。

由此可见，无论是现实主义、新自由制度主义还是建构主义，尽管其路径不同，但都承认国家形象在国际关系中的作用，或认为它是国家利益的一部分，或认为是导致国家合作与冲突的重要因素，或认为是维护国家利益的手段。尽管国家形象在国际关系中作用的发挥受到其他因素的制约或限制，但不能否认它是影响国际关系的重要因素，而这种作用或影响，在全球化时代更加突出。

第二，在全球化时代，国家形象具有重要的战略作用。当前，世界已经进入一个形象制胜的时代，国际形象被视为主权国家最重要的无形资产之一，各主要大国均将国际形象视为软实力的核心要素并加以塑造。[②] "国家形象"作为一种"软实力"的本质，在于它关系到一个国家能否以最小代价取得最大政治和经济利益，实现自己的短期和长期目标，影响到一个国家在国际社会中的政治地位、经济参与程度，以及凭借自身实力在国际舞台上纵横捭阖的能力。[③] 作为一种软实力，国家形象是维护和推进国家利益的工具，在国际关系和外交中有多种功能，是极为重要的"无形资产"，它可以增强本国人民的自信心、向心力和凝聚力，增强集体认同和国际认同，可以有效地维护和巩固国家在国际社会中的政治合法性，可以赢得国际威望、提高国际地位。国家形象的经济功能表现为：良好的国家形象正如有影响、有信誉的品牌形象，将会对外部公众带来更大的吸引力。这种吸引力在不同领域有不同的表

---

① [美] 亚历山大·温特. 国际政治的社会理论 [M]. 秦亚青译，上海：上海人民出版社，2008.229-231.

② 门洪华. 中国软实力评估与增进方略 [A]. 门洪华主编. 中国软实力方略 [C]. 杭州：浙江人民出版社，2007.13.

③ 傅新. 全球化时代的国家形象——兼对中国谋求和平发展的思考 [J]. 国际问题研究，2004,(4):15.

现①。国家形象的政治功能：良好的国家形象使一个国家引力可以转化为国家在国际市场上的竞争力，使得国家在国际上的生存空间大大拓展。国家形象的安全功能表现为：国家形象作为判断他国行为和意图的依据，可以缓解国家间的安全困境，有利于构建国际社会中的安全互信机制；国家形象作为一种社会建构和认同，可以规范和制约国家行为。为追求良好的国家形象，国家会采取社会化行为，甚至牺牲眼前利益，这有利于国际合作与和平。国家形象的文化功能表现为：良好的国家形象是一个国家极为重要的"无形资产"，它可以增强本国人民的自信心、向心力和凝聚力，增强集体认同和国际认同；良好的国家形象可以消除文化隔阂，增进沟通和理解；可以促进本民族文化的传播，提高本国的国际影响力和吸引力。②

　　第三，国家形象具有可塑性。作为一种主观认知，国家形象受到认知对象、客观情况、认知者自身的价值偏好和认知能力，传播过程中信息传播介质以及传播环境的影响。主权国家出于国家利益的考虑会确定自身的形象战略，主动塑造和输出良好的国家形象，干预国际公众对本国形象的形成过程，因此主权国家可以对自身形象进行自我塑造。具体表现为：（1）国家形象的关键素材主要来自于主权国家自身的状况与发展态势。因此，国家可以通过改变自己的实力和某些特征来改变自己在外界的形象，比如提高自身的综合国力，大力发展经济、政治、文化、科技事业，积极参与国际合作，实现社会的全面进步与和谐发展，推动世界的和平与发展。（2）国家形象在传播过程中的可塑性具有极为重要和广阔的战略空间，其中新闻传播无疑是一个战略制高点。在信息传播全球化的时代，大众传媒是现代社会中主要的信息提供者，有关国家的信息从信息源经过媒介传递后最终在受众的脑海中定格下

---

　　① 关于国家形象的作用，笔者会在后面的章节具体论述，具体研究可参见：刘乃京.媒体全球化对外交的挑战 [J]. 国际论坛，2001,(3)：32-33；刘继南，何辉等.中国形象——中国国家形象的国际传播现状与对策 [M]. 北京：中国传媒大学出版社，2006.11-16. 李正国；国家形象建构 [M]. 北京：中国传媒大学出版社，2006.8-12；吴征.中国的大国地位与国际传播战略 [M]. 北京：长征出版社，2001.1；时殷弘.关于中国的大国地位及其形象的思考 [J]. 国际经济评论，1999,(10):43-44；Eugene D.Jaffe & Israel D,Nebenzahl. National Image and Competitive Advantage(Copenhagen : Copenhagen Business School Press,2001)，pp.7-9.

　　② 韩源.全球化与中国大战略 [M]. 北京：中国社会科学出版社，2005.254-258；杨冬云.国家形象的构成要素与国家软实力 [J]. 湘潭大学学报（哲学社会科学版），2008,(5)；李正国.国家形象建构 [M]. 北京：中国传媒大学出版社，2006.72-7.

来，形成国家形象。为此，一国应根据自身情况制定符合自身利益的国家形象战略，提高国际传播力，革新宣传内容与方式，确保宣传渠道的畅通，尽可能保证自我信息能得到充分的传播，塑造有利的国际舆论环境。（3）国家形象的形成，还要受到认知者的经验、需求、价值观、理解力、人格特征、文化背景等主观因素的影响。为此，主权国家需要展开系统的工作，通过政府外交、公共外交、民间外交，加强与对象国的交往与合作，特别是通过文化交流，影响对象国公众的认知。

第四，国家形象具有复杂性、长期性，需要从宏观层面、战略高度进行把握。国家形象的塑造是一个复杂的长期的系统工程，它包含着国家形象的定位、建设、传播、修复、评估等过程，涉及国内政治、军事、经济、文化、教育、科技、社会、外交等各个层面，涉及国际政治、国际文化、国际经济的格局与形势。它需要国内各个政府部门、社会团体、企业和国民的共同努力，需要协调国内和国际两个大局，统筹经济战略、政治战略、国际战略以及国家大战略之间的关系。因此，国家形象的建设不是某一部门、某一学科所能胜任的，需要精心规划，需要长期的努力。鉴于国家形象的战略地位及其长期性和复杂性，有必要从战略学的角度对其进行宏观的研究和统筹安排。

（三）国家形象战略的研究对中国具有重大的理论和现实意义

中国的崛起越来越成为不可阻挡的历史潮流，中国崛起的方式、速度以及对世界平衡的影响，成为国内外决策者和学者关注的全球性议题。中国正处在迅速崛起过程的中点，面临"大国崛起的困境"。而国内学术界对中国崛起缺乏深入的战略思考，对崛起战略设计缺乏清晰的概念，甚至对崛起的国内外制约因素考虑不周。[①] 而国家形象战略的研究有利于深化、完善对和平发展战略的研究，解决和平崛起过程中面临的有些问题。中国在和平发展中面临的一个突出问题是软实力不足以及如何被国际社会认可和接受。"随着中国的物质力量同发达国家的差距缩短，软力量差距就成为中国崛起过程中最明显的弱点，同时也是中国在国际环境中一个主要制约因素"。[②] 而国家形象是软实力的组成部分，在很大程度上决定着国家在国际舞台上的地位、影响

---

① 门洪华. 构建中国大战略的框架 [M]. 北京：北京大学出版社，2005.31-32.

② 黄仁伟. 中国崛起的时间和空间 [M]. 上海：上海社会科学院出版社，2002.109.

力和发展环境。为了避免受到遏制，崛起中的国家就具有建构良好声誉的动力，积极显示自身的意图，采取相应的行为来宽慰其他国家，从而消除或者减少被遏制的可能性。[①] 积极建构良好的国家形象有助于增强国际社会对中国崛起的认同，有效避免被包围遏制，从而为国家的和平发展争取更为稳定、友好、合作的外部环境。

二、已有研究成果综述

早在两次世界大战期间，西方对于国家形象已有了较多的研究。二战后，对国家形象的研究进入了系统的研究阶段。到 20 世纪 90 年代，中国学术界对国家形象的研究才进入自觉阶段。[②] 作为国家形象研究领域的一个分支，国家形象战略也引起了有关研究者的关注。从已有的文献来看，国内外的研究主要分散在对国家形象战略一些相关概念和理论的探讨，比如国家形象与国家利益、综合实力、软实力等关系的探讨，以及对国家形象战略某个层面的研究，比如对国家形象的定位、塑造、传播、修复或对具体国家形象塑造的经验总结或谋划。

（一）对国家形象战略相关概念和理论的探讨

这方面的研究主要集中在以下几个方面：国家形象的概念、特点、构成要素、作用或意义、影响因素以及国家形象与综合国力、软实力、国家利益等关系的研究。关于国家形象的概念、特点与构成要素的研究现状，有些研究者已做了详细的总结，[③] 因此，笔者主要对以下几个方面的研究情况进行梳理。

1. 关于国家形象与综合国力、软实力、国家利益等关系的研究。

研究者普遍认为，国家形象是软实力的一部分，是对综合实力的反映，也是国家利益博弈的手段，有的学者还提出国家形象是国家利益的组成部分。例如，俞可平提出，"'国家形象'在全球化时代显得特别重要，已经成为国

---

① 王学东.国家崛起与国家声誉 [J]. 现代国际关系 ,2004,(7):24.

② 王钰.权力与声誉——对中国在美国国家形象及其构建的研究 [D]. 博士论文，复旦大学，2006.14-18.

③ 关于这部分的研究可参见：刘艳房，张骥.国家形象及中国国家形象战略研究综述 [J]. 探索，2008,(2):69-71.

家利益的重要内容"①。杨冬云认为，国家形象是一个国家综合国力的集中体现，在某种程度上影响国家的实力或权力，从而构成国家软实力的核心组成部分。②宋效峰认为国际威望是"软实力"的重要构成之一，既是国家利益的有机组成部分，也是维护和增进国家利益的重要手段。③张昆研究指出，在国际关系视域，国家形象直接影响到国家利益的实现与否。理想的国家形象呈现，对国内外民众的吸引力、影响力、感召力，是国家软实力的重要表现。④

而李正国对国家形象与权力、实力、综合国力、软权力的关系提出了不同看法。他认为，国家形象是这个国家综合实力的一种反映，但综合国力与国家形象并不构成必然的对应关系。国家形象本身不是直接构成综合国力的一个因素，是附加在综合国力转化为权力过程中的精神影响因素之一。国家要想提升软实力，追求积极良好的外部形象就成为必然选择之一，但国家形象并不构成了一种软权力。因为国家形象不仅表现为一种吸引力，还表现为一种威慑力。⑤

2. 国家形象的作用

学者们普遍认同国家形象具有经济、政治和文化功能。刘继南等认为，除此之外，国家形象还具有安全功能：国家形象从国家安全整体层面对其产生影响和作用。⑥邓路、刘德学基于实证分析，认为良好的国家形象可以显著促进经济出口，更好地获得进口国的认可和青睐；同时对消费品出口、制成品、异质品也有重要作用。⑦国内外研究者普遍认为，国家形象是影响对

① [美]乔舒亚·库珀·雷默等.中国形象：外国学者眼里的中国（序言）[M].北京：中国社会科学文献出版社，2008.1.

② 杨冬云.国家形象的构成要素与国家软实力 [J].湘潭大学学报(哲学社会科学版)，2008,(5).

③ 宋效峰.国际威望政策与中国的和平崛起 [J].江苏社会科学，2006,(3):114-119.

④ 张昆.超越文化差异型塑理想国家形象 [J].当代传播，2015,(05):24-25+70.

⑤ 李正国.国家形象建构 [M].北京：中国传媒大学出版社，2006.41,61-62.

⑥ 刘继南等.中国形象——中国国家形象的国际传播现状与对策 [M].北京：中国传媒大学出版社，2006.14-16.

⑦ 邓路,刘德学.国家形象与出口——基于引力模型的实证分析 [J].国际贸易问题，2017,(07):63-73.

外政策决策、执行以及国家间关系的重要因素。[①] 董青岭、李爱华认为国家形象在国际关系中的重要性表现为：国家形象是国家对外决策的重要背景因素；国家形象是"软权力"的重要表现形式；国家形象是国家间权力与利益博弈的重要手段。[②] 布尔丁认为一个国家对另一个国家的观念和形象往往会影响其对该国的政策和行为，进而影响国家间的关系。[③] 阿拜斯·马立克（Abbas Malek）认为，国际传媒上塑造的国家形象对一个国家的外交政策在国际社会上的影响或者被接受通常是一个重要的评估。[④] 罗伯特·杰维斯（Robert Jervis）认为，良好的国家形象不仅能补充其他力量形式，而且是达到目标的不可或缺的手段。[⑤] 贾玉成、张诚基于 2006—2014 年中国对 41 个国家的对外直接投资（OFDI）数据分析总结出，积极国家形象对中国 OFDI 具有显著正向影响。[⑥]

3. 影响国家形象的因素

研究者从不同角度分析了影响国家形象的因素。韩源认为影响国家形象的因素有：国家的客观状况、传播过程因素、国际公众的主观因素。[⑦] 王钰设定国家性质、国家行为与国际地位为影响国家形象的三个最主要的变量。[⑧] 王学东探讨了国际制度对国家声誉的影响，提出：国际制度具有汇集、放大、传输和准直声誉的功能，使得行为体的声誉具有易获性和有效性。[⑨] 王生才

---

① 关于这方面的研究可参见倪建平，黄卫红.关于中国国家形象与外交政策的理论思考 [J].毛泽东邓小平理论研究，2004,(10):60-61；Robert Jevis,Perception and Misperception in International Politics(Princeton:Princeton University Press,1970),pp.28.

② 董青岭，李爱华.和平·发展·合作——关于中国国家形象建设的几点思考 [J].理论学刊，2006,(4):70-72.

③ Kenneth Boulding. "National Images and International Systems", *Journal of Conflict Resolution*, (Feb.1959),pp.120-131.

④ Abbas Malek. *News Media and Foreign Relations: A Multifaceted Perspective*(Norwood: Ablex Publication,1997),pp.17.

⑤ Robert Jervis. *The Logic of Image in International Relations*(Princeton: Princeton University Press, 1970), pp.3-8.

⑥ 贾玉成，张诚.国家形象对中国 OFDI 的影响 [J].经济评论，2019(04):108-126.

⑦ 韩源等.全球化与中国大战略 [M].北京：中国社会科学出版社,2005.258.

⑧ 王钰.权力与声誉——对中国在美国国家形象及其构建的研究 [D].博士论文，复旦大学，2006.

⑨ 王学东.外交战略中的声誉因素研究——冷战后中国参与国际制度的解释 [M].天津：天津人民出版社，2007.63-69.

认为外交战略的制定与实施决定了一国在国际社会的形象。[①]管文虎提出民族形象、领袖形象、政党形象是国家形象的主要内容和集中体现[②]，是影响国家形象的因素。郭树勇提出良好大国形象的五个决定因素：现代身份、世界贡献、战略意志、特殊责任和有效治理[③]。余红、王琨总结国家形象是国内外受众对一个国家的物质要素、精神要素、制度要素以及行为要素的总体认识。理想的国家形象是对四个要素的真实反映，而实际的国家形象会受到受众主观因素以及媒介呈现的影响，会造成国内外形象存在差异。[④]赵彦云、李望月分析多国数据结果表明，一国的国家形象主要由八个方面决定，即经济发展、政府管理、基础建设、金融建设、科技发展、教育水平、能源消耗及社会结构，但这八大要素在决定发达国家、发展中国家以及杰出国家的国家形象时的侧重点有所不同。[⑤]季乃礼的研究表明国家形象的形成既受宏观因素如国家实力、文化等的影响，也受微观因素如个人接触的环境、个人特质的影响。[⑥]鲁亚军、张汝飞发现政府管理是构建和提升国家形象最主要的影响维度，金融体系以及企业运营维度次之。[⑦]影响国家形象形成的因素一直是西方学者研究的重点，他们从不同理论和视角进行了探讨。他们普遍认为，媒体在人们形成他国国家形象中发挥了重要作用。[⑧]许多研究者进一步考察了媒体传播的国家形象形成的动力机制。有的从冲突或权力结构来分析国家形象，[⑨]还有一些学者认为内部因素在形象形成中发挥着更大作用，例如种族主义、心

---

① 王生才.中国的大国外交战略与大国形象塑造 [J]. 高校社科动态 ,2007,(1):23.

② 管文虎.国家形象论 [M]. 成都：电子科技大学出版社，2000.97.

③ 郭树勇.论大国成长中的国际形象 [J]. 国际论坛 ,2005,(6):52-54.

④ 余红，王琨.国家形象概念辨析 [J]. 中州学刊 ,2014,(01):167-172.

⑤ 赵彦云，李望月.国际竞争力视角下国家形象的实证分析 [J]. 中国人民大学学报 ,2013, 27(06):80-89.

⑥ 季乃礼.国家形象理论研究述评 [J]. 政治学研究 ,2016

⑦ 鲁亚军，张汝飞.国家形象影响因素实证研究 [J]. 现代管理科学 ,2014,(08):45-47+114.

⑧ 相关论述参见：Jinbong Choi.Framing North Korea as Axis of Evil(Ph.D.Dissertation, The University of Minnesota),2005.pp.3-5；Suman Lee. A Theoretical Model of National Image Processing and International Public Relations(Ph.D.Dissertation, Syracuse University, 2004).

⑨ Karl Erik Rosengren. "International News:Methods,Data,and Theory", *Journal of Peace Research*(1974)；Eerette Dennis,George Gerbner,ed. *Beyond the Cold War*(Newbury Park:Sage Publications,1991)；Yahya R.Kamalipour ed. *The U.S. Media and the Middle East*(Westport: Greenwood Press,1995)；Beverly G. Hawk,ed. *Africa's Media Image*(New York:Praeger,1992),pp.132-146.

理因素、国家身份。① 凯瑟琳·鲁瑟（Catherine A. Luther）认为，国家身份在媒体传播的国家形象形成过程中发挥着最重要的作用，其次是政治经济结构的影响。媒体传递的国家形象与政府的外交决定和行动之间存在紧密的对应关系。② 此外，借助社会学和语言学的理论，一些学者探讨了大众媒体产生的国家形象与社会的关系。国家形象是一种社会产物，受到政治、意识形态、组织、语言因素的影响。③

（二）对国家形象定位的研究

国家形象的定位是国家形象战略的基石。目前研究者对此问题的探讨主要集中在：国家形象定位的原则、依据和中国国家形象的定位。

在国家形象定位的决定因素和原则上，刘继南等认为，国家形象定位的决定因素是：国家综合国力、历史和当前的国内国际局势、国家形象的构成要素、大众传播与科技的发展、国民因素。国家形象定位的原则是坚持国家利益原则；坚持服从外交战略，为国家整体战略服务的原则；从历史出发定位。④ 有的学者提出，除了国家实力和国家利益外，国际社会的普遍价值观也是中国国家形象定位的依据之一。有的学者认为国家形象的塑造首先要表现出民族文化特定的历史情感、历史使命和时代追求；其次，一个国家的自身发展是国家形象的基础；最后，一个有影响力的国家形象还应该是一个具有思想和道德力量、有担当、负责任的形象，要体现出对全人类发展的关切和责任感而不是仅从一国利益出发，在重大国际问题上要有自己的立场和观

① John W. Dower. *War Without Mercy*(New York:Randon House, 1986)；Edward L. Farmer. "Sifting Truth from Facts: The Reporter as Interpreter of China," in Voices of China, ed. *Chin-Chuan Lee* (New York: The Guildford Press, 1990)；Catherine A. Luther. *Press Images, National Identity, and Foreign Policy: A Case Study of U.S.-Japan Relation from 1955-1995*(New York: Routledge, 2001), pp.20.

② Catherine A. Luther.Press Images, National Identity, and Foreign Policy: *A case Study of U.S.-Japan Relation from 1955-1995*(New York:Routledge,2001),pp.1-7.

③ 关于这方面的研究状况可参见：Yan Wenjie. A Q-Analysis of the Changing Image of China in the "New York Times" from 1949-1988(Ph.D. Dissertation.Buffalo: State University of New York, 1993), pp.25-34.

④ 刘继南等．中国形象——中国国家形象的国际传播现状与对策 [M].北京：中国传媒大学出版社，2006.259-261.

点，有勇气在国际事务中伸张正义。[①]

关于中国国家形象定位的讨论较多，见仁见智。刘明从五个方面对中国国家形象定位进行了一般性概括：一个改革创新、对外开放的转型时期的中国；一个稳定发展、文明进步的中国；一个坚定地走在有中国特色的现代化道路上的中国；一个致力于东方文化与现代性交融的中国；一个独立自主、和平发展与负责任的中国。[②]有的研究者将某一特征作为中国国家形象的定位，例如认为"和平崛起"或"负责任大国形象"或"和平、发展、合作"是中国国家形象的定位。[③]

在如何对中国国家形象进行定位上，学者们又提出了不同的建议。程曼丽指出，中国国家形象的定位，目前需要做的是，将古老的中国、现代的中国与未来的中国三者结合在一起，并一以贯之地向外传播。[④]基于中国国家形象的国际传播现状，刘继南等提出中国国家形象定位的建议：第一，中国国家形象构成要素的复杂性要求进行多维度的综合定位，但可以将经济要素作为定位的核心；第二，中国的政治形象、军事形象具有复杂性，定位可以突出向"自信""透明"发展的趋势；第三，定位要处理好国家形象的动态性与稳定性的平衡关系；第四，通过对"先期解释过的领域"的再解释进行中国人的形象定位；第五，国家形象定位要善于利用新事件、突发事件；第六，在人际沟通中进行国家形象的定位；第七，借助世界主流影视、网络等多媒体进行中国国家形象的定位。作者又进一步提出，中国国家形象在国际传播中的定位调整过程应包括的几个方面。[⑤]

（三）对国家形象建构的研究

这方面的研究主要集中在两个方面，一是对国家形象塑造、建构的一般

---

① 杨冬云.国家形象的构成要素与国家软实力 [J].湘潭大学学报 (哲学社会科学版), 2008,(5):99.

② 刘明.当代中国国家形象定位与传播 [M].北京：外文出版社，2007.207.

③ 冯霞，尹博.北京奥运文化传播与中国国家形象塑造 [J].北京社会科学，2007,（4）:74; 王生才.中国的大国外交战略与大国形象塑造 [J].高校社科动态，2007,（1）:24-25;董青岭，李爱华.和平·发展·合作——关于中国国家形象建设的几点思考 [J].理论学刊，2006,(4):70-72.

④ 程曼丽.大众传播与国家形象塑造 [J].国际新闻界，2007,(3):6.

⑤ 刘继南等.中国形象——中国国家形象的国际传播现状与对策 [M].北京：中国传媒大学出版社，2006.263-270.

理论研究，二是对中国国家形象建构的具体研究。

　　关于第一个方面的研究主要体现在对国家形象建构方式、渠道的探讨。李正国论述了建构国家形象的手段：政治影响力、军事力量、经济援助、公共外交、政治传播、文化逆差、借势成事。① 有的学者提出了国家形象是由7个渠道构成的：媒体日常报道、外交与政策、体育和国际会议、大型仪式活动、产品与品牌、双向的旅游、教育与留学。② 有的作者专门从某一个角度详细研究了国家形象建构的方式，比如从文化认同、公关外交、国际组织的角度。③ 在建构正面的国家形象方面，约瑟夫·奈强调国家形象的强度是以国家的文化、国内政策和价值以及对外政策的主旨、技巧和风格的组合为基础的。④ 李智认为要重塑和再造国家形象必须先改造和优化彼此的交往互动模式，再改造彼此共享的观念或知识，最后重构国家同他国或相关国家之间的身份认同关系。⑤ 许多学者也探究了艺术设计对国家形象建构的影响，如：电影、电视剧、动画片等艺术作品。⑥ 有的作者从国际政治社会学角度提出了崛起大国的国家形象建构策略：（1）崛起大国缓解遏制的国家形象建构：实施战略克制，维持国际现状；积极融入国际社会，参与国际制度；优先发展与主导性大国的关系，培育国际认同。（2）崛起大国提高国际地位的国家形象建构：进行民主政治制度改革，建立和完善现代民主身份；参与以危机管理为核心的区域或全球治理；承担超越狭隘国家利益之上的国际特殊责任；

　　① 李正国 . 国家形象建构 [M]. 北京：中国传媒大学出版社，2006.122-184.

　　② 清华大学国际传播研究中心课题组 . 国家形象建构的渠道分析 [A]. 周明伟主编，国家形象传播研究论丛 [C]. 北京：外文出版社，2008.28.

　　③ 赵可金 . 公共外交的理论与实践 [M]. 上海：上海辞书出版社，2007；于朝晖 . 整合公共外交——国家形象构建的战略沟通新视角 [J]. 国际观察，2008,(1):26-27. 阮宗泽 . 国际组织对塑造国家形象的作用和意义 [A] . 周明伟 . 国家形象传播研究论丛 [C]. 北京：外文出版社，2008.184-188；孟建 . 大公关视域下的国家形象建构 [J]. 国际公关，2011,(2):90. 周洋，濮端华 . 文化认同视域下国家形象的建构路径 [J]. 南京政治学院学报，2014,(6):99-102.

　　④ Joseph S. Nye Jr.Soft *Power: The Means to Success in World Politics*(New York: Public Affairs,2004),pp.68.

　　⑤ 李智 . 本质主义与建构主义：国家形象研究的方法论反思 [J]. 新视野，2015,(06):124-128.

　　⑥ 王薇 . 20 世纪中国电影中的国家形象塑造体述 [J]. 艺术百家，2013,29(04):197-200；刘荃，靖裕思 . 2014-2015 年国产动画片中国家形象建构初探 [J]. 新闻与写作，2016,(03):41-44.. 周根红 . 电视剧的海外传播与国家形象建构 [J]. 中国电视，2016,(01):101-105；宫承波，朱逸伦 . 动画在国家形象建构中的作用 [J]. 当代传播，2015,(06):30-32+56.

建立符合国际政治文化的独特话语系统。[①]

在一般理论研究的基础上，学者们纷纷提出了中国国家形象塑造的对策和建议。管文虎等认为，塑造中国良好国际形象的关键是练好"内功"：增强本国的综合国力，推进国家的社会进步，是塑造良好国际形象的基础。良性的沟通和积极的形象传播，认同和践行人类共同普世价值，有助于公众感知与接受正面的国际形象。[②] 汤光鸿认为，中国仍然需要完善和提高国际形象：确立中国与国际社会的双向认同关系是塑造良好形象的前提；加强政治资源建设是塑造国家形象的根本；提高资源运用能力是塑造国家形象的关键环节。[③] 董青岭等提出中国必须综合运用建构和解构两种战略，做好"破"与"立"两方面的工作。[④] 王钰博士从心理学的角度阐释中国国家形象战略对策。[⑤] 还有的作者提出了新世纪中国和平崛起中的国家形象建构策略：全面融入国际社会，树立和平的国家形象；韬光养晦，树立发展的国家形象；改善与世界大国的关系，树立合作的国家形象；注重同发展中国家的关系，树立平等的国家形象；积极参与地区事务与全球治理，树立负责任的大国形象；顺应时代潮流，树立公道的大国形象。[⑥] 王生才提出，中国的大国形象塑造应注意以下几个方面：培养大众与决策层的"大国意识"；重视国际社会的"民意"；有所作为，积极进行国际参与；重视国家形象传播的技术机制建设。[⑦] 江作苏、李理认为对国家形象的塑造和传播既要依靠官方舆论场对核心要素进行系统梳理，又要依靠民间舆论场对国家形象差异化特色进行充分挖掘，实施国家与公民的良性互动，在打通官方舆论场和民间舆论场基础

---

① 郭树勇.大国成长的逻辑——西方大国崛起的国际政治社会学分析 [M].北京：北京大学出版社，2006.220-237；李艳芳.国家形象在大国崛起中的战略作用及其建构 [D].学位论文，陕西师范大学，2007.30-41.

② 管文虎.关于研究中国国际形象问题的几点思考 [J].国际论坛，2007,(5):4.傅新.全球化时代的国家形象——兼对中国谋求和平发展的思考 [J].国际问题研究，2004,(4):16-17.

③ 汤光鸿.论国家形象 [J].国际问题研究，2004,(4):21-23.

④ 董青岭，李爱华.和平·发展·合作——关于中国国家形象建设的几点思考 [J].理论学刊，2006,（4）:70-72.

⑤ 王钰.权力与声誉——对中国在美国国家形象及其构建的研究 [D].博士论文，复旦大学，2006.87-195.

⑥ 李艳芳.国家形象在大国崛起中的战略作用及其建构 [D].学位论文，陕西师范大学，2007.

⑦ 王生才.中国的大国外交战略与大国形象塑造 [J].高校社科动态，2007,(1):26-27.

上，弥合国家形象传播的盲区。^①张昆就中国国家形象建构建议：要改善中国的国家形象，必须从跨文化交流的视角出发，拓展对外传播的渠道，统筹兼顾，秉持系统思维和专业精神，革新对外传播的理念，完善对外传播的实践，与此同时，还要提升全民的文化素质，彰显负责任的大国形象。^②有的作者还研究了中国在全球不同地区形象塑造的经验和建议。^③杨雪认为生态纪录片在建构国家形象方面具有独特作用，并提出了我国生态纪录片的国家形象建构策略。^④关锋梳理了新中国成立以来对国家形象建构的认知和努力，总结了新中国成立以来国家形象建构取得的成就，并提出了当前国家形象建构存在的不足与优化的根本路径。^⑤

（四）对国家形象传播的研究

对国家形象传播的研究是国内目前国家形象研究最成熟的一个方面。以刘继南教授为代表的一大批学者为此作出了重大贡献。^⑥这方面的研究主要集中在以下几个方面：传播与国家形象的关系、中国国家形象传播的现状、中国国家形象传播的对策。

刘继南、何辉等研究了国家形象的国际传播，探讨了国家形象在国际传播中的特点，国际传播影响国家形象的因素等，此外作者主要从国外主流媒体、外国人对中国国家形象的认知以及中国的传播制度三个方面分析了中国国家形象的国际传播现状，在此基础上提出了中国国家形象整合传播战略和

① 江作苏，李理 . 传播视野：国家形象的官方民间舆论场互补建构 [J]. 华中师范大学学报（人文社会科学版）,2014,53(06):84-91.

② 张昆 . 中国究竟需要树立什么样的国家形象 [J]. 中州学刊 ,2014,(11):5-9.

③ 王珏 . 东亚地区中国国家形象解析 [J]. 世界经济与政治论坛，2007,(5). 罗建波 . 中国对非洲外交视野中的国家形象塑造 [J]. 现代国际关系，2007,(7). 李安山 . 为中国正名：中国的非洲战略与国家形象 [J]. 世界经济与政治，2008,(4):6-15.

④ 杨雪 . 浅论我国生态纪录片对于国家形象的建构：以 2008—2018 年间作品为例 [J]. 中国电视 ,2019,(11):79-83.

⑤ 关锋 . 新中国成立以来我国国家形象建构 [J]. 北京行政学院学报 ,2012(02):38-48.

⑥ 此类研究成果有：刘继南等 . 国际传播与国家形象——国际关系的新视角 [M]. 北京：北京广播学院出版社，2002；张昆 . 国家形象传播 [M]. 上海：复旦大学出版社，2005；周明伟 . 国家形象传播研究论丛 [M]. 北京：外文出版社，2008；程曼丽 . 大众传播与国家形象塑造 [J]. 国际新闻界，2007,(3) 等。

策略。^①段鹏论述了对外传播与国家形象的关系:对外传播是国家形象建构的重要力量;对外传播是国家形象建构的主要途径;对外传播实力是国家形象建构的决定因素。^②郑晨予提出定量抽象化的数学模型,生成并设计相应的架构、算法和行为准则,为国家形象传播的实践提供参考。^③作者还从对外传播、跨文化传播的角度分析了中国形象现存问题的原因并提出相应的对策。^④何辉总结了世界各国国家形象的建构和传播活动的四种普遍策略:成立专门机构,从宏观上把握国家形象的建构;通过塑造国际性强势媒体建构国家形象;通过整合传播建构国家形象;"软""硬"结合,多维度地建构国家形象。并特别提出中国应建立"国家形象管理委员会"协调国家形象建设。^⑤范红对国家形象核心要素和差异化特色进行系统的梳理研究,并在此基础上确定国家形象的精确定位以及整合营销传播策略。国家形象应主要围绕核心要素进行多维塑造;同时,通过新媒体传播等主要策略来进行立体传播。^⑥甘险峰认为新时期需要重新检视国家形象建构的传播范式,国家形象传播应充分考虑接受方的语境,无论是传播方式、话语方式,还是信息的价值标准,都要与国际主流媒体对接,须遵循传播规律,多方协同传播,合力提升国家形象。^⑦有些作者还聚焦中国出口海外的电视剧、海外宣传片、武术等文化形式,通过对人物形象、叙事角度、色彩构成、结构节奏、音乐音响与英文解说的合理策划组织,巧妙融入中华民族精神和传统文化,搭建文化平台,传

---

① 刘继南,何辉等.中国形象——中国国家形象的国际传播现状与对策 [M]. 北京:中国传媒大学出版社,2006.271-294;何辉等.中国国家形象塑造:形式和手段 [A]. 周明伟.国家形象传播研究论丛 [C]. 北京:外文出版社,2008.95-118.

② 段鹏.国家形象建构中的传播策略 [M]. 北京:中国传媒大学出版社,2007.14-15.

③ 郑晨予.基于自组织的国家形象传播模式构建——兼论与国家形象互联网承载力的对接 [J/OL]. 江淮论坛,2016,(01):149-153.

④ 段鹏.国家形象建构中的传播策略 [M]. 北京:中国传媒大学出版社,2007.122-175;董军."国家形象建构与跨文化传播战略研究"开题会综述 [J]. 现代传播,2012(1):121-123;李卫东,周宏刚."跨文化传播中的中国国家形象建构研究"开题会综述 [J]. 现代传播,2012(1):123-125;甘险峰.国家形象传播范式辨析 [J]. 中州学刊,2014(11):10-13

⑤ 何辉等.中国国家形象塑造:形式和手段 [A]. 周明伟.国家形象传播研究论丛 [C]. 北京:外文出版社,2008.79-84.

⑥ 范红.国家形象的多维塑造与传播策略 [J]. 清华大学学报(哲学社会科学版),2013,28(02):141-152+161.

⑦ 甘险峰.国家形象传播范式辨析 [J]. 中州学刊,2014,(11):10-13.

播中国形象。^①李智、竺慧捷从交互式纪录片这种新媒体事物角度出发，认为在含有国家和城市形象的交互式纪录片作品中，交互式纪录片展现了传播国家形象的巨大优势和潜力，交互式纪录片的话语建构是中国塑造新时代大国形象的可实施路径之一。^②王润珏、胡正荣认为主流媒体是我国国际传播和国家形象塑造的中坚力量，在复杂多变的国际环境和持续发展的智能化传播趋势下，我国主流媒体可尝试紧扣"真实""立体""全面"这三个关键词探索国际传播和塑造国家形象的方法和策略。^③钟新、张超将新时代中国大国形象的传播分为两种路径：基于事实传播的本质主义路径和基于身份传播的建构主义路径。^④李彦认为国家形象是一个内涵丰富的概念，具有认知、审美、情感等多个维度，由政治、经济、科技、文化、社会、国民形象等多个指标所构成，仅仅依靠政府这一主体无法展现出多元化和多维度的国家形象，我们需要转变单一的官方话语视角，动员各种社会力量拓展多维度的跨文化传播渠道。^⑤

（五）对国家形象修复的研究

国家形象面临着各种危机的威胁或挑战，因此，危机发生后的国家形象修复成为国家形象战略中的一个重要环节。这个问题引起了一些学者的关注。李正国详细探讨了国家形象修复的宗旨、原则、一般规律和方式。他认为国家形象修复的宗旨、原则是以人为本、信息透明、快速反应。在国家形象修复中，危机公关一般遵循一些基本规律：危机发生后，一国政府应该迅速、明确地向与危机密切相关者传递信息；在处理危机时，一个国家必须真诚对待危机利益相关群体；在危机公关中，面对公众的怀疑、国际社会的质疑时，

---

① 肖雪锋，侯晓银，方亭 . 国家形象宣传片的影音传播策略研究 [J]. 东岳论丛 ,2013,34(09):88-93；文媛，马友平等 .影视艺术中的国家形象塑造与传播——兼论影视教育对于青年价值观塑造的意义 [J]. 当代文坛 ,2015,(04):112-114.

② 李智，竺慧捷 .新媒体时代国家形象传播的策略创新——以多种网页交互纪录片为例 [J]. 外语电化教学，2019，(06):33-38.

③ 王润珏，胡正荣 .真实、立体、全面：我国主流媒体的国际传播与国家形象塑造 [J]. 出版发行研究，2019(08):81-84.

④ 钟新，张超 .新时代中国大国形象的四个维度与两种传播路径——基于习近平相关论述的分析 [J]. 中国人民大学学报 ,2020(03):34-42.

⑤ 李彦 .新时代国家形象的塑造与传播 [J]. 人民论坛 ,2019(17):124-125.

一个国家政府应该先担负起所有责任或充当第一责任人，立即着手解决问题；在危机公关中应充分发挥媒体的积极作用，正确引导舆论。国家形象修复的方式：施救救援、受援维护。^① 程曼丽认为，面对国家形象危机，有效的危机应对和传播策略是十分必要的。为此需要改变旧有的传播观念，树立危机传播意识，尊重国际传播规律，掌握有效传播的方法与技巧。^② 刘晓音以俄罗斯在国际上的国家形象受损为例，强调通过政治价值观念、文化、外交等软实力建设，提升国家形象。^③ 有的学者以美国 9·11 事件后的政府形象修复、美国在中东的公共外交战略、德国与日本在二战后形象修复为例进行了案例分析和研究。^④

（六）对国家形象塑造的经验总结和战略谋划

虽然在理论上，过去人们并未提出国家形象战略，实际上中外国家都在不同程度上实践着它。总结其中的经验教训，服务于今天的战略就成为国家形象战略研究的一部分。王日根描述了中国在汉唐、宋朝、清朝时期的国家形象及其形成、传播的不同手段和方式，总结了历史上中国国家形象变迁带给我们的经验教训。^⑤ 杨烨等梳理了新中国成立以来，国家形象的变迁，并提出中国社会主义国家形象构建的未来取向是实现意识形态与国家利益、民族特性与普世价值的双重耦合。^⑥ 有些作者总结了新中国成立以来毛泽东、邓小平、江泽民、胡锦涛等国家领导人有关国家形象的论述，分析了新中国

① 李正国. 国家形象建构 [M]. 北京：中国传媒大学出版社，2006.185-218.
② 程曼丽. 国家形象危机中的传播策略分析 [J]. 国际新闻界，2006,(3):5-9.
③ 刘晓音. 俄罗斯软实力发展和国家形象的提升 [J]. 社会科学,2015,(02):31-38.
④ 清华大学国际传播研究中心课题组. 国家形象修复案例研究 [A]. 周明伟. 国家形象传播研究论丛 [C]. 北京：外文出版社，2008.218-257.
⑤ 王日根. 中国不同历史阶段国家形象的形成原因及经验教训 [A]. 周明伟. 国家形象传播研究论丛 [C]. 北京：外文出版社，2008.294-296.
⑥ 杨烨，卜新兵. 试论中国社会主义国家形象的理论构建与实践探索 [J]. 江西师范大学学报，2010(2):3.

国家领导集体塑造社会主义东方大国形象的历史贡献。① 还有些学者对德国、日本、英国、法国、俄罗斯、印度、韩国、卡塔尔等国家的形象塑造进行了分析和总结，并提出了对中国的启示意义。② 大卫·埃德勒斯坦（David M Edelstein）提出，在历史上，现状国家对崛起中国家的印象极大影响前者的政策诉求和两者之间关系发展。国家应审视他国的国内特征和行为，依此形成关于他国的形象。③ 田刚健聚焦"新俄罗斯思想"的文化核心理念，研究索契冬奥会开闭幕式作为普京新任期文化外交政策的经典案例，依托全球网络化媒体和国际传播平台塑造良好国际形象，实现国家战略利益。④ 陈一认为，国家形象的塑造从根本上源于文化自信，文化自信有助于我们从根本上摆脱"内部东方主义"的心态，要用"中国梦"与"人类命运共同体"来引领中国形象的塑造。⑤ 孙兴昌提出，新时代国家形象的塑造是一个完整的体系，是对历代中央领导集体关于国家形象思想的继承和发展，其中，文明大国、东方大国、负责任大国、社会主义大国，构成了新时代国家形象塑造的基本内容。⑥

对中国国家形象战略的谋划成为许多研究者关注的重心。对国家形象战略的谋划离不开对现状的研究。近些年，国家形象研究的一个热点是对中国国家形象现状的描述和评估。这些研究既有对单个媒介事件、个别国家主流

① 管文虎.国家形象论 [M].成都：电子科技大学出版社，2000；管文虎.论负责任的大国形象 [J].天府新论,2004,(5).王家芬.论邓小平国家形象思想 [J].求实，2002,(2).邓淑华，张凤军.邓小平对塑造中国和平大国形象的贡献 [J].毛泽东思想研究，1999,(2).郭树勇.论和平发展进程中的中国大国形象 [J].毛泽东邓小平理论研究，2005,(11):51-56.Yue Ren. National Image Conflict and the Pursuit of Nuclear Independence(Ph.D. Dissertation, Columbia University,1994); Sheng Ding.The Soft Power and the Rise of China(Ph.D.Dissertation,the State University of New Jersey,2006).

② 于涛.二战后德国、日本国家形象塑造对比分析 [A].周明伟.国家形象传播研究论丛 [C].北京：外文出版社，2008.299-311；曾河山.从英法韩文化战略看国家形象的塑造 [J].对外大传播，2007,(2).陈杰.卡塔尔国家形象的构塑 [J].阿拉伯世界研究，2008,（4）:17-23；许华.俄罗斯国家形象与软实力 [J].俄罗斯东欧中亚研究，2013(3).；金正昆，程靖.当代印度国家形象新探 [J].广西社会科学，2014(3).

③ Carola Mcgiffert ed. *China in the American Political Imagination* (Washington, D.C: The Csis Press, 2006), pp.6-15.

④ 田刚健.普京时期俄罗斯文化外交政策与国家形象塑造 [J].东北师大学报（哲学社会科学版）,2016,(03):91-97.

⑤ 陈一."纪录片塑造国家形象"：观念误区与应对之道 [J].中国电视,2019(10):82-86.

⑥ 孙兴昌.新时代中国国家形象的塑造 [J].长白学刊,2018(02):38-43.

媒体展示的中国形象的分析，也有借助国内外调研对中国形象现状的研究。[①] 例如，常姗姗借助研究《纽约时报》，认为应该从"他塑"中，即通过特定词汇使用、转引等一系列手法找出提升中国国家形象的路径和对策。[②] 李莹、林功成、陈霓基于对北京奥运会和上海世博会的问卷调查，研究表明大型事件本身的形象对国家形象转移效果的强度与方向均产生了显著的正向影响，所以应该尽量选择更具有正面评价可能性的事件，谨慎选择宣传推广策略，降低公众对举办方意图的反感，提高国家形象。[③] 由于在国家形象战略目标、措施等方面认识的不同，研究者提出了不同的战略方案。韩源的《全球化与中国大战略》一书是国内目前较详细论述中国国家形象战略的著作。本书提出了中国国家形象战略框架：第一，战略目标：以突出"和平崛起"的大国形象为中心。第二，战略基础：发展是硬道理。第三，战略措施：重视政府形象的塑造；在经济活动、外交活动、对外文化交往中塑造中国国家形象；通过举办大型的国际活动，增强国民的国家形象意识，塑造良好的国家形象。第四，战略重点：占领传媒制高点。[④] 罗建波提出中国国家形象战略的基本框架与实现途径。他认为，中国国家形象建设的中心目标是向世界展示和平发展的大国形象。文明繁荣、追求和平、合作共赢、诚信负责是中国国家形象建设的四个基本维度。"韬光养晦，有所作为"是中国国家形象的战略方针。[⑤] 范红认为，国家形象的传播应从国家长远发展战略出发，制定国家形象战略规划，明确国家形象的战略定位，多维构建国家形象的战略框架，进行立体传播。[⑥] 刘影探寻了话语维度下国家形象的塑造之法，用中国话语说真实中

---

① 关世杰. 美、德、俄、印民众眼中的中国国家形象问卷调查分析 [J]. 对外传播，2013(1). 徐翔. 近十年俄罗斯民众对中国国家形象的认知 [J]. 世界经济与政治论坛，2012(2):92-104. 徐进. 国家品牌指数与中国国家形象分析 [J]. 国际关系学院学报，2012(1).. 陈先红. 从 APEC 会议看中国国家形象塑造 [J]. 国际公关，2014(6).

② 常姗姗. "多面中国"：中国国家形象的"他塑"研究——以《纽约时报》2015 年"中美关系"议题为例 [J]. 新闻大学,2017,(03):138-145+153.

③ 李莹，林功成，陈霓. 大型事件对国家形象建构的影响——基于对北京奥运会和上海世博会的问卷调查 [J]. 新闻与传播研究,2014,21(08):5-14+126.

④ 韩源等. 全球化与中国大战略 [M]. 北京：中国社会科学出版社，2005.266-278.

⑤ 罗建波. 中国国家形象战略的基本框架与实现途径 [J]. 理论视野，2007,(8):27-29.

⑥ 范红. 国家形象建构与智库建设 [J]. 国际公关，2015(1):93.

国，用中国话语塑造国家形象。① 冯惠玲等提出了"文化中国"国家形象战略。② 邵峰提出了国家形象战略的逻辑模型，着力于软实力建设和提升国家形象。③ 有的学者从品牌建构的角度提出了中国国家形象品牌建构战略。④ 王海洲认为国家形象战略理论框架的中心问题是：它基于何种理解去处理其外在环境和内在对象。提出国家形象战略在本质上是一种基于形象载体的象征意义持续性地征服受众的规划。而是否能够有效地实现再生产，是评估国家形象战略成败的重要标准。⑤ 陈联俊认为网络空间中国家形象传播逻辑与传播因素推动国家形象变化，这种变化带来持续深远的影响，要注重从不同层面对其进行塑造，为网络空间中国家形象的传播发挥积极作用。⑥

综上所述，国内外对国家形象战略的研究取得一系列成果，为进一步研究提供了坚实的基础，但目前的研究也留下了一些有待进一步思考和拓展的空间。一是国内外的研究主要集中于微观层面和对策研究，而对宏观和理论层面研究有待加强。目前的研究主要集中于对国家形象的塑造、传播的研究，并且针对中国现状提出了大量的政策建议，而对国家形象战略的理论和宏观框架研究不够。也就是说，国内外的国家形象战略研究是在理论缺失下进行的。比如，目前许多学者提出了种种中国国家形象战略的方案，但对国家形象战略的概念、框架以及国家形象战略在国家大战略中的地位，与其他战略的关系，国家形象与国家利益等基本问题，不是不曾涉及就是研究不详。二是研究方法和视角有待改进。现有的国家形象理论研究大多从某一学科的角度，以描述式或定性分析居多，研究方法和视角相对单一，不能满足现实需求，也不符合国家形象复杂性、多领域的特点。国家形象战略的研究应以战略学、国际关系学和传播学为主，同时借鉴吸收形象学、公共关系学、心理

① 刘影.话语、国家形象与中国崛起——论中国国家形象的话语塑造 [J].理论月刊,2017,(01):161-167.

② 冯惠玲,胡百精.北京奥运会与文化中国国家形象构建 [J].中国人民大学学报,2008,(4):17-24.

③ 邵峰.国家形象战略的逻辑模型及其对中国的启示 [J].东南亚研究,2014,(06):40-52.

④ 清华大学国际传播研究中心课题组.国家形象建构的渠道分析 [A].周明伟.国家形象传播研究论丛 [C].北京：外文出版社,2008.60-69.

⑤ 王海洲.国家形象战略的理论框架与中国方案——基于象征政治学的探索 [J].上海行政学院学报,2018,19(04):59-66

⑥ 陈联俊.论网络空间中国家形象的传播与塑造 [J].学术论坛,2018(01):175-180.

学、语言学等相关社会学科的理论和方法，综合应用文本分析、历史分析、比较分析等多种研究方法。

三、研究的思路、创新与重点

1. 本研究遵循从实践到理论再到实践的认识路径，研究内容分为理论研究、历史经验总结、对策建议三部分。

从实践到理论再到实践是唯物辩证法的基本认识路径。本研究的起点是对"中国崛起过程中国际社会认同"这一现实问题的回应和关切，落脚点是针对中国国家形象的现状，提出中国国家形象战略方案，增强国际社会对中国和平发展的认同。而战略方案的提出需要理论的关照、历史经验的整理以及对现状的判断。因此，本研究首先借鉴其他学科成果，从战略角度出发提出"国家形象战略框架"；在这一理论指引下，总结德国、美国、俄罗斯以及新中国成立以来国家形象塑造的经验教训，为下一步的对策建议提供历史的经验支撑；在以上理论、历史研究基础上，结合对中国国家形象现状的分析，提出中国国家形象塑造的战略设计。

2. 本研究的创新点或突破点主要体现在构建整体理论框架和多元研究方法上。

正如前面研究综述所总结的，目前关于国家形象战略研究的不足主要体现在国家形象战略的理论和宏观框架研究不足以及研究方法和视角的单一。这也是本书力图创新和突破的方向。

构建国家形象战略的理论框架是本书的创新点，也是难点。相对于国家形象战略研究滞后局面，其他行为体的形象战略研究和应用相对成熟，比如政府形象战略、城市形象战略、区域形象战略，尤其是企业形象战略的研究和应用比较深入。有关形象学的研究较系统地探讨了形象的塑造、传播和形象的危机应对等。这些为我们进行国家形象战略理论框架的构建提供了基础。借鉴形象学的一般理论和形象战略研究已有成果，结合国际政治和国家的特殊性，构建国家形象战略就成为本书的创新点，同时也是个难点。尽管我们可以将国家假设为和其他行为体一样，是单一的理性行为体，但国家行为体还是有其独特性，国际政治和国际战略与其他领域还是存在差异。

在研究方法上，本研究力图采用多元方法，强调理论与实践相结合。在方法论上，注重定量分析、定性分析、历史分析、实证研究等方法的结合。在理论层面，以战略学、国际政治学、传播学的理论为基础，同时注意借鉴吸收形象学、心理学、公共关系学、语言学等学科的方法和理论成果。在实践层面，以理论为基础，总结中外实践经验，提出政策性建议。

3. 在理论分析和经验研究基础上提出中国国家形象战略是本书的重点。

提出中国国家形象战略是本书的归宿和重点。第一部分的理论分析和第二部分的历史的实证考察都是为最后中国国家形象战略的提出服务的。目前，关于中国国家形象战略的研究和对策建议，是在缺乏国家形象战略理论体系下进行的，更多的是对某一侧面或领域的零散反应，对中国国家形象战略思想和实践的总结缺乏系统性和全面性。而将理论与历史经验、现实结合起来研究中国国家形象战略的则更少。本研究力图克服这些不足，在国家形象战略的理论指导下，总结国内外国家形象实践经验，结合中国现实，尝试提出更科学、全面、前瞻和符合中国国情的国家形象战略。

第一部分 国家形象战略理论

现实的需求和国家形象自身的战略属性推动着国家形象战略的理论研究。那么国家形象战略作用是什么？其在国家整体战略中的地位如何？国家形象战略包含哪些要素，各要素在战略框架中的功能、地位如何？借鉴战略学、国际关系学、传播学、管理学的相关理论，力图对上述问题做出学理上的回答，以搭建国家形象战略的理论框架，从而为后续的研究奠定基础。

第一章 国家形象战略的界定

国家形象或威望作为国际关系中的一个要素早在古代就引起了战略家和决策者的注意，但其只是影响国家战略的一个次要的从属性因素。只是随着全球化时代的到来和软实力作用的上升，国家形象的战略作用才凸现出来，成为国家战略中一个独立的战略因素，国家形象战略的提出和研究才成为可能。

第一节 "国家形象战略"的概念

概念是理论研究的基础和逻辑起点。国家形象战略是战略在国家形象领域的扩展和运用。要弄清国家形象战略的概念，需要首先厘清国家形象和战略的定义。本节主要是在国家形象和战略研究基础上对国家形象战略的概念进行界定，并探讨国家形象战略的要素。

一、国家形象的定义及其分类

关于国家形象定义，学界并未形成共识，国内外学者从不同学科背景和角度作出了不同界定，并在研究中存在国家形象、国内形象、国际形象等概念的混用，因此有必要对国家形象的内涵和外延进行界定。

（一）国家形象的定义

社会不仅存在国内层面也存在国际层面，既有国内社会，也有国际社会，因此，我们可以借助社会心理学的有关知识来分析国家形象。从社会心理学角度来看，国家形象属于社会认知。在社会心理学内部有两种不同的研究传统：心理学传统和社会学传统。目前国内外关于国家形象的定义也有这两种传统，大致上可分为两类：认知论和社会交互论。[①] 大多数定义都是从认知论出发的，强调主体对客体的反映。如，管文虎等认为："国家形象是一个综合体，它是国家的外部公众和内部公众对国家本身、国家行为、国家的各项活动及其成果所给予的总的评价和认定。"[②] 尼莫（Nimmo）和塞维基（Savage）将形象定义为：人们对客体、事件或人物所表现出来的可觉察的大量特征而形成的构想。将国家作为形象的对象，国家形象可定义为一个国家所表现或被认知的特征。[③] 认知论基本上都认同国家内部因素，如政治文化、经济发展、历史经验、地理位置等因素在塑造国家的形象架构和决定国家的形象战略选择上的作用。另一类是从社会交互的角度进行定义，强调行为体的社会交互和建构作用。如门洪华认为，所谓国际形象，即一个国家在国际间的政治、经济、文化、军事、科技等诸方面相互交往过程中给其他国家及其公众留下的综合印象。[④] 这类观点认为，形象不是与生俱来的，而是在社会交往中和互动中由外界对事物的判断和评价而建构的。

两种路径反映了国家形象形成的不同进程。前者更关注国内的变量——综合国力，国际社会中的价值观念、文化意义和行为规范等外部语境对该国形象的形成基本没有影响，每个国家的特色就在于其国内变量的独特性。从后者的角度出发，国家形象是由社会建构而成的，是一个关系型的概念，而不是私有或属性概念；一个国家的形象是在国际体系中与其他行为体长期的、持续的互动中获得的，[⑤] 但国内层次因素在国家形象形成中的作用被忽视了。国家形象是在国际社会因素和国家内部因素的共同作用中建构而成的，要对它进行准确的把握，需要将以上两个视角结合起来。因此，笔者认为，所谓国家形象，就是国家的外部公众和内部公众在与该国的互动中形成的对国家

① 关于国家形象的定义，李正国提出了三种分类：传统反映论、建构主义和形象学的角度。具体见李正国 . 国家形象建构 [M]. 北京：中国传媒大学出版社，2006.22-30.

② 管文虎 . 国家形象论 [M]. 成都：电子科技大学出版社，2000.23.

③ Suman Lee. A Theoretical Model of National Image Processing and International Public Relations(Ph.D.dissertation, Syracuse University, 2004),pp.6.

④ 门洪华 . 压力、认知与国际形象——关于中国参与国际制度战略的历史解释 [J]. 世界经济与政治，2005,(4):17.

⑤ 李正国 . 国家形象建构 [M]. 北京：中国传媒大学出版社，2006.25.

本身、国家行为、国家的各项活动及其成果的总体印象。关于这个概念，需要从两个方面把握：（1）国家形象从本质上讲是一种心理认知，包含主体、客体、主客体关系三个要素。认知主体是国内公众和国际公众，它可以是某一个体，也可以是群体或组织。认知客体是国家本身、国家行为、国家的各项活动及其成果；主客体关系表现为主体对客体的印象，包含一定的评价。（2）外部公众和内部公众与国家的互动是国家形象产生的源泉。国家形象正是在国内外公众与国家的社会互动中形成的。这种社会互动包含两个层面：一是国内公众在国内社会层面与国家的交互作用，二是国外公众在国际社会层面与国家的交互作用；并且这种互动可以是直接的也可以是间接的社会交往和联系。

（二）国家形象的分类

人们为了认识的深入和研究的需要，根据不同划分标准，对国家形象进行了多种分类：（1）按照时间来分，国家形象分为历史形象、现在形象和未来形象。国家形象并不是单纯的对当今国家现状的反映，而是不同时段国家形象的集合，糅合着对该国的刻板印象、当今认知和未来预期。历史上形成的刻板形象会长期存在，甚至成为国家形象的全部。直到今天，由于对中国的不了解，西方许多民众对中国的印象仍停留在 19 世纪，认为中国是一个贫穷、落后、愚昧的国家，男人留辫子，女人裹小脚等。（2）按照空间来分，国家形象可分为地区形象与整体形象。属于同一个国家的各地区、城市有着各自的形象，这些个别形象是组成整体国家形象的有机部分，影响着整体形象，又不等同于整体形象。地区形象往往被推论至整体形象，而整体形象深受地区形象影响。（3）按照性质分，国家形象可分为正面形象与负面形象。正如一个人有优点和缺点，国家形象也存在正面形象和负面形象。从制造政治合法性角度出发，本国政府倾向于塑造正面形象，相形之下，作为竞争对手的他国政府则倾向于注意其负面信息。（4）按照领域分，国家形象可分为政治形象、经济形象、外交形象、文化形象、国民形象等。这些分门别类的形象各自代表着国家在不同领域的形象，构成一个多面的立体国家形象。在学术研究和社会生活中人们使用较多的是按照认知主体划分的国内形象和国际形象的概念。①

二、国家形象战略概念

在分析了国家形象的概念后，就可以结合对战略概念的分析，界定国家形象战略的概念，并提出国家形象战略的要素。

（一）国家形象战略的定义

战略是一个历史概念，经过长期的发展，已从最初的军事概念扩展到政治、经济、社会等广泛领域。20 世纪初，第一次世界大战爆发。世界大战的空前规模和范围冲击着人们对战争和战略的认识。战争已不再是纯军事领域的局部问题，而是涉及国家政治、经济、军事、外交、科技等方面的"总体战"。传统的战略概念已不能满足现实的需要，大战略概念产生。利德尔·哈特在 1929 年第一次提出"大战略"的概念。大战略必须充分考虑并有效动员国家的全部力量，包括军事力量、精神力量、经济力量和外交力量等。大战略的提出是战略概念的扩展和新的发展，"为战略概念突破军事范畴打开了大门"②。第二次世界大战后，"大战略"的概念为各国所普遍采用，它的内涵已不限于调动和运用国家各方面的力量来服务于战争目的的实现，而是服务于国家利益的实现。人们普遍认为，大战略或国家战略或总体战略是国家层面战略的最高形态，是高于国家各种具体战略的总战略。"大战略"概念的提出和使用，既反映了"战略"的内涵在横向和纵向两个方面的扩展，也反映了"战略"从特殊向一般的演化。"战略"已从一个纯军事概念泛化到国家的各个领域。关系到各个领域全局性目标的政策设计都是"战略"。

在分析古今中外的战略定义后，可以发现战略具有以下属性：第一，战略是关系全局的指导方针；第二，战略是实现目标的手段和途径；第三，战略的实现必须以实力和资源为条件；第四，战略是一种艺术和科学。把这些属性结合起来，就可以得出有关战略的一般性界定：战略就是调动一切力量

---

① 关于学界对国内形象与国际形象的研究情况可参见：管文虎.国家的国际形象浅析［J］. 当代世界，2006,(6).

② 李少军.国际战略报告 [M].北京：中国社会科学出版社，2005.24.

与资源以实现既定政策目标的艺术与科学。① 因此，我们可以将国家形象战略界定为：国家调动一切力量与资源以塑造良好国际形象的艺术与科学。关于这个概念可以从以下几个方面把握：（1）国家形象战略的主体是主权国家。随着全球化的发展和国内外相互渗透的加深，国家战略和政策的制定受到诸多行为者的影响和牵制，如他国政府、NGO 等国际行为体、国内民众、企业以及社会组织，但国家仍是最主要的行为主体，在战略各个环节处于主导和协调的位置，只有它能体现国家战略的整体性、综合性和宏观性。（2）国家形象战略的目标是塑造良好的国际形象。作为国际社会中的一员，国家关注国际社会和其他行为体对自己的印象和评价。良好或正面的国际形象可以使国家更容易获得国际社会的认同，可以使国家以较低成本实现国际合作和实现国家利益。（3）国家形象战略的基础是国家的综合实力。国家形象在根本上取决于国家的综合国力。② 从认知的角度，国家形象就是对国家综合实力的反映。综合实力为国家形象战略的制定、评估提供了重要依据，是实现战略目标的手段。（4）国家形象战略的实质既是艺术也是科学，是主体性与客观性的统一。克劳塞维茨曾指出，战略是以科学为基础而以艺术为最高境界的。③ 对于国家形象战略来说，首先要重视其科学性质，自觉遵循国家形象领域的客观规律，又要允分认识其艺术特征，发挥主体的能动作用，将对国家形象规律的科学认识正确而恰当地运用于实践中，采取有力措施促使战略目标的实现。（5）国内形象是国家形象战略的基础。国内公众和决策者关于本国国家形象的历史和现实认知以及预期影响本国国家形象战略；国内形象与国际形象的差异会使国家产生推动国家形象战略和改善国家形象的动机。从某个层面上讲，国家形象战略实质上是国家跨越国内形象与国际形象的对立，使二者统一的主观努力。

（二）国家形象战略的要素

关于战略的要素，国内外的学者见智见仁，大致上可分为三类观点。第一种观点从战略的属性出发，认为战略的基本要素包括战略目标、战略手段、

---

① 李少军 . 国际战略报告 [M]. 北京：中国社会科学出版社，2005.25-29.

② 孙有中 . 国家形象的内涵及其功能 [J]. 国际论坛，2002,(3):16.

③ 李继盛 . 国家战略艺术：结构、原则、方法 [M]. 南宁：广西人民出版社，1993.35.

战略方针等。例如，美国前参谋长联席会议主席马克斯维尔·泰勒上将认为，战略总是由目标、方法和手段几个方面组成的。美国陆军学院的小阿瑟·莱克上校将上述看法概括成一个公式：战略 = 目的（追求的目标）+ 途径（行动方案）+ 手段（实现某些目标的工具）。高金钿等认为国际战略的结构应包括以下几个部分：国际战略形势的判断、国际战略目标选择、国际战略的战略指导。① 第二种观点将战略看作一个程序或实践的过程，认为战略包含战略目的、战略判断、战略决策、战略实施和战略总结等环节。例如，一个完整的战略实践过程是一个复杂的运动过程，包括五个环节：战略目的、战略判断、战略决策、战略实施和战略总结。② 钮先钟认为战略是一个程序或过程。在整个程序中包括四个要素，即国家、目标、权力、环境。③ 第三种观点，将前二者综合起来，从属性和过程的角度来研究战略。例如，康绍邦、宫力等认为国际战略研究的内容包括：国际战略指导思想、国际战略目标、国际战略的资源和手段、国际战略环境、国际战略模式、国际战略的制定、国际战略的实施、国际战略的评估与调整。④ 笔者赞同第三种观点。国家形象有自身的特点，任何组织形象塑造的过程都不是一次性完成的，而是不断地循环往复，不仅包括分析、建设、传播、评估，还包括计划、协调、维护、危机处理、修复等管理的环节。结合国家形象的特点，笔者认为国家形象战略的内容包括：（1）国家形象战略环境；（2）国家形象战略资源；（3）国家形象战略目标；（4）国家形象战略定位；（5）国家形象塑造；（6）国家形象战略管理，包括国家形象管理组织的设立、国家形象战略设计与规划、国家形象战略实施的监控、国家形象战略的评估和国家形象的危机管理。这些要素构成了国家形象战略框架的主要内容，可分为两个部分：战略谋划和战略实施。前者集中于观念层面，包含对国家形象战略资源的分析、战略环境的判断、战略目标的确定以及战略定位；后者主要涉及实践层面，主要包含国家形象塑造和管理。（见图1）

① 高金钿. 国际战略学概论 [M]. 北京：国防大学出版社，2001.9-10.
② 李锦坤，王建伟. 战略思维 [M]. 天津：天津社会科学出版社，2003.62-63.
③ 钮先钟. 战略研究 [M]. 桂林：广西师范大学出版社，2003.144.
④ 康绍邦，宫力. 国际战略新论 [M]. 北京：解放军出版社，2006.15-16.

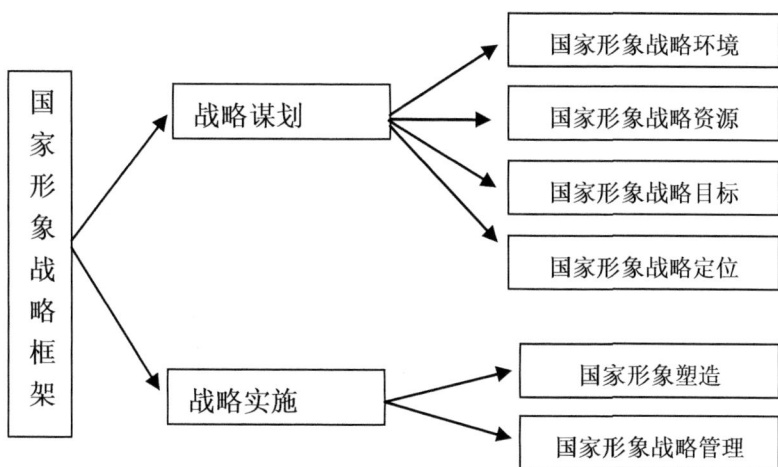

图 1 国家形象战略框架

第二节 国家形象战略作用和地位

在全球化时代，国家形象的战略作用进一步凸显，越来越明显地对国家的实力、利益和行为发挥着重要影响。全球化的发展、信息技术革命的推广，正在改变人类生存和生产方式，对国际事务产生着深刻而全面的影响，推动国际政治聚焦点"从实力政治到形象政治的转移"①。

一、全球化时代国家形象的战略作用

全球化的发展为国家形象作用的发挥创造了条件。国家形象成为影响国家行为和决策的重要因素，本身也构成了国家利益的一部分。在全球化时代，国家形象的战略作用主要体现为：

第一，国家形象是国家利益的有机组成部分。

作为个体的人有一些基本的需求，其中包括自我尊重的需要，即人需要对于自己有着良好的感觉，包括对名声、荣誉、成就、承认、权力、参与群体的需求。作为人的群体，"国家在国际社会中自然也十分珍视这种利益"②，

① 刘乃京. 媒体全球化对外交的挑战 [J]. 国际论坛，2001,(3):31.
② 郭树勇. 建构主义与国际政治 [M]. 北京：长征出版社，2001.112.

也有追求荣誉、声望或良好国家形象的需求，在精神上国家需要国际社会承认与尊重。① 因此形象、声望、荣誉构成国家利益的一部分，是国家追求的目标和国家行为的动机之一。古典现实主义把恐惧、权力、荣誉、财富的不同组合作为国家利益，并把国家追求荣誉或威望的根源归因于人性或人的本能。在《伯罗奔尼撒战争》一书中，修昔底德将雅典人试图扩展和保护他们帝国的原因归于对安全、荣誉与利益的追求。霍布斯认为，从人的本质出发，可以推导出纷争的三大基本原因：竞争、差异以及荣耀。摩根索认为，国家和个人一样本能地追求威望。② 在这里，威望是国家形象的一部分，追求国家威望带来精神上的满足，构成国家利益的一部分。在建构主义看来，国家形象属于国家利益的范畴，塑造良好的国家形象就是维护国家的利益——集体自尊的需求。与古典现实主义不同的是，建构主义认为，集体自尊是社会建构成的。

第二，国家形象本质上是一种软权力，是维护和推进国家利益的有效工具。

全球化的发展使软权力的作用上升，成为维护和推进国家利益的有效工具。约瑟夫·奈认为：国家形象在某种程度上说也是一种源于政治、经济、文化和价值观念的吸引力，如果一个国家的国家形象代表其他国家所期望信奉的价值观念，代表其他国家发展的方向，则其领导成本会降低；如果其意识形态具有吸引力，其他国家将愿意追随其后；如果该国能建立与其国内社会相一致的国际规范，则它无须被迫改变。③ 国家形象或国际威望"是'软实力'的重要构成之一，是一种能够影响他国意愿的无形的精神力"④。国家形象本质上是一种基于道义的"软权力"，是一国在他国心目中所获得的道德评价和情感认知的总和，是一国在文化心理上对另一国所产生的权力影响。换言之，国家形象是一种国格魅力，它不是一种基于物质性实力威压对方屈服的强制力，而是一种诱导性的、向内吸纳式（co-optive）的吸引力（at-traction），

---

① 阎学通.什么是国家利益 [M].王逸舟主编.中国学者看世界—国家利益卷 [A].北京：新世界出版社，2007.5-8.

② [美] 汉斯·摩根索.国际纵横策论——争强权，求和平 [M].上海：上海译文出版社，1995.63-64,104-105.

③ 约瑟夫·奈.硬权力与软权力 [M].门洪华译，北京：北京大学出版社,2005.97-98.

④ Robert O.Keohane,Joseph S. Nye Jr. Power and Interdependence in the Information Age, *Foreign Affairs*,(Fall 1998),pp.87.

即能够让别人自愿做你想让他做的事情的道义感染力。① 总之，对任何国家而言，树立良好的国家形象，有助于劝服他国接受和追随本国外交谋略，从而使一个国家以最小代价取得最大政治、经济、文化和安全利益，实现自己的短期和长期目标，增强本国的国际影响力，提高本国在国际舞台上的地位。

第三，国家形象是影响外交政策和外交行为的重要因素。

国家形象是国家对外决策的重要背景因素②。正如著名的美国国际关系学者杰维斯在《国际政治中的知觉与错觉》中所指出"如果不考虑到决策者对世界的看法以及他们对别人持有的形象，那常常是无法来解释至关重要的决定和决策的"③。对他国的国家形象一旦形成，就会成为一种根深蒂固的国家共识或国家偏见，作为一种背景因素长期左右该国领导人的决策思维和具体的对外政策，从而潜在地影响国家间的关系。有关美国前国务卿约翰·杜勒斯对前苏联态度的案例研究就表明他对敌人形象的僵硬和简单化对美国外交政策造成了消极影响。而一国对本国自身的形象认知——自我形象，同样影响着对外决策过程的各个环节：目标的确定、信息的选择、方案的评估以及对反馈的反应等。美国长期对外推行霸权主义政策和美国历史上形成的"世界的灯塔""自由卫士"等自我形象认知是不可分割的。此外，社会精英以及普通大众所持有的国家形象可能不会与外交政策的结果具有直接的相关性，然而，它们确实会影响国家的外交政策的长期方向或环境。④

国家形象一旦形成，就具有持久的逻辑和趋势，制约国家对外政策行为选择。要认识国家形象对国家对外行为的影响，我们应首先分辨下国家形象与国家身份的关系。所谓国家身份是指一个国家相对于国际社会的角色，是基于国际社会承认之上的国家形象与特征的自我设定，它是随着国家间互动样式的变化而变化的。⑤ 国家身份的形成就是国家形象与特征的自我设定和他国（国际社会）的承认两方面的结合，反映了自我与他者之间相互的身份

① 李智.文化外交：一种传播学的解读 [M].北京：北京大学出版社，2005.30.

② 关于这方面的研究可参见：倪建平，黄卫红. 关于中国国家形象与外交政策的理论思考 [J]. 毛泽东邓小平理论研究，2004,(10):59-71；Robert Jevis. *Perception and Misperception in International Politics*(Princeton:Princeton University Press,1970),pp.28.

③ Robert Jevis.*Perception and Misperception in International Politics*(Princeton:Princeton University Press,1970),pp.28.

④ Jeanne N. Knutson. *Handbook of political Psychology*(San Francisco. Jossey-Bass,1973),pp.263.

⑤ 孙溯源.集体认同与国际政治——一种文化视角 [J]. 现代国际关系，2003,(1):41.

认同关系。因此，国家形象概念是一个主体间概念，反映了国家间的相互身份建构关系。根据建构主义理论，我们认为，不同的体系文化建构了不同的行为体身份和形象，从而产生不同的行为选择。在霍布斯文化下，国家之间的身份是敌人，国家彼此容易建构"敌人"的国家形象，导致国家之间采取暴力和敌对行为；在洛克文化下，国家之间的身份介于敌人和朋友之间，国家彼此容易建构"对手"的国家形象，国家之间既合作又竞争；在康德文化下，国家之间的身份是朋友，国家彼此容易建构友好的国家形象，导致国家之间倾向于合作。

总之，在全球化时代，国家形象已成为一种潮流和趋势，各国应加强对国家形象战略的理论研究，从战略高度重新审视国家形象的作用，将其纳入国家战略之中，妥善处理好与其他领域的关系，以便更好地维护和实现国家利益。这对中国这个正在迅速崛起和融入国际体系的大国来说，显得尤为迫切。

二、国家形象战略的地位

考察中外战略概念的演变可以发现，战略从最初的军事领域已经广泛发展到今天的各个领域与不同层次，形成了一个宽泛的概念体系。这些战略涉及不同行为主体，涉及不同的目标，涉及不同的时空范围，涉及不同的手段和过程。在这个体系中，不同战略相互依赖，相互作用，但它们的地位和作用是不同的。法国著名的战略思想家薄富尔（André Beaufre）认为，战略应当作一个单独的整体来看待，在不同领域存在不同形式的特殊战略，"它们之间具有差异，但却又是相互依赖的"[1]。基于此，他提出了金字塔式的战略体，把战略分为三个层次：位于顶点的总体战略（total strategy）；在总体战略之下，每一个领域中（军事、政治、经济或外交）都应有一个分类战略；在每一个主要的领域中，每一个分支活动又应有其自己的分支战略——运作战略（operational strategy）。[2]

就国家的战略体系而言，相应地也可分为三个层次：第一层次是国家战略。国家战略是一个国家的总体战略，它在国家的战略体系中处于最高位置、

---

① [法] 薄富尔. 战略绪论 [M]. 钮先钟译，海拉尔：内蒙古文化出版社，1997.18.

② [法] 薄富尔. 战略绪论 [M]. 钮先钟译，海拉尔：内蒙古文化出版社，1997.19-21.

核心地位和主导地位。^① 国家战略是从国家长期生存和发展的利益出发,对国家所做的全局性谋划,强调对政治、经济、军事、外交、科技、文化、社会等重要领域的统筹协调;第二层次是部门战略,即根据国家战略所制定的政治、经济、军事、外交、科技、文化、社会等重要领域的战略。其宗旨和任务是实现国家战略的目标;第三层次是部门子战略,即部门战略的细化。例如经济战略可进一步细分为农业战略、工业战略、服务业战略、贸易战略等;军事战略可分为装备战略、军种战略、核战略等。这三个层次的战略共同构成了国家战略体系,它们在体系中的地位和作用是不同的。从纵向看,上一层次的战略与下一层次的战略是主导与从属、全局与局部的关系。位于最高层次的国家战略统帅和指导着第二层次的部门战略,是部门战略的目标和依据;部门战略是国家战略的组成部分,从属于国家战略,为国家战略服务。国家战略与部门战略、部门战略与子战略也存在这样的逻辑关系。从横向看,同一层次的具体战略之间是并列和协调的关系。例如经济战略、外交战略、军事战略、科技战略、教育战略等部门战略拥有各自相对独立的领域,但又相互联系、相互影响。它们都从属于国家战略,在国家战略的协调下,共同服务于国家战略的目标。因此,它们之间是并列平行、互相协调的关系。^② 国家形象战略目标是在国际上塑造国家良好的国际形象,赢得国际社会的认同和支持,为国家的生存和发展创造良好的外部环境。它从属于对外战略,是实现对外战略目标的手段和工具,在整个战略体系中处于第三层次,(具体见图 2)与对外战略的其他子战略相互联系、相互制约。

---

① [美]道格拉斯·默里,保罗·维奥蒂.各国防务政策之比较研究[M].北京:军事学院出版社,1985.575,转引于薄贵利.国家战略论[M].中国经济出版社,1994.5.

② 李继盛.国家战略艺术[M].南宁:广西人民出版社,1993.30-31.

国家战略

部门战略

子战略

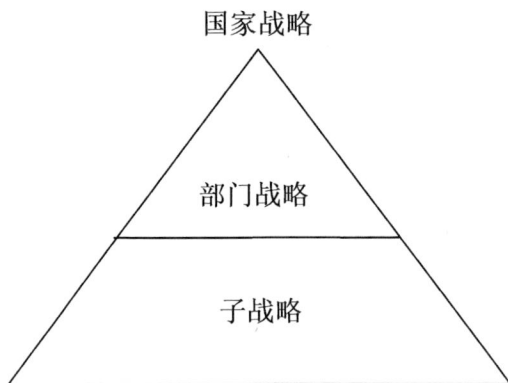

图 2　国家战略体系结构

小结

综上所述，国家形象战略实质上是战略在国家形象领域中的拓展和延伸。国家形象战略要素包括：国家形象战略环境、国家形象战略资源、国家形象战略目标、国家形象战略定位、国家形象塑造、国家形象战略管理。它们构成了国家形象战略框架的主要内容，可分为两个部分：战略要素和战略实施。前者包含国家形象战略资源、战略环境、战略目标以及国家形象战略定位；后者主要涉及实践层面，主要包含国家形象塑造和管理。

在全球化时代，国家形象战略构成了现代国家战略体系的一部分。国家形象能成为国家战略的一部分，使国家形象的战略地位和战略作用凸显出来：国家形象成为国际社会中各国日益重视的国家利益；国家形象作为一种软权力，是维护和促进国家利益的有效工具，在政治、经济、安全、文化领域发挥着重要作用；国家形象还是影响国家外交政策和外交行为的重要因素。国家形象战略在国家战略体系中处于第三层级，从属于国家对外战略或国际战略。

第二章 国家形象战略环境和资源

战略环境和资源在战略框架中具有基础地位和作用。任何战略的谋划和实施都是在一定的环境下发生的，受到环境的制约和限制；同样战略的谋划都离不开对国际战略资源的认识和分析，战略实施离不开战略资源的支撑。因此，对国家战略环境和资源的分析成为国家形象战略谋划的重要内容，也是国家形象战略实施的前提和基础。

第一节 国家形象战略环境
———实力因素、制度因素、观念因素

国家都是在一定的国际体系中存在和活动的。在国际体系中，国家特别是大国或国家集团之间的复杂互动所呈现出的全局情况和总体趋势，就形成了国际战略环境。它影响着国家战略目标、手段的选择，甚至制约着战略目标的实现。

国际战略环境涉及的范围十分广泛，学者们认为，在国际体系中，对国家行为产生影响的因素主要是实力、制度和文化因素。[①] 因此，在分析国家对外战略环境时，应从以实力为核心的国际格局、以国际制度为核心的国际秩序和以主导文化为核心的国际体系文化三个维度进行综合分析，才能对国际战略的背景与条件作出科学和全面的评估。国际战略环境是国家形象战略

---

① 关于三种主流理论的异同分析，可参见秦亚青. 权力·制度·文化——国际政治学的三种体系理论 [A]. 权力·制度·文化——国际关系理论与方法研究文集 [C]. 北京：北京大学出版社，2005.14-25.

的外部大环境，但除了一般意义上的国际战略环境之外，还应注意对国家形象有特殊意义的环境因素——国际传播环境[①]，国际传播环境是国际环境的重要组成部分，它包含国际传播格局、国际传播秩序和国际舆论环境三个方面，是国际格局、国际秩序和国际体系文化在国际传播领域的体现。由于对一般意义上的国际战略环境已有较多研究[②]，下面主要就国际传播环境展开论述。

一、国际传播格局

国际传播格局[③]就是全球各国传播实力的对比及在全球传播体系中的地位。冷战时期的世界传播格局，基本上是以美国、苏联两个超级大国加上英、法、德等少数发达国家传媒占主导地位的局面。

冷战后，由于苏联的解体和俄罗斯的相对衰弱，西方国家间在国际传播领域竞争的加剧，再加上传播新技术和新媒介的突破和迅猛发展，国际传播格局开始发生变化。明安香认为，当前的国际传播格局是一超、多强和多元并存的局面：首先，美国是当今世界唯一的超级传媒大国。它凭借其在经济、政治、文化、军事、科技、传播媒介和语言等诸多方面的超强优势，成为能够进行新闻、文化、媒介传播和影响全球舆论的超强一极。在新闻传播领域，美国通过印刷出版、电台广播电视和互联网等多种渠道，主导着全球的文字、声音和图像的新闻传播，构成了对世界无处不在的舆论影响力。在文化传播领域，好莱坞电影、流行音乐等美国通俗文化对全球的影响经久不衰。美国凭借其强大的媒体实力塑造和主导着人们对外部世界的认识、观点、意见、舆论，影响着人们的价值观念、思维方式、生活行为方式。[④]

其次，英国、德国、法国、俄罗斯、中国、印度和日本等国，则凭借各自的语言、文化、历史传统优势，进行着跨地域的国际传播，部分影响着国际舆论，是新世纪全球传播格局中的跨区域文化语言传播大国。英国是传统

---

① 关于国际传播与国家形象的关系可参见：段鹏 . 国家形象建构中的传播策略 [M]. 北京：中国传媒大学出版社，2007.14-16.

② 关于国际格局、国际秩序、国际体系文化已有很多论述，具体研究可参见：李少军 . 国际战略报告 [M]. 北京：中国社会科学出版社，2005.84-100；康绍邦，宫力 . 国际战略新论 [M]. 北京：解放军出版社，2006.49-61.

③ 具体研究参见：明安香 . 传媒全球化与中国崛起 [M]. 北京：中国社会科学文献出版社，2008.44-87.

④ 明安香 . 传媒全球化与中国崛起 [M]. 北京：中国社会科学文献出版社，2008.58-61.

的传播大国和传播强国。路透社是英国在全球影响最大的传媒机构，号称是"世界上最大的国际多媒体新闻通讯社"。英国的广播、电视在全球也有巨大的影响力。最著名的是英国广播公司（BBC），旗下的世界服务节目电台（BBC World Service）以 33 种语言对外广播，全年播出 65400 小时，每周的受众约 1.83 亿人；旗下的世界电视台（BBC World）是一个全天英语国际电视新闻与信息频道，可为全球 200 多个国家的 2.7 亿户家庭接受。① 英国的印刷媒体特别是报纸杂志，例如《金融时报》《泰晤士报》《经济学家》等在全球新闻传播、舆论传播格局中发挥重大影响。此外，法国、德国、俄罗斯也是传媒大国，拥有世界著名的新闻社，如法新社、德新社、塔斯社，在欧洲和世界都有很大的影响，成为国际传播格局中的重要力量。

20 世纪后期以来，拉丁美洲的墨西哥、巴西，阿拉伯的卡塔尔、阿联酋和亚洲的韩国等新兴传播国家，借助其特定的文化或语言优势向特定的区域和受众进行新闻、文化、媒介传播，具有影响局部舆论的能力，是新世纪全球传播格局中的新兴文化语言传播国家。墨西哥电视是全球西班牙语电视市场的最大供应者。墨西哥的特来维萨电视集团是拉丁语媒体世界中实力和影响最强大的，是全球西班牙语电视剧的主要出口地，向全球 100 多个国家出口电视节目和节目样式。巴西是世界最大的葡萄牙语媒体传播市场。环球集团是巴西最大的传媒集团，拉美第二大电视剧生产商，其节目出口到 130 多个国家。阿拉伯媒体的崛起是新世纪全球媒体格局最突出的变化，尤以卡塔尔的半岛电视台为典型，成为世界各国了解阿拉伯世界的首选媒体。东亚的韩国借助儒家文化、东方文化的传统向外推广其电影电视产品，风靡东亚、南亚和世界其他地区，形成一股"韩流"。西非的尼日利亚掀起的纯本土影片潮流，让非洲在全球传播新格局中占有一席之地。

二、国际传播秩序

国际传播秩序是国际秩序中的一部分，反映了传播资源格局和信息传播状态，是国际政治、经济实力在全球信息传播领域的延伸和体现。自近代国际传播诞生以来，为促进国际传播的发展，确定技术标准，规范行业管理，

---

① 明安香.传媒全球化与中国崛起 [M].北京：中国社会科学文献出版社，2008.64.

国际社会举行了许多相关会议，制定了许多公约，成立了一系列联盟组织，如国际电信联盟、国际通信卫星组织、联合国教科文组织等，构成了国际传播秩序。但国际传播秩序从建立的那天起就存在不平等性，国际传播的法规、协议、标准等都体现了发达国家的利益和意志。在国际传播秩序中，发展中国家与发达国家之间以及发达国家之间都存在不同程度的矛盾，而在诸多矛盾之中，最主要矛盾是以美国为首的整个西方发达世界与处于弱势地位的发展中国家的矛盾。广大发展中国家认为，现存的世界新闻传播秩序有以下三大弊端：第一是传播资源分布的严重不均衡。据联合国教科文组织的统计，20 世纪 60 年代中期，在电视广播发射台的数量上，欧美日发达国家占有世界总量的 71%，而亚非拉发展中国家仅占 28%，其中非洲和南美仅占 3%。当时，还有 45% 的发展中国家根本没有自己的电视台。在报纸出版方面，发展中国家的发行量仅占世界总量的 25%。在新闻通讯社方面，几乎所有的发达国家都有自己的通讯社，而三分之一以上的发展中国家却根本没有。这严重妨碍了发展中国家同发达国家在平等基础上进行国际间的新闻交流。第二是国际信息流通上的严重不均衡。这种不均衡现象突出表现在西方少数几家跨国通讯社垄断了全球国际新闻的报道和流通。据统计，20 世纪 60 年代，全世界每天传播的国际新闻中，约有 80% 以上是由西方四大通讯社（美联社、合众国际社、路透社、法新社）发出的，而其中仅有 10%—30% 的新闻用来报道整个发展中国家。而美国就控制了世界电视节目流通量的 75%，它同欧洲的两个机构一起，就控制了全世界电视新闻节目的 90%。[①] 于是，少数西方强势媒体的声音成了国际舆论的基调，国际舆论被极少数西方传媒巨头所把持，而广大发展中国家媒体的声音则被湮没、被压制、被忽略。高度垄断的国际新闻传播秩序，严重妨碍世界各国人民自由地获取客观、公正的新闻信息。第三是国际信息传播内容上的严重不真实。由于国际新闻的报道基本上被西方跨国通讯社垄断，所以绝大多数国际新闻是按照西方的政治观点、经济利益、文化传统和价值观念来选择和编辑的，外部世界获得的关于发展中国家的信息和形象往往是被歪曲了的。进入新世纪，随着信息通信技术、互联网的飞速发展，发展中国家与发达国家在国际传播实力上的差距进

---

① 明安香.传媒全球化与中国崛起 [M].北京：中国社会科学文献出版社，2008.52.

一步拉大，国际传播中的不公正现象会进一步加剧，呼吁建立世界传播新秩序显得更为必要，更为紧迫。在当前国际舆论斗争中，欧美国家和阿拉伯世界、伊斯兰世界的舆论冲突是最为激烈的矛盾，欧美国家和中国的舆论冲突则是规模最大、覆盖面最广的矛盾。[①]

三、国际舆论环境

温家宝总理在 2004 年 2 月 27 日发表的《关于社会主义初级阶段的历史任务和我国对外政策的几个问题》的文章中强调，加强和改进对外宣传工作的目的是"营造友好的国际舆论环境"。在 2004 年第十次驻外使节会议上，胡锦涛同志指出，要争取客观友善的舆论环境，并将其与争取良好的国际环境、周边环境和合作环境并列为当前和今后一个时期中国外交工作的根本任务和基本目标。在十六届四中全会通过的《中共中央关于加强党的执政能力建设的决定》中，中央提出要"加强和改进对外宣传工作，积极开展对外文化交流，进一步推动形成有利于我国发展的国际舆论环境"。在 2014 年中央外事工作会议上，习近平指出，要提升我国软实力，讲好中国故事，做好对外宣传。

何谓国际舆论环境？国际舆论环境，就是国际社会对一个国家的评论，大部分是通过媒体表达的。大多数媒体的报道和评论形成对该国的舆论，并产生影响，这就是国际舆论环境。国际舆论和国际舆论环境实质上是多种因素相互作用所形成的认知系统，是一种共有知识和观念。共有观念或知识是国家之间社会互动形成的，其中国际传播是一种重要的国际互动形式。由于受时空的限制，国际间的直接交流和互动仍是有限的，国际间互动的主要形式是通过无处不在的国际传播进行的信息、观念的交流和互动。国际舆论或国际舆论环境作为一种主体间共识或者国际共有观念，主要是依赖国际传播，特别是国际政治传播形成的。国际舆论或国际舆论环境建构着国家的形象和身份，决定了国家的利益和行为。积极的国际传播能促进积极的国际舆论或环境的形成，有利于建构积极的身份认同和国家利益，会塑造双方良好的国家形象，由此导致友好的国家行为，形成良性的国际互动。反之，消极的国

① 吴瑛. 国际舆论格局与我国对外传播的路径选择 [J]. 新视野，2009,(4):94.

际传播会塑造消极的国际舆论或环境，形成不良的国家形象，造成国际间的误解，甚至冲突。"事实上，国际传播、国际舆论或环境，其目的就在于通过文化信息和价值观念的交流互动，产生文化影响力和吸引力，建构起与他国之间积极的身份认同关系，在国际社会树立起良好的国际形象，最终达到维护国家利益的目标"①。

国际舆论左右着当事国的国家形象，成为其国家形象的晴雨表。国家形象最终要通过国际舆论、国际媒体体现出来。人们对一国形象的认知大多是通过国际媒体的介绍、报道而形成的，国际媒体报道的内容、视角和方式影响了国际公众最终形成的对一国的国家形象。因此一国在国际舆论中出现的频率和评价成为衡量一国的知名度和美誉度的主要指标。国际舆论环境尽管纷乱复杂，但存在主流价值观念和取向，影响着国际社会对一国国家形象的评价。例如人类文明经过长期演进，民主、人权、和平、合作成为国际舆论和国际社会普遍认同的价值。违背这些价值，就会遭到世界舆论和国际社会的谴责，导致国家形象受损。20世纪90年代以来，保护环境成为国际会议和国际舆论的主题之一，也成为新时期评判一个国家形象的重要指标。因此，各国都高度重视国际舆论，力图顺应、影响和引导国际舆论，塑造本国良好的国家形象，服务于本国利益的需求。但还要注意的是，当今国际社会，西方国家利用他们在国际传播中的强大实力和主导地位，控制着国际舆论，左右着国际社会对一国形象的认知。国际舆论成为西方国家打压发展中国家、维护自己特殊权益和地位的工具。这时，国际舆论对国家形象的反映可能是歪曲的映射。冷战后，国际舆论中层出不穷的"中国威胁论"就是例证。

第二节　国家形象战略资源

战略的制定是建立在行为体所拥有的战略资源基础上的，它是实现战略目标和实施战略的支持要素。综合国力是国际公众认识和评价一国形象的主要依据，也是一国制定和实施国家形象战略的依托。国家战略资源通常就是国家的综合实力要素。除了一般的要素外，具体领域还包括一些特殊要素。结合已有的综合国力和国家形象要素的研究，笔者认为，国家形象战略资源

---

① 邓超. 建构主义理论视角下的国家形象塑造 [D]. 中国传媒大学学位论文，2006.22-25.

主要包括以下要素：^①（具体见表1）

一、经济、军事、自然因素

国家的经济、军事、自然因素是形成国家形象的重要物质要素。一国经济状况、军事实力和自然生态情况是一国国家形象的主要内容，也是一国推行形象战略的重要物质支撑。

表 1　国家形象战略资源

基本维度	次级维度	深层内涵
政治	国内政治	政治制度、政治体制、政治思想和理念、政局状况、政府效能、政府荣誉、方针政策、政治风气、民主状况、吏治、法律秩序
	外交	外交关系、外交方针政策
经济	经济发展水平	经济发展速度和总量、经济发展质量、各行业状况和经济结构、国际经济交流、人民生活水平、国家财政等
	产品和服务	特点、质量、著名品牌
	经济制度和政策	经济所有制、分配制度和产业政策、贸易政策、货币政策、财政收入政策等
军事	军事力量	武装力量（武装力量的数量和质量、武器装备）
	国防	国防工业及科技、战争动员能力、国防观念、军事理论、军队体制等
传媒	传媒	传媒实力和影响力
文化	文学艺术	古今名著、著名作家、文学式样、民间文学作品、绘画、电影、音乐、戏剧、民间艺术等
	历史文化遗产	古迹、遗址、文物等，主要历史事件、历史人物等
	价值思想	价值观念、思想道德和思维方式
	民俗习惯	民族语言文字、传统节日、传统仪式、饮食、禁忌等

---

① 刘继南等研究者曾提出国家形象构成要素，但存在不足，忽视了制度等因素。具体见：刘继南.中国形象 [M].北京：中国传媒大学出版社，2006.10-11.本表是在刘继南观点基础上形成的。

基本维度	次级维度	深层内涵
自然环境	地理环境	国家领土面积、地理位置、地形地貌等地理因素
	自然资源	自然资源种类、储藏量，例如森林、土地、草原、矿产、水、海洋、石油、煤炭、天然气等以及独特的地理地貌和旅游资源
	生态环境	生态环境污染状况和动植物保护情况等
社会	社会文化	社会风气、社会潮流
	社会秩序	和谐、稳定、社会公益事业、福利事业
	社会自治	公民社会意识、自治组织
教育	教育水平	教育的规模和结构、教育体制、国民教育水平、教育措施政策等
	教育资源	教师的数量和质量、学校建设、教育经费来源、国家教育投入等
科技	科技实力	科技队伍的数量和质量、科技投入、科技水平、科技体制、科技结构、科技发展水平、科技贡献
体育	国际赛事	奥运会等世界级比赛的举办情况、国际赛事参加情况、优势项目等
	运动员	有国际声誉的运动员、运动员在重大国际比赛中的表现等
国民	人口	数量、分布、构成状况（年龄、种族）、增长状况
	国民形象	国民精神面貌、国民素质、国民价值观念等
	国民性	整体性格特征、共同的习俗风貌等

（一）经济因素

经济因素是一个国家实力和形象的重要因素，包括（1）经济发展水平：经济发展速度和总量（在世界总量中的比重）、经济发展质量、各行业状况和经济结构（工业、农业、金融业、交通、通信、能源供应等）、国际经济交流（贸易政策、贸易状况、国际借贷与投资状况等）、人民生活水平（收入、住房、社会保障、消费状况）、国家财政（收支状况、财力状况）等。（2）产品和服务：特点、质量、著名品牌。（3）经济制度和政策。

全面衡量一个国家经济形象是复杂的。在诸多要素中，国家经济的发展速度和总量，特别是在世界经济中的比重，尤其是一国的产品和服务形象是民众认知一个国家经济形象最易识别的指标，因此也是影响国家经济形象和整体形象的重要因素。下面笔者主要谈谈一国产品品牌形象对国家形象的影响。产品形象与国家形象是相互作用、相互制约的。两者的相互作用是一般通过以下两个关联的心理学过程所形成："光环效应"（the Halo Effect）和"连带效应"（the Summary Construct）。"光环效应"是指消费者在购买他国商品之前，由于不能鉴别商品质量而参考商品原产地的国家形象以弥补决策信息不足的心理过程。这种参考心理，导致国家形象成为影响购买行为的一个自变量（国家形象→商品形象）。"连带效应"是与之相反的过程，就是"商品形象"影响"国家形象"的相反心理过程。具体言之，消费者基于一种外国商品的体验，得出对该国其他商品形象的心理推断。于是商品形象转化为影响国家形象的自变量（商品形象→国家形象）。产品品牌是支撑国家品牌形象的重要要素。良好的产品品牌形象有利于树立积极的国家形象。一个国家的经济实力和地位与产品品牌的多与寡、强与弱密切相关。前日本首相中曾根康弘曾说："在国际交往中，索尼是我的左脸，丰田是我的右脸。"生动地说明品牌是一个国家在国际社会形象地位的重要标志。美国在世界 500 强企业及世界 500 强品牌中的数量均占有半壁江山，这奠定了它在当今世界的强国地位，成为国际交易的获益者。品牌代表着一个国家的综合实力，因此许多国家从战略高度重视对本国产品品牌的培育，从而提升国家形象。韩国为了实施国际化品牌战略，对一些有竞争力的大企业给予特别的扶持，终于产生了三星、LG、现代等成功的国际级企业和跨国品牌，韩国国家形象也随之树立起来。

（二）军事因素

军事实力指国家对外防御侵略、对内维护社会稳定的强制能力，通常由武装力量（武装力量的数量和质量、武器装备）、国防工业及科技、战争动员能力、国防观念、军事理论、军队体制等要素构成，其中武装力量为核心要素。军事实力一直是国家综合实力中重要的构成部分之一，是维护国家生存和发展的最后保障，也是国家形象、威望、声誉的基础和来源；军事形象也是一国形象的主要组成部分。

关于军事与国家形象的关系，国外的研究者主要是从威望、声望的角度来探讨的。在国际关系史中，西方列强主要依靠军备扩张和军事征服来扩大对其他国家的影响。传统的国际威望肯定以军事、经济实力为主的物质性力量对于国际威望的决定性意义，几乎都与以军备为基础的强权紧密相关。例如，在越南战争中，美国坚持在越南这样一个小国投入大量兵力的根源，就在于维护自身的威望。尽管在当今国际政治中，战争作为一种获取国际威望手段的意义有所下降，但军事实力仍是显示国际威望最显著的物质因素，更是国际威望的重要支撑。1998年印度不顾国际社会的强烈反对，坚持试爆核武器。在印度看来，由于核武器与大国地位和国家威望有某种重要关联，因此，一直以来就力图拥有核武器，试图建构强硬的声誉，借以提高其大国地位。英迪拉·甘地夫人曾说过，印度进行核爆炸的唯一原因是要提高国家威望，以便为印度取得世界大国地位增添砝码。[①] 日本在谋求政治大国的过程中，大力提高和对外展示军事实力，很大程度上也是出于获取更大国际威望的意图。但需要强调的是不能夸大军事力量对国家威望或形象的支撑作用，这种作用是有限度的，受到国际条件的制约，使用的恰当可以提升国家形象，反之则会损害国家形象。

（三）自然因素

自然因素是一个国家赖以生存和发展的物质基础，也是构成国家形象最基本的素材。自然因素作为一国的天然禀赋，形成了一国国家形象的底色，也成为国家建构和塑造对外形象的资源。它是国家实力和国家形象战略资源中最基本的要素，包括地理环境、自然资源、生态环境三个方面。（1）国家的地理环境特征与它的国际地位和国家政策有着密切的联系。在地理环境因素中以领土面积、地理位置较为重要。领土面积的大小是一个国家能否成为大国的必要条件。人们常把俄罗斯形象称为北极熊，将印度比喻为象，将中国称为龙，其中的一个原因就是这些国家拥有广袤的领土。（2）自然资源成为国家力量和国家形象的重要来源，甚至成为了一些国家的标示物，例如提到伊拉克、伊朗、沙特，人们往往将石油和这些国家联系起来；南非被冠以

① 姜兆鸿，杨平学.印度军事战略研究 [M].北京：军事科学出版社，1993.113.

"钻石之国"的称谓。因此，许多国家十分注意利用自身独特的资源，向国际宣传自己的形象。（3）生态环境是人类赖以生存和发展的基础，是一国可持续发展的前提和保证。当今时代保护生态环境成为人类的共同利益和新的"意识形态"。一国生态环境的好坏不仅仅关系到一国进一步发展的后劲，而且还会极大影响一国的国家形象。自冷战结束后，世界政治发生了很大的变化，其中之一是资源环境问题上升为国际政治的重要议题。生态环境问题成为国际斗争和国家形象塑造的新领域。

二、政治、教育、科技、文化因素

政治、教育、科技、文化因素是构成一国综合实力和国家形象的重要要素，也是塑造国家形象的重要战略资源。

（一）政治因素

有学者将综合国力中的政治因素称为政治力。政治力在综合国力构成中具有核心的重要地位。[①]它是国家软实力的重要部分，是实现国家实力增强和国家利益最大化的耦合力量，也是国家形象重要来源和国家形象战略的重要支撑要素。一个在政治上具有良好形象的国家，更容易获得他国的认同和支持，从而可以以较小的成本实现战略目标。构成国家形象的政治要素主要有：政治制度、政治体制、政治思想和理念、政局状况、政府效能、政府荣誉、内外方针政策[②]、政治风气、民主状况、吏治、法律秩序等。

政治形象表现为多种形式，例如政党形象、政府形象、领导人形象，其中政府形象是国家政治形象的重要组成部分，是国家政治形象的直接表现形式。政府形象是公众对于政府行为的总体评价，是政府的表现和业绩在公众心目中的综合反映。有研究者提出，政府形象构成十分复杂，一般把它分解为三大系统：政府形象的理念系统、行为系统、视觉系统。[③]政府形象的理念系统包括政府的价值取向、精神追求、发展定位、管理哲学、法律意识、道德观念等方面。政府行为体现在政府的行政目标、行政决策和实施的全过程

① 黄硕风.综合国力新论 [M].北京：中国社会科学出版社，1999.12.
② 外交政策方针、外交活动等是影响国家形象的重要因素，将在后面具体展开。
③ 李素萍.论政府形象建构 [J].西南民族学院学报（哲学社会科学版），2002,(1):133-135.

中，体现在政府的组织结构、人事政策、财政制度、政府礼仪、政府公关、文化活动等方面，又体现在政府公务人员特别是领导人的角色行为中。政府形象的视觉系统主要指政府特定的名称、标志、图案、文案标准等视觉要素。这个识别系统本身可代表着政府的权威性、公共性、公信力，客观上会冲击公众的感觉，影响公众对政府的认知与评价。

（二）教育、科技因素

科技因素包含：科技队伍的数量和质量、科技投入、科技水平、科技体制、科技结构、科技发展水平、科技贡献。教育因素体现为：（1）教育水平：教育的规模和结构、教育体制、国民教育水平、教育措施政策等；（2）教育资源：教师队伍的数量和质量、学校建设、教育经费来源、国家教育投入等。

教育与科技水平是衡量一国综合实力和国家形象的重要因素，是塑造国家形象的重要资源。随着全球化和知识经济的发展，科技与教育对国家的战略意义日益凸显。当代教育的发展和科技的进步，越来越成为推动经济发展和国家进步的强大力量，科学技术特别是高科技的发展水平，已成为影响一个国家综合国力强弱的主要因素，成为衡量一个国家发达与否的重要标志。科学技术日益渗透于经济发展和社会生活各个领域，成为推动现代生产力发展的最活跃的因素，成为社会进步的决定性力量。国家间的竞争越来越表现为以经济和科技为核心的综合实力的竞争。而这种竞争，从根本上来说，就是人才和知识的竞争。因而在综合国力的竞争方面，教育处于居基础性的地位。教育是一个民族进步和发展的基础，是提高全民族整体素质和创造能力的根本途径。无论是在培养高素质的劳动者和专门人才方面，还是在提高创新能力和提供知识技术创新方面，教育都具有特殊的意义。把教育放在优先发展的重要地位，给劳动者以新的知识技能和较高的科学文化水平，这就从源头上打开了通向知识经济的大门，占据了国家竞争的制高点。

（三）文化因素

文化是一个复杂的概念，这里说的文化要素主要是指（1）文学艺术：古今名著、著名作家、文学式样、民间文学作品、绘画、电影、音乐、戏剧、民间艺术等；（2）历史文化遗产：古迹、遗址、文物等，主要历史事件、历史人物等；（3）民俗习惯：民族语言文字、传统节日、传统仪式、饮食、禁忌等；（4）价值思想：价值观念、思想道德和思维方式。

文化对国家形象和国家形象战略有着重要的作用和意义。文化是国家形象的重要内容和载体。文化是软权力的重要来源，是推动国家形象战略不可或缺的手段。正因为文化软权力在国家发展中发挥着如此重要的作用，所以各国无不重视文化对国家形象的重要作用，纷纷推出文化战略，更加注重运用文化力量来塑造自身形象。美国强势文化对世界的影响和渗透无人能及，从以好莱坞、迪斯尼为代表的大众娱乐文化，到以麦当劳、可口可乐为代表的消费文化，再到以微软、互联网为代表的信息传媒文化的全球流行，处处显示出美国超强的文化扩张力和吸引力。美国文化软权力的迅速扩张加剧了全球化进程中的"美国化"印记，塑造着美国民主、自由、发达的世界领导者形象。

三、国民、传媒、体育、社会因素

国民、传媒、体育、社会因素更多地体现了一个社会的风貌，构成了国家形象的社会层面的内容，是国家形象不可或缺的部分，也是塑造国家形象的主要资源。

（一）国民因素

国民因素是影响国家形象的因素之一。国民因素主要有以下几个方面：（1）人口：数量、分布、构成状况（年龄、种族）、增长状况；（2）国民形象：国民精神面貌、国民素质（文化、道德、教育状况）、国民价值观念等；（3）国民性：整体性格特征、共同的习俗风貌等。其中，国民的形象和整体国民性都是国家形象的具体体现，构成了国家形象的重要来源。

国民形象体现为国民精神面貌、国民素质（文化、道德、教育状况）、国民价值观念等。国际间的人员来往是他国民众认知一国的重要渠道，对一国国民的个体认知会扩大为对一国的整体认知，并且这种认知由于建立在亲身接触的基础上，往往影响更深更持久。因此，在国际交往中，每一个国民都是本国形象的符号和形象大使。目前国外舆论针对中国国家形象的诸多负面评价与国民形象有关。在国民形象中，国民素质的高低对于国家形象的好坏起着举足轻重的作用。国民素质是民族精神的外化。在现代社会，作为考量社会进步的一个重要砝码，它是国家综合国力的重要体现，是国际竞争力的重要元素，是国家经济和社会发展的基础。[①]众多的研究者都将国民素质或人口质量纳入国家实力考核的要素。

民族性格（National Character），往往也被称为国民性，它是在一定的历史环境中经过长期的生产生活实践积淀凝结而成的，对该民族成员的情感意向、审美态度、思想方式、行为准则和生活习性等基本取向，产生着广泛而深刻的制导作用。[②]因此，民族性格会使一国国民的行为或多或少的带有那些构成民族性格的文化和道德品质的烙印，映射着该民族的精神和国家形象。如中国传统文化深受儒家思想影响，在"温良淳厚"思想教化下，忍让、谦和、顺从成了中华民族性格中的主流，反射到国家形象上，相应产生中国爱好和平以及因循守旧、保守落后的印象。美国人的个人主动性和创造性，英国人的不拘于常识观念，德国人的纪律性和严谨性，成为它们区别于其他国家的明显国家形象标志。

（二）传媒因素

随着信息化的发展，对信息的加工、传播日益重要，传媒成为影响一国实力和形象的重要因素。奈指出："在信息时代，软实力不仅依赖于文化和理念的普适性，还依赖于一国拥有的传播渠道，因为它能够对如何解释问题拥有影响力。"[③]作为一种"软力量"，传媒已成为世界主要国家长期博弈的重要手段，在国际竞争中发挥着不可忽视的作用。随着信息社会的到来，传媒产生的影响将越来越大，它在国家发展中的作用也将越来越突出。可以说，传媒已成为体现和影响一个国家综合国力的重要方面。[④]

当今世界各国的国家形象主要是由大众传媒来塑造的。媒体不仅是公众获得外部资讯的渠道，而且是一国形象进入国际社会的重要通道。由于大众传媒能够有选择性地报道或加工来影响甚至改变信息，使受众按照传播者的

① 刘小燕 . 从国民形象传播看国家文明形象的构建 [J]. 国际新闻界，2007,(3):17.

② 管文虎 . 国家形象论 [M]. 成都：电子科技大学出版社 ,1999.99.

③ 约瑟夫·奈 . 硬权力与软权力 [M]. 门洪华译，北京：北京大学出版社 , 2005.153.

④ 胡鞍钢，张晓群 . 中国传媒迅速崛起的实证分析 [J]. 战略与管理 ,2004,(2):24-25.

意愿和要求来接受它所传递的信息，进而影响受众对一国的国家印象和评价。这种影响可能是积极的，也可能是消极的。鉴于媒体对国家形象的影响，有的学者提出："国家形象是一个国家在国际新闻流动中所形成的形象，或者说是一国在他国新闻媒介的新闻言论报道中所呈现的形象。"① 由于媒体具有左右舆论的强大力量，直接影响着公众对他国的认识、看法和态度，因此大众传媒在传播国家形象时，不仅充当一般的中介角色，还往往是国家形象的"促销者"，是一种起"催化剂"或"定型剂"作用的媒介，通过引导或制造舆论美化或丑化一国形象。② 本质上，拥有强大的传播技术的国家对全球信息和本国的国际形象拥有更大的影响力。尽管每个国家通过控制国内媒体来塑造国内形象，但只有拥有全球媒体优势的国家才可以更好地塑造自己的国际形象。③ 国际传媒是各国家塑造国家形象，维护国家利益、推行对外战略的有力工具。美国的霸权和国际形象与其强大的媒体实力，特别是国际传播实力是密不可分的。目前，西方国家的媒体巨头，尤其是美国的主流媒体，占据着全球舆论的制高点，向全世界提供美国式的思维方法和观点，是各国国家形象的主要塑造者。

（三）体育因素

体育因素主要是指：（1）国际赛事：奥运会等世界级比赛的举办情况、国际赛事的参加情况、优势项目等；（2）运动员：有国际声誉的运动员、运动员在重大国际比赛中的表现等。

体育是一种超越国界、具有世界性的"语言"，它可以超越和克服种族、政治、外交的障碍，促进人类的和平与理解，协调和发展国家关系，维护国际社会的和平与稳定。二战以后，相对稳定、和平的国际局势为体育的发展提供了良好的外部环境，"体育热"风靡全球，体育在国际关系中的作用更加活跃和广泛，对国家形象产生着越来越明显的影响：

体育代表国家形象。体育的发展已经超越体育本身的范畴，成为政治、

---

① 徐小鸽.国际新闻传播中的国家形象问题 [J].新闻与传播研究，1996,(2).36.
② 刘小燕.关于传媒塑造国家形象的思考 [J].国际新闻界，2002,(2):62.
③ Abbas Malek. *News Media and Foreign Relations. A Multifaceted Perspective*(Norwood:Ablex Publication,1997),pp.44.

经济、文化、科技的综合体，在某种程度上成为综合实力的体现，代表着这个国家的整体素质和形象。正如国家体育总局前局长袁伟民在总结中国代表团在 2000 年奥运会所取得辉煌成就时所说："这是我国综合国力不断提高的一种体现。"俄罗斯外交部长伊万诺夫指出，体育与政治时常是紧密相连的，运动员所取得的任何一项成绩都会使本国的声望有所提高。①

体育为塑造、传播国家形象提供了广大的世界舞台。由于体育的全球化和国际传媒对体育的关注，万众瞩目的国际体育竞技赛场无疑是树立、传播国家形象的绝佳场所。运用体育展现和宣传国家形象，提高国家的知名度，让世人了解本国的良好面貌，增进国际间的互相理解，成为国家公关的有效形式。"在国际化阶段，体育能够为一个国家提供超出它的经济军事和政治实力的地位"②。体育选手、体育明星常被称为"穿运动衣的外交家"，发挥着拉近国家关系的"公共外交大使"（Public Diplomacy Envoy）作用。国外公众不仅能从他们身上看到一国的体育水平，也能从中认识和了解这个国家的人和这个国家。例如，美国人通过姚明的表现看到了中国人及中国的形象。"今天中美关系最重要的人物不是中美两国的大使，而是姚明"。③

（四）社会因素

这里所说的社会是狭义的社会概念，即指介于政治国家与经济领域之间的一个相互作用的领域及与之相应的价值或原则。社会的文明程度是评价国家文明程度的重要指标，对国家形象有着重大影响。社会因素主要有：（1）社会自治：公民社会意识、自治组织；（2）社会秩序：和谐、稳定、社会公益事业、福利事业；（3）社会文化：社会风气、社会潮流。我们认为，社会文明就是人类在改造社会、完善自身过程中创造和积累的所有的积极的成果以及社会进步状态。社会稳定、社会自治、社会文化构成社会文明的不

---

① 莫斯科张开臂膀迎接各国宾客. 中国国际广播电台网络版,2001-07-08.

② John Horne, Alan Tomlins-m, Garry Whannel.*Understanding Sport*(W&FN Press, 1999),pp.197.

③ Nicholas D. Kristo. "Beyond gold medals", *http: //www. iht. com / articles/ 2008 / 08 / 21 / opinion/ edkristo.f php.*

可分割的组成部分。[①]

以上对影响国家形象的 10 个国内要素进行了一般的界说，它们构成了支撑国家形象战略的资源。这些要素相互依存、相互制约、相互渗透，构成一个相互作用的整体，从多层次、多角度反映着国家形象，对国家形象产生不可忽视的影响。一个国家若想在国际社会中拥有良好的国家形象，必须重视以上各要素的建设，只有这样，才能在增强国家综合国力的基础上，树立国家的良好形象，提高国家在国际社会的知名度和美誉度。具备了优越资源的国家，并不一定在国际上享有良好的国家形象，这取决于国家形象战略的科学性与合理性以及所处的战略环境。

小结

国家形象战略环境和资源是国家形象战略的基础性要素，对战略环境和战略资源的分析和评估是制定和实施国家形象战略的前提和基础，也是国家形象战略谋划的基本内容。在谋划国家形象战略时，除了要注意国家所处的一般国际环境外，尤其要注意对国家形象有特殊意义的环境因素——国际传播环境，即国际传播格局、国际传播秩序和国际舆论环境，进行研究分析，分析其总体态势和趋势，分析国家在其中的地位和作用，以及外部环境对国家形象的影响。国际形象战略资源除了经济、军事、科技、自然、政治、教育、科技、文化等一般要素外，还要注意国民、传媒、体育、社会等要素，它们构成了国家形象的社会层面内容，是国家形象不可或缺的部分。每种要素在国家形象战略中的地位和作用是不同的，并且会随着时代的变化而发生变化；每个国家的形象资源的优劣也是不同的。对国家形象战略环境、资源的分析和评估，为国家形象战略的定位与目标确定以及实施提供了依据。

---

① 具体研究可参见：庄锡福. 社会文明建设与政治文明建设辩证关系分析 [J]. 马克思主义研究，2006,(6):83-86；黄蓉生，李国安. 和谐社会构建与社会文明建设 [J]. 马克思主义研究，2007,(2):66-69.

第三章　国家形象战略目标和定位

国家形象战略谋划的目的或结果是确定国家形象战略目标和定位。国家形象战略目标在整个战略中占有重要地位，是战略的核心要素。战略定位是国家利益和国家形象战略目标的具体化，是战略观念和实践的纽带和中间环节。通过对战略环境和战略资源的分析评估，结合国家形象战略的目标要求，最终形成国家形象战略定位，从而为下一步的战略实践确定了方向。二者对整个战略具有指导作用。

第一节　国家形象战略目标

战略家和战略研究者无不重视战略目标的重要性。战略目标是战略中最核心的要素。战略目标是战略全过程的出发点，也是全部战略运动的归宿。战略目标对战略其他环节起主导作用，指示着战略进展的方向和目标。战略目标是评价战略效果的唯一标准。[①] 同样对国家形象战略，战略目标也是最核心的要素。

所谓的国家形象战略目标就是国家形象战略所要实现的预期目的和基本任务。在国家层面的各种战略中，战略目标是由国家利益规定的。同时在国家战略体系层级结构中，国家形象战略作为操作层面的战略，其战略目标要服务和服从于国家战略目标和对外战略目标，并且实现本领域的目标。由于国家形象本身就是国家利益的基本内容，是国家软实力的重要组成部分，是

---

① 李锦坤，王建伟.战略思维 [M]. 天津：天津社会科学出版社，2003.65.

维护和实现国家利益的有效手段和工具，所以树立良好的国家形象就是在实现和促进国家利益。因此，国家形象战略目标就是：树立良好的国家形象，维护和实现国家利益。

那么，何谓良好的国家形象？简单地说就是国际公众对一国国家形象的总体认知和评价趋于积极，具体表现为良好的政治形象、良好的经济形象、良好的军事形象、良好的文化形象等。借鉴郭树勇有关良好大国形象的论述①，我认为，良好的国家形象应具备以下要素：现代身份、综合实力、国际贡献、合秩序发展。（1）现代身份。根据建构主义理论，国家形象实质上是一种社会主体间建构，是国际公众在与对象国互动中形成的一种认同，是对象国在国际社会中的身份。在现代国际社会中，要想获得良好的国家形象，现代身份就成为了必要条件。国际社会对现代国家的身份要求是：任何一个国家必须首先成为开放的、法治的社会，建立民主政治体制和市场经济体制，积极参与到国际社会网络中。这种要求实质上反映了国际政治社会化的要求与方向，体现了国际政治文化的核心精神。②（2）综合实力。国家形象也是一种观念和认知，是对国家实力的反映。国家实力构成了国家形象的客观基础。实力仍是影响国家行为和国际地位的决定性因素，是判断国家形象的重要因素。实力强大的国家比实力弱小的国家拥有更多的资源和手段来提升国家形象。（3）国际贡献。国际社会中，国家如同社会中的个体一样，需要承担责任和义务，为国际社会的维系和发展作出贡献。这也是国家获得国际认同和树立良好国家形象的有效途径。国际贡献体现为：科技进步、经济发展、制度观念的创新，为国际社会提供公共产品、提供国际援助等。（4）合秩序发展。郭树勇认为，合秩序发展，就是大国必须调整好国家成长与世界秩序的关系。实际上，合秩序发展，不仅仅适用于大国及其成长过程，也适用于中小国家。以国际制度为核心的世界秩序是国际社会成员国相互和平共存的最低条件。随着国际社会的发展，人类相互依赖的加深，国际制度、世界秩序在协调国家关系、实现国家利益、影响国际合作方面会发挥越来越重要的作用，也成为衡量国家形象的主要指标。因此，一国要在国际社会树立良好的形象，需实施战略克制，维持国际秩序稳定；遵守国际制度和国际政治文

---

① 具体参见：郭树勇. 大国成长的逻辑 [M]. 北京：北京大学出版社，2006.93-98
② 郭树勇. 大国成长的逻辑 [M]. 北京：北京大学出版社，2006.94.

化，以和平合法的方式实现国家目标；与其他国家在国际问题处理上积极磋商，达成共识，建立主流认同和伙伴关系。

根据领域的划分，国家利益可以划分为经济利益、政治利益、安全利益与文化利益。因此，国际形象战略目标就具体体现为：

一、树立良好形象，提升国家经济竞争力和实力

良好的国家形象有利于维护和扩展国家经济利益，提升本国企业的国际竞争力，增强本国的经济实力，加大对国际经济组织的影响力和世界其他国家的吸引力，从而提升自己的国际经济地位。

（一）良好的国家形象有利于增强国家竞争优势，吸引国际资源

从营销学的角度，人们将国家形象称之为国家品牌，主要指一国产品和服务在其他国家公众心目中的总体形象。基于经济全球化和市场一体化的基本现实和未来趋势，国家品牌的重要意义日益凸显。在当今全球化潮流中，国家与国际经济组织和跨国公司等一起，构成了国际经济竞争的主要参与者。为了追求社会物质福利最大化，国家需要获得更多有利于本国经济发展的外部要素，这在很大程度上取决于该国的国家形象。一个积极、健康、强大的国家品牌可以获得更多消费者、投资者、游客、移民、媒体以及他国政府的瞩目、尊重和信任，并因此在全球竞争中获得有利地位。每个国家都有一个形象，"无论有何种形象，都会影响投资者和消费者对某一'国家品牌'的态度，这些态度分别决定了'品牌'的市场营销，无论是外贸出口，还是海外投资"[1]。那些形象单薄或声望不佳的国家，在全球化中往往也处于边缘化的地位。由于其弱势的国家品牌资产，它们的声音与举动难以被外界所关注；而那些拥有较高品牌资产的国家，在对外经济交往中则经常显得左右逢源。

对于那些国家品牌资产不甚理想的国家，在努力完善自身的同时，还有必要实施国家品牌化（country branding），即国家以主动的姿态，将本国的积极因素，通过各种方式与途径传播出去，改变目标受众对其僵化的负面印象，改善本国的国家形象。一般而言，推行国家品牌化的过程就是国家形象战略

---

[1] Eugene D.Jaffe,Israel D. Nebenzahl, *National Image and Competitive Advantage*(Copenhagen: Copenhagen BusinessSchool Press,2001),pp.7.

的实施过程，主要目标是通过提升国家品牌资产，使本国成为被国际认可的投资地、观光地或产品制造与出口国。在国家品牌化实践上，西班牙是成功的例子。如在 20 世纪 70 年代结束佛朗哥统治时，西班牙给人的印象是孤立、贫困，与其他欧洲国家的差距甚大。现在，它已发展成为欧洲经济强国和世界旅游大国，也涌现出 Tele—fonica、Zara 等一批国际知名品牌。在西班牙形象的嬗变过程中，系统的国家品牌推广发挥了巨大作用。

（二）良好的国家形象有利于增强企业的国际竞争力

在国际市场上，"Made in Germany"汽车与"Made in Malaysia"汽车相比，必然会使消费者产生不同的感受，进而影响到其购买决策，这是国家品牌差异带来的结果。国家品牌是同产品、品牌的来源国（country of origin）联系在一起的。在消费者的购买决策中，其对产品、品牌来源国形象的感知，构成了重要的决定因素。研究表明，国家品牌有助于产生协同效应，能够激发消费者的购买意向，从而促进本国企业品牌在国际市场上的认知度、曝光率和可信度。国家品牌形象的提升，将会对本国企业的品牌国际化、企业销售和国际竞争提供有力支撑。

历史和现实已经证明，国家品牌形象的好坏影响着一国企业在国际经济竞争与合作中的成败，所以各国政府和企业不惜成本纷纷采取各种措施和手段来宣传和打造国家品牌形象，以此来获取最大的经济利益。在发达国家消费者心目中，"Made in China"是个有特殊含义的词，是低档产品的代名词。据日本农林水产省数据显示，2008 年中国输日食品不合格率仅 0.27%，远低于欧美输日食品 6% 的不合格率，但一些日本人仍对中国食品安全性持怀疑态度，甚至认为不合格率 6% 的欧美食品远比中国食品安全。中国政府已经意识到，为了推动中国产品出口，为了提升中国产品在国际上的竞争力，为了给中国产品提供更好的国际贸易环境，塑造"中国制造"在全球的良好形象是非常重要的。2009 年底，中国首次进行国家品牌的宣传，在西方主流媒体投放国家形象广告。11 月 23 日首先在美国 CNN 上播放了 30 秒的以"中国制造，世界合作"为主题的广告，强调中国企业为生产高质量的产品，正不断与海外各国公司加强合作。

二、树立良好形象，提高国家政治认同和国际号召力

良好国家形象在维护国家政治利益方面的作用主要有两个方面：一是可以强化国家的政治认同与合法性，维护本国政治制度与意识形态；二是提高国家的感召力和号召力，提高本国的国际地位和影响。

（一）增强国家的政治认同与合法性，维护本国政治制度与意识形态

国家的政治认同和政治合法性对维护国家的政治稳定和维护国家收益，降低行为成本具有重要意义。特别是随着全球化的发展，传统的国家认同、国家主权和国家统治合法性遭遇危机，如何维护和加强国家的政治认同与合法性是摆在世界各国或国家集团面前一个迫切的问题。而良好的国家形象能增强国内外民众对国家的认同，强化国家统治的合法性。良好的国家形象能激起国民极大的民族自豪感和自信心，增强民族凝聚力和意志力，增强国民对国家、政治制度的认同和支持；在国际社会中，良好的国家形象能增强国际公众对国家的认可，维护国家政治局势的稳定，拓展国家利益。一些国家发生的内战、政局动荡虽有外部干预的因素，但自身治理不善，政治认同、合法性和国家形象的下降，也是重要原因。例如苏联在"二战"后国际威望和地位空前提高，成为和美国并驾齐驱的超级大国。但是，由于它在处理"布拉格之春"、波兹南事件、切尔诺贝利核事故、韩国客机事件以及入侵阿富汗方面的不负责和不正当行为，大大损害它在国际社会中的大国形象，这种负面形象的"恶性积累"导致了国际社会对苏联的强烈反感与话语"惩罚"，便利于西方反苏势力将其妖魔化与"和平演变"，最终导致了国内的信仰危机与政治危机，以瓦解而告终。而有些国家，通过重塑国家形象，赢得国际社会的认可，维护了政治制度和统治的合法性。

（二）增强国家的感召力和号召力，提高本国的国际地位和影响

国家形象是一国软实力的重要组成部分。良好的国家形象体现了国际社会对该国的赞赏和认可程度，这对一个国家来说是一笔巨大的无形资产。因为国家的良好形象如果建立起来，就意味着该国能够比较容易地引导国际舆论，拥有较多的国际话语权和国际影响力，也容易获得国际公众的支持，从而有利于本国在国际事务中占据主动，促进国家目标和国家利益的实现。作

为一种软权力，国家形象已成为主权国家拓展、维护政治权力和政治利益的一个重要手段。

同为战败国的德国和日本，在"二战"后都致力于改善国家形象，重返国际社会，但二者在国际社会中的政治影响力存在巨大的差异。"二战"后德国成功实现了全面崛起，成为在欧洲和世界有影响的大国。但德国的强大并未引起其他强国特别是欧洲国家的猜疑与不安，这归因于德国的战略克制以及良好的国家形象。而日本战后尽管实现了经济崛起，并且为了赢得国际认同，积极对外开展官方援助，参与国际维和，承担国际责任，但日本的政治成长失败了，或者说部分失败了，日本政治大国的努力并未获得主流国际社会的普遍认同。其中一个主要原因是，与德国相比，日本在大国形象建构方面失分太多，在战后经济赔偿、历史反思、独立承担国际责任方面存在天壤之别。[①] 在战后赔偿方面，日本"狡猾地利用这些国家在经济和政治上的窘境，迫使它们实行妥协，并没有给予充分的赔偿"，这一点与西德情况大不相同。战后日本对亚洲有关国家的赔款一再打折扣，最终从 1952 年 12 月起，仅对东南亚四国缅、菲、印尼、南越支付了战争赔款 10.12 亿美元。[②] 而德国在战后对战争牺牲者特别是犹太人进行了补偿，从战后累积到 2030 年，预计支付补偿基金 1200 亿马克。在历史问题上，日本未对过去的侵略历史进行深刻的反思，军国主义的幽灵时隐时现，削弱了国际社会对其和平外交的信任，也未能获得亚洲邻国的谅解与认可。在国际社会中，日本对外交往缺乏独立自主性，在一些国际事务中缺乏大国责任，缺乏作为一个大国应当具有的民族独立性和国家形象。

三、促进国家间信任与安全

安全利益是国家的根本利益。树立良好的国家形象有利于促进国家间的信任和合作，维护国家安全。

---

① 郭树勇 . 大国成长的逻辑——西方大国崛起的国际政治社会学分析 [M].北京：北京大学出版社，2006.211.

② 周弘 . 对外援助与国际关系 [M].北京：中国社会科学出版社，2002.218.

（一）良好的国家形象有利于促进国家间的信任与合作

国家形象、声誉是判断国家意图的重要依据，是影响国家安全与合作的重要因素。在现实生活中，国家对外战略与政策的制定无不建立在对其他国家意图的判断的基础之上。依据是什么？国家声誉。一个国家的声誉，就是国际体系中的其他行为体对于这个国家持久特征或特性的一种信念与判断。①声誉是对一个国家过去行为的总结或特性归纳，它的作用是预测、探寻未来的行为。在国际体系存在着信息不完全和不确定性的情况下，声誉之所以重要，也正是因为它包含了关于行为体未来战略抉择的信息。②"声誉对一个国家的安全是至关重要的"。③在无政府状态下，一个具有良好形象或声誉的国家，就容易获得他国的正向判断和信任，避免对本国的战略误判，避免陷入安全困境，从而推动本国与国际社会的良性互动，实现安全与合作。

在建构主义者看来，国家安全由行为体互动建构而成。行动者在这种互动过程中建立起不同的规范、认同、共享知识，从而塑造了行动者之间的相互关系和身份。因而行动者（国家）的安全取决于行动者的角色身份，而角色身份并非如现实主义所理解的那样，是既定不变的。"正是认同的逻辑，而不是无政府状态的逻辑对那样的国家被视为国家的潜在或现实威胁提供了更好的解释"。④国家形象作为一种国家间的认同和身份，会对国家间的行为和安全产生影响。良好的国家形象有利于国家间建立正向认同，在国家间建立朋友的身份结构。"在这种角色结构中，国家期望相互遵守两条基本的规则，一是不使用战争和战争相关威胁方式解决争端（非暴力规则）；二是如果一方安全受到第三方威胁，双方将共同作战（互助原则）"。⑤

总之，无论是现实主义、自由制度主义，还是建构主义都承认良好的国家形象在推动国家安全中的作用。良好的国家形象容易获得他国认同和信任，推动国家间的安全与合作。

---

① Jonathan Mercer. *Reputation and International Politics*（Ithaca and London: Cornell University Press,1996),pp.16.

② 王学东.外交战略中的声誉因素研究 [M].天津：天津人民出版社，2007.54.

③ Jonathan *Mercer.Reputation and International Politics*(Ithaca and London: Cornell University Press,1996)，pp.4.

④ Peter Katzensteine. *The Culture of National Security :Norms and Identity in World Politics* (Cornel University Press,1996),pp.401.

⑤ [美] 亚历山大·温特.国际政治的社会理论 [M].上海：上海世纪出版集团.2000.372.

（二）良好的国家形象有利于维护国家安全。

20世纪70年代以来，随着人类相互依赖的加深，全球共同威胁的出现以及国家间竞争转向综合国力的较量，综合安全日益引起人们的注意。综合安全的出现导致安全手段和理念发生新的变化，软权力日益受到重视。作为一种软权力，良好的国家形象有利于维护国家的综合安全，特别是非传统安全。它主要强调的是非军事手段，主要是通过影响力、吸引力、亲和力而不是传统的强制力来实现安全的目的。在全球化时代"国家形象"相对于国家"综合安全"的重要性表现在以下几个方面：首先，"国家形象"与"综合安全"的核心具有内在一致性；其次，"国家形象"反映了多种安全因素跨国性影响的总和；再次，"国家形象"与应对"综合安全"问题的国际协作之间高度相关；复次，"国家形象"的转变能够有效地防止"非传统安全"问题向"传统安全"问题的转变；最后，"国家形象"作为一种影响力，本身也成为一种"非传统安全"因素。[①] 国家形象也有它消极影响的一面，那就是片面消极或误导的国家形象会引起误解和国际冲突。"良好的国家形象可以将巨大摩擦产生的成本降低到很小，而负面的国家形象则能使小冲突的成本放大好几倍"。[②] 总之，国家形象与国家安全密切相关，不良的国家形象会给国家安全带来负面影响，而良好国家形象则有利于维护国家安全。

四、树立良好形象，增强文化认同和吸引力

文化是国家形象的重要来源，文化形象是国家形象的重要组成部分。良好的文化形象具有独特的价值和意义。[③] "良好的国家文化形象是一个国家的经济形象和政治形象的精神支撑，对国家形象具有巨大的提升作用，是一个国家宝贵的无形资产和不可或缺的软实力"。[④]

---

① 傅新.综合安全与国家形象[J].现代国际关系，2004,(6):15-16.

② 乔舒亚·库珀·雷默等.中国形象：外国学者眼里的中国[M].沈晓雷等译,北京：社会科学文献出版社，2006.25.

③ 关于文化利益的研究可参见：缪开金.中国文化外交研究[D].博士论文，中央党校，2006；王欣.全球视野中的中国国家文化利益及其实现方式[J].江海学刊，2005,(4).

④ 祁述裕.如何塑造我国的国家文化形象[N].解放日报，2006-11-06(13).

（一）良好的国家文化形象有利于增强民族文化认同，维护国家文化安全

一般来讲，国家认同包含了民族认同、文化认同和政治认同。这三个层面交织在一起，但文化认同是国家认同的基础，更稳定持久。文化认同对多民族国家显得尤为重要。美国被称为民族的熔炉，凝聚不同民族、种族移民的是自由、民主、人权等美国核心价值，这也是美国国家认同的基础。国家文化形象，是一国区别于其他国家的显著特征和标志。良好的国家文化形象能大大增强国民的民族自豪感和对本民族的认同，自觉坚持和维护本民族的历史文化传统和价值观念，抵制异质文化的渗透，维护本民族文化安全。这种认同在西方推行文化帝国主义，特别是在全球化背景下显得尤为重要。冷战后，一些发达国家利用其在全球化中的主导地位和发达的信息传播手段加紧了对发展中国家和地区的文化渗透活动，包括意识形态的宣传和文化产品的倾销，不仅在发展中国家和地区培养自己的政治精英，而且使广大民众自觉或不自觉地接受了其思维方式和价值观念，从而力图保持其在世界文化发展中的霸主地位，服务于政治利益和商业利益。

（二）良好的国家文化形象有利于增强国家文化的吸引力和影响力，扩大文化输出

文化是软权力的重要来源，文化力是软权力的重要组成部分。以致有的学者直接将"软实力"称为"文化力"或"文化软实力"。"文化软权力"作为国际政治中的一种不同于传统的政治、军事和经济等"硬权力"的国家力量，被众多的国家视为一种新的国家权力资源而在外交领域加以广泛而充分的运用。在当前各国的外交实践中，各国十分注重文化"软实力"资源的开发和利用，通过展示和输出自己的文化理念和价值观，赢得他国公众的理解、认同和支持。

良好的国家文化形象作为一国正面文化的集中反映和体现，会大大增强一国文化软实力的影响力和吸引力。对某国文化的良好印象可使该国更能取信于其他国家，更认可该国政策的明智合理，增强其领导他国的能力，使之朝符合该国利益的方向发展。因此，培育本民族文化良好的国际形象，推广

本民族语言对国家具有战略意义。①世界上许多国家都高度重视国家文化形象的塑造和确立。法国在文化外交方面一直十分积极。强大的文化软实力和良好的文化形象是法国大国地位的重要保障。为建设一个强大的俄罗斯，2000年初，当时还是代总统的普京就提出要振兴俄罗斯民族文化传统，批准实施"文化扩张"战略，旨在确立强势的国家文化形象。

第二节　国家形象的定位

国家形象的定位是国家形象战略中的重要环节。在确定了国家形象战略目标后，就需要对目标进行细化，转化为具体和可操作的目标，毕竟国家形象战略目标——"良好的国家形象和维护国家利益"，仍是一种抽象的规定和描述。因此国家形象定位就是对国家形象战略目标的细化和具体化。在信息爆炸和"形象制胜"的时代，国家形象定位就显得尤为重要。信息爆炸是把双刃剑，在带来更多信息和选择时，对信息传播者和受众也提出了挑战。面对海量的信息，信息传播者和受众都存在难题。受众苦恼于如何在大量的信息中找到自己需要的信息，而传播者面临着如何吸引受众有限的注意力，给受众留下深刻的印象，从而在众多竞争对手中脱颖而出的挑战。这就需要进行形象定位，增强信息传播的有效性和针对性。

一、国家形象定位的概念和意义

定位最初是营销学中的一个概念，逐渐从对一种产品、服务的定位扩展到对组织、国家的形象或品牌定位。下面就结合品牌定位的理论，初步探讨下国家形象的定位问题。

品牌定位，实际上是指建立一个与目标市场有关的品牌形象的过程与结果，是勾画品牌形象和所提供的价值的行为，以此使细分市场的消费者理解和认识特定品牌区别于其他品牌的特征。品牌定位是品牌战略的一个主要组成部分，是设计、塑造、发展乃至确定品牌形象的核心和关键。只有通过准确的品牌定位，才能确定鲜明的品牌形象，才能形成品牌的竞争优势，品牌

---

① [美]傅立民.论实力：治国方略与外交艺术 [M].刘晓红译，北京：清华大学出版社，2004.32.

才可能进入消费者的心目中。①品牌定位理论产生于和应用于市场营销，是沟通产品与目标受众的营销传播手段。在国际传播环境中，品牌定位理论同样适用于国家之间的沟通交往，由此衍化出国家形象定位的概念和方法。国家形象定位就是对一个国家进行形象建构的过程，是通过信息传播有效接触目标受众群，在目标受众心目中确立一个正面的、明确的国家形象的过程。②

国家形象的定位对建构国家形象，提高国家形象传播效果，有效塑造良好的国家形象具有重要意义：

首先，国家形象的定位是联系国家形象与受众的无形纽带。定位是对产品在未来的潜在顾客的脑海里确定一个合理的位置，也就是把产品定位在未来潜在顾客的心目中。③定位实质上是对目标受众的"攻心"，就是在预期目标受众的头脑里赋予某种事物的特性或优势，从而影响受众的行为与选择。定位的过程就是对目标受众的需求、心理特征、价值观念等进行研究，提高定位的针对性，激发受众对品牌或形象的情感、价值需求，从而建立二者之间的联系。建立在准确定位基础上的国家形象契合和满足了国际受众的某种需求和认知，使受众更容易认可和接受所塑造和传播的国家形象。二战后，德国将自身形象定位于"欧洲的德国"，这是建立在德国对自己成长的历史教训和战后国际环境分析的基础上。它反映和满足了欧洲社会联合自强需求以及约束德国的要求，使德国在欧洲获得合法性，为此后的崛起创造了条件。

其次，国家形象定位有利于确立独特和良好的国家形象。国家形象定位的根本目的是为了更好地打造国家品牌，树立良好的国家品牌形象。准确、清晰的形象定位有利于树立和传播良好的国家形象。准确的定位反映了国家特质和国际社会的趋势，容易被国际公众认可，容易在国际社会树立良好的国家形象；定位越清晰，国家形象个性就越鲜明，越容易在国际社会中脱颖而出，在国际公众中留下独特的印象。清晰、准确的国家形象定位可以帮助传播者在信息传播过程中最大限度地减少冗余信息，突出主体的独特个性，使其深入受众的心中并留下明确的印象。

最后，国家形象定位是国家形象品牌构建和传播的前提和基础。在国家

---

① 余明阳，韩红星 . 品牌学概论 [M]. 广州：华南理工大学出版社，2008.147.

② 刘继南 . 中国形象 [M]. 北京：中国传媒大学出版社，2006.258-259.

③ 里斯，杰克·特劳特 . 定位 [M]. 北京：中国财政经济出版社，2002.2-10.

形象建立的过程中，形象定位、形象构建和形象传播是前后相连的环节。当品牌定位确定后，品牌定位规定了品牌传播的方向。对国家形象而言，国家形象定位决定形象传播的方向、内容和方式。它决定了应当将哪些信息传递出去，哪些信息应当强调，哪些信息是要淡化处理的；决定了传播的对象是哪些，采用怎样的传播方式比较合理。可以说，只有明确了国家形象定位后，形象传播才能合理使用传播资源，取得预期的传播效果。

二、国家形象定位的原则

根据品牌定位的一般原则，结合国家形象的特点，以及国家形象战略的要求，笔者认为国家形象的定位应遵循以下原则：

第一，维护国家利益原则。坚持国家利益至上是准确定位国家形象的基本原则。作为国家形象战略的重要环节，国家形象的定位应以国家利益为根本出发点和最终目标。如何最大限度地维护和实现国家利益是国家形象定位的首要原则。归根结底，各国塑造国家形象，都是为了建构和传播良好的国家形象，提高国际地位，增强在国际上的影响力，以便更好地维护国家利益。

第二，服从国家战略、对外战略和国家形象战略原则。国家利益是抽象的又是具体的，最终都要通过层层的战略和政策得以维护和实现。因此，服从国家战略、对外战略和国家形象战略与维护国家利益是一致的。作为国家形象战略一个环节的国家形象定位自然应服从国家形象战略目标，塑造国家良好和正面的形象，服务于国家战略和对外战略目标、原则和方针，为国家战略和对外战略创造良好的外部环境。

第三，历史、现实、未来三者相结合的原则。历史、现实、未来是任何事物存在的基本时间维度。国家形象总是处于动态的发展过程中，有其历史背景、现实状况和未来发展趋势。科学的国家形象定位有赖于对历史传统、现实状态以及未来趋势的正确把握。国家形象的定位需要对本国家历史的民族传统进行仔细地梳理，其中包含的历史文化传统、民族习俗、文明遗产等塑造着民族国家的身份和特征，构成了国家形象的底色，是国家形象定位的基础；对国家形象现实状况的考察，包括对国家形象所处的国际政治环境、军事安全环境、经济环境、舆论环境，还包括对国家形象资源的考察，以及有关国家的国家形象和国际受众情况的考察；还需要认识分析国家形象所处的时代：时代趋势、国际整体趋势、国际文化价值潮流等。国家形象的定位应反映这种态势。

第四，突出个性和优势的原则。为了塑造正面积极的国家形象，国家在形象定位时大都会致力于突出本国的优势，扬长避短，增加国家形象的影响力和吸引力。国家的优势和特色往往是可以转换的，国家的优势可以成为国家区别于其他国家的特色，反之亦然。因此，充分发挥国家优势，凸显国家特色和个性，是国家形象定位时的重要原则。

第五，多样性和一致性相统一的原则。国家形象涉及众多领域，有不同的具体形象。对不同领域和不同状态，国家具体形象的定位呈现出不同的特点和要求；国家形象还涉及不同区域、文化的受众，要突出国家形象的独特性和针对性，应有不同的国家形象定位。这样，国家形象的定位就表现为多样性并存。但多样性并不能否定国家形象定位的统一性。任何国家的对外形象应是统一的，必须传达一个整体的国家形象。多样的具体国家形象只是整体国家形象的具体体现，它们的定位应围绕后者展开，统一于国家形象的整体目标和战略。这样才能在受众意识中形成深刻的统一的国家印象，否则具体形象之间、具体形象与整体形象相互矛盾和抵触，只会造成混乱，削弱国家形象战略的效果。

第六，动态性和稳定性相互统一的原则。国家形象的定位受到众多因素的影响。这些因素的变动都会对国家形象产生影响，特别是当这些因素发生重大变化，对国家形象产生重大冲击时，国家形象就需要重新定位。但国家形象和国家形象的定位都具有相当的稳定性，受到质和量两方面的规定。上述因素处在变动中，这是绝对的，但很多时候都是量的变化。无论是国家利益、国家实力、人口、地理、国民素质、价值观念、国际环境等规定因素在一定时期都会保持相当的稳定，这决定了国家形象和国家形象的定位也会在一定时期保持质的稳定。只有量的变化达到一定程度或发生突变，才会引发国家形象和定位的重大变化。这就是国家形象定位的质变和量变，具体表现为稳定性和动态性的辩证统一。

三、国家形象定位的策略和步骤

国家形象或品牌定位的策略和方法有多种，基本上有以下三个角度：第一种是从国家自身出发的定位：从自身利益出发定位或发掘自身的资源和优势，作为国家形象或品牌定位的来源点，例如独特的地理自然环境、历史文化传统、价值观念、科技创新、知名产品等；第二种是从受众角度出发的定位：分析研究受众的文化传统、价值观念、生活方式、消费习惯等，使形象定位与受众的偏好和需求保持一致；第三种是从外部环境出发的定位：分析外部的政治、经济、文化、安全形势和趋势，分析其他国家的国家形象和定位情况，有针对性地提出独特的形象定位。在现实中，策略的区分并不严格，往往是多种策略手段并用。关于品牌或形象定位步骤，许多研究者从不同角度进行了探索。余明阳认为，品牌定位包含五个步骤：找位（确立品牌定位的受众群体）、选位（发现目标受众的有效需求，在他们心目中占据有利位置）、提位（提升品牌定位，赋予品牌文化，打造品牌核心价值）、到位（通过多种方式将品牌定位信息传播到受众心中，最终实现在受众心中确立有效位置）、调位（对原有品牌定位的调整）。[①]借鉴以上的研究成果，笔者认为，国家形象的定位通常需要以下步骤：第一，分析国家形象环境和资源；第二，确立国家形象战略目标；第三，确定具体国家形象定位。关于前两个步骤，已做过论述，下面简单说明第三步——确定具体国家形象定位。这是一个复杂和专业的过程，包含了（1）确立目标受众：确立和挑选国家形象定位的对象。由于受国家资源和国家利益的制约，国家形象的定位和传播不可能面向所有国际受众，只能对国际受众进行细分和评估，从众多受众中挑选出有限目标受众。国际受众可以依据政治制度、发展水平、文化传统、宗教信仰、地理地域、人口因素等进行区分，然后评估这些不同国际受众的影响和在国家形象战略中的地位，确定最终的目标受众。（2）发现目标受众的需求和认知特点：深入分析受众的多样性、多层次需求，发现主导需求；并进一步分析受众的文化传统、价值观念、教育背景，发现认知特点。（3）提炼形象内核：在目标受众需求和个性分析基础上，结合国家自身特点和外部环境，确立国家形象的核心价值和独特个性，以获得受众的认同和共鸣。（4）传播形象定位信息：通过广播、广告、营销、公共外交等多种方式将定位信息传播到目标受众心中，确立起国家形象。（5）形象定位的调整：针对外部变化进

---

① 具体研究参见：余明阳，杨芳平. 品牌定位 [M]. 武汉：武汉大学出版社，2008.91-106.

行的局部适应性调整。

小结

国家形象战略的目标和定位是国家形象战略谋划的重要内容。在分析评估战略环境和战略资源的基础上，结合国家战略以及对外战略的要求，确定国家形象战略的目标和定位。这是一个复杂的过程，需要遵循一系列的原则和程序。国家形象战略的目标是树立良好国家形象，维护国家利益；战略定位是对战略目标的细化。二者在国家形象战略中处于核心地位，发挥着决定作用，支配着战略资源的调配和战略手段、策略的选择，指导着战略实施。

第四章　国家形象战略的实施：塑造

关于国家形象实施的研究，学者们更多关注国家形象塑造方式。国家形象的危机处理是国家形象塑造过程中不可回避的问题，也引起了研究者的关注。那么问题就产生了，国家形象除了危机管理，常态状态下不需要管理吗？国家形象实施过程是一个复杂的过程，需要专门的机构来进行协调管理。为此，许多国家都设立了不同的国家形象实施机构，例如瑞典海外推广委员会、韩国的国家品牌委员会，统一进行国家形象的塑造和过程管理。显然，除了塑造，国家形象实施还包括管理。因此国家形象战略的实施涉及国家形象的塑造和管理。国家形象的塑造是根据国家形象战略目标和定位，选择战略资源和手段，采取一定策略，主动建构、传播本国良好的国家形象。国家形象战略管理是在国家形象战略实施过程中进行的规划、协调、控制、评估以及危机管理活动，以便有效实现国家形象战略目标。塑造与管理二者共同作用，服务于在国际上树立良好国家形象的战略目标。

第一节　国家形象塑造的内涵

所谓国家形象塑造就是一国国内公众主动建构和对外传播一国的正面要素，以影响国际公众形成该国国际形象的过程。国家形象塑造过程可用下图3来表示。要理解这个概念需要从以下几个方面来把握：国家形象塑造的构成因素、动力与方式。

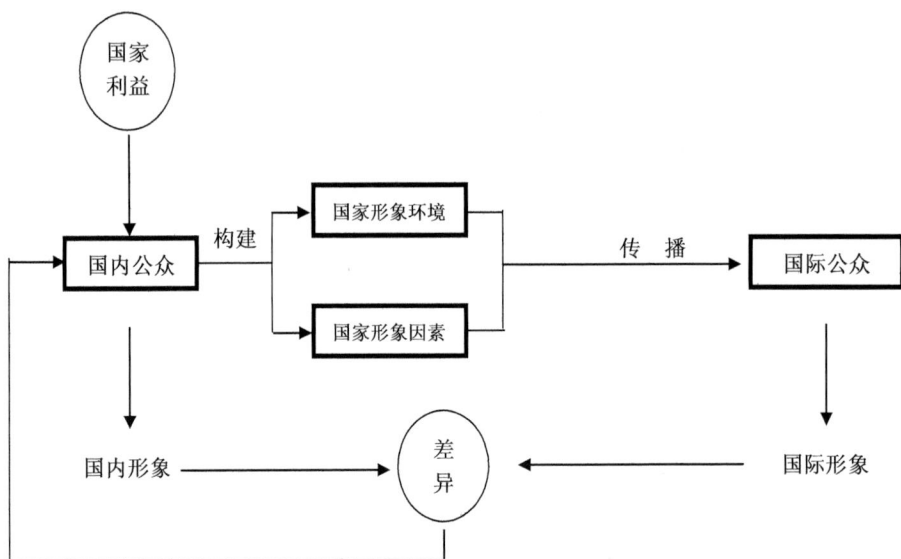

图 3 国家形象塑造

一、国家形象塑造的构成要素

从社会心理学来看，国家形象属于社会认知的一种。认知包括三个要素：认知者、认知对象与认知过程。国家形象的塑造是对象国的国内公众主动干预认知主体——国际公众，形成对象国国际形象的过程。因此要掌握国家形象塑造的要素需首先分析影响国家国际形象形成的主要因素。一国的国际形象是一种主观认知，是客观存在的国家形象因素（认知客体信息）通过传播过程（传播媒介和传播情境）到达国际公众（认知主体），经过国际公众的加工而最终形成的。国际形象的形成受到三个要素的制约：国家形象要素、国际传播过程（国际传播媒介、国际环境）和国际公众。一国要干预国际公众关于对象国国家形象形成过程，主动塑造本国国际形象，需从以上三个要素着手，建构国家形象要素，建构良好的传播环境，通过国际传播影响国际公众。因此，国家形象塑造构成要素体现为以下几个方面：

1. 国家形象塑造的行为者：国内公众与国际公众

国内公众是国家形象的塑造者，包括一国政府、大众传媒、企业、社会组织和公众；而国际公众是国家形象塑造的受众和传播的对象，包含外国的政府、大众传媒、企业、社会组织、公众以及国际社会中的国际组织。尽管国家形象塑造是塑造者的一个主动行为，但国际公众并不是被动的信息接受者，它既是国家形象塑造的传播对象，也是一国国际形象的塑造者，有选择地接受和传播着一国国际形象。国内公众与国际公众互为塑造者和受众，我们统称为国家形象塑造的行为者，主要包含以下主体：

（1）政府：政府是代表国家行使管理职能的权力机构，在国家形象塑造方面，发挥着主导作用。政府的执政行为本身就构成国家形象赖以形成的现实与历史的客观存在，而且是在国家政治、经济、军事、外交、社会、文化等各个领域里影响最深的客观存在。在威权主义政治模式下，政府控制着、掌握着、代表着国家，国家形象基本上是由政府设定的。在多元民主社会中，政府仍然是国内社会最具权威和影响力的行为者。政府在国际社会仍是国家的主要代表。政府官员作为一国公共权力的代表，与他国有关人士进行接触、沟通、协调，并通过大众传媒在更广阔范围内进行形象传播，对国家形象的建构具有核心意义。政府在国家形象建构中的主导作用并不等于政府的亲力亲为，政府可以充分利用、协调、动员社会和经济力量以形成合力，最终达到政府的目的。[①] 政府塑造形象的行为主要包括两部分：一部分是政府代表国家所从事的政治、经济、军事、外交活动，比如国家领导人出访、会谈，签署重大的合作协议，举办重要的国际性活动，等等；另一部分是政府代表国家通过媒体直接发布消息，包括有关国家法律法规、方针政策制定和颁布；对重大国际事件或两国关系处理表态性的信息，许多国家政府都会以发布白皮书、蓝皮书的形式向外发布官方文书，介绍本国相关政策及其实施情况，以获得国际社会的认同与支持。世界上绝大多数国家都建立了对外传播和文化交流机构，通过语言、文字、声音、图片等对外传播，有目的地影响外国受众。

（2）企业：企业以自己的产品和服务参与到国家形象的塑造中。在对具体产品的亲身体验中，消费者形成了对他国商品形象的认知，并累积、扩大到对该国所有商品品牌和国家品牌的评价。比如，人们通过福特、波音、IBM认识了美国，通过日立、索尼、丰田认识了日本，等等。因此，企业是

---

① 刘明.当代中国国家形象定位与传播[M].北京：外文出版社，2007.65-69.

塑造国家形象的重要参与者。跨国公司是当今国际社会的重要行为者，其与母国保持着千丝万缕的联系，成为国家形象的重要塑造者和所在国认识跨国公司母国形象的信息源。跨国公司是文化传播和社会影响的渠道之一。跨国公司将母国的管理经验、技术、生活方式、价值观念带到东道国，改变东道国的文化和生活方式、消费习惯等，扩大母国在该国的影响和吸引力。跨国公司品牌的全球成功运营会进一步提高其母国的认知度，增加国家品牌的价值与影响力，从而更加有助于跨国公司的经营活动。反之，跨国企业生产、经营上的失误也会给母国形象带来损害。例如分析人士认为，2010 年初爆发的日本"丰田车召回事件"戳破了"日本制造"的神话。德温·斯图尔特在"丰田和日本的终结"一文中直接指出，丰田总裁丰田章男就丰田汽车召回问题到美国道歉和作证，"标志着一个衰落国家跌到新的谷底"。

（3）公众：社会精英和大众。社会精英对他国形象的认知和传播可能成为一国大众关于他国的初始印象和观念。"公众舆论和民众意愿，尤其是在一些国际问题上，常常受到精英阶层、政治家和媒体潜移默化的操纵"。① 在信息传播技术还不发达的时代，一国社会精英关于他国的所见所闻成为该国关于另一个国家形象的主要信息来源，他们成为他国国家形象的建构者。例如，马可·波罗《东方见闻录》在之后的很长一段时间影响了西方有关中国的形象认知。即使在全球性交通和信息技术十分发达的情况下，相对于其他建构者和传播渠道而言，社会精英对于一个国家形象的抽象和传播，一般来说仍然具有高于其他国家建构者的可信度和权威性。作为精英聚集的思想库的作用更明显。有人把西方国家的立法、行政、司法称为是三种权力，媒体是第四种权力，而思想库是第五种权力。② 西方思想库主要通过发表著作或研究报告、定期出版物、出席国会听证会、媒体发表、承担政府委托课题、会议演讲等渠道宣传自己的研究成果和思想，影响公众舆论、社会思潮和政府决策。

一国大众不仅以自己的言行在事实上传递着自己国家的信息，更对自己的国家进行着抽象，还以不同方式进行着传播。另一个国家的大众不仅在直

---

① [美]罗伯特·福特纳.国际传播："地球都市"的历史、冲突及控制[M].刘利群译，北京：华夏出版社，2000.26.

② Weaver, K. "The changing world of thinktanks", *Political Science and Politics*, 1989,22(3), pp.563-578.

接感知对象国，而且也同样对这个国家进行抽象，以各自不同方式告诉自己所属的认知群体他所认知的"他国"。不同国家的学生、学者、商人、游客等在频繁的教育、科技、文化、经贸等国际交流和互动中影响着各方对对方的认知，从而直接推动了有关国家形象的建构和传播。平民化、世俗化的大众活动与大众传播工具的结合，可能对国家形象的建构产生意想不到的效果。大众活动实际上对于政府、利益集团和社会精英以及大众传媒建构的国家形象进行着及时的验证、修正、甚至颠覆。[①] 甚至会出现在国家之间相互敌对，政府间相互妖魔化，而两国民众对对方的整体国家并不反感，心存认同的现象。因此，大众既是一国构建国家形象的主体，也是国家形象传播的对象。在建构国家形象时，要求建构者要注意善于通过大众的活动，包括扩大民间经贸合作、学术交流、旅游等，增进国家间人民的了解，增加相互的好感，巩固两国之间形象可接纳性的群众基础，增强抵御不友好势力对相互间正面形象认知破坏的能力。也就是说，改善自身在他国国家形象的工作是多层次、全方位的。其中，政府应当发挥核心主导作用，但同时也要注意通过民间的、大众的活动，更有效地发出自己想要发出的信号，让外国民众了解自己，树立一国良好的国家形象。

（4）利益集团：利益集团是一种重要的社会组织，对现代社会的政治、经济、文化、外交等领域发挥着重要作用和影响。利益集团通过各种途径对本国的政治、经济、外交政策进行游说，以维护本集团的利益。由于价值和利益的差异、利益主体的多元化必然导致各利益集团之间的冲突，就是对同一国家，不同的利益集团也会存在不同的印象和评价。利益集团之间的冲突是利益集团文化的一个最突出特征。正如，一国利益是不同利益集团博弈的结果，一国在他国的形象也是不同认知和价值相互平衡的结果。美国是世界上利益集团最为兴盛的国家，利益集团组织遍布全国的各个行业和领域，在美国的经济、社会和政治生活中到处存在，它们的影响"可以深入到政府机构的每一个角落"。[②] 不同利益集团在对华问题上的相互博弈影响着美国对华政策和对中国形象的认知。美国制造业、纺织业、金融服务业等团体认为，中国靠低估人民币汇率、政府补贴、侵犯知识产权等不正当手段进行竞争，

---

① 刘明. 当代中国国家形象定位与传播 [M]. 北京：外文出版社，2007.98.
② 戴维·杜鲁门. 政府之进程 [M]. 纽约：阿尔弗雷德诺夫公司，1971. 序言 1.

是美国贸易逆差连创新高、制造业失业率居高不下的"罪魁祸首"。这些团体和人权、宗教、劳工团体相互呼应，通过发布研究报告，组成政策同盟，到国会作证，借助媒体造势等手段高调进行游说，散布"中国威胁论"，甚至妖魔化中国形象。

（5）大众传媒：大众媒体是国家形象的重要塑造者。大众传媒作为认知的主体和观念传播的重要载体，审视着它所面对的客观存在，对客观世界进行着加工，实际上进行着具有自身特点的国家形象塑造。由于时空的限制，大众媒体是公众了解外部世界的主要途径，媒体塑造的国家形象通常成为一个时期内民众眼中最终的国家形象。例如，在美国，大众媒体在国内政治生活中发挥着举足轻重的作用，而且基本上构成了美国民众关于他国的初始印象和观念的信息来源，深深地影响着美国人关于其他国家国家形象的形成。随着现代传播技术的发展，特别是卫星电视、互联网等新媒体技术的应用，大众传媒的影响力日益超越国界。"传播全球化的力量正在超越经济全球化和政治全球化的发展势头而迅速崛起，对世界政治、经济全球化的发展产生深刻的影响"。在这种背景下，各国也更加重视应用大众传媒传递自身的信息，以推进本国的国家利益。大众传媒虽然不能决定大众怎样思考，但可以决定公众思考什么，对传播信息进行着议程设置。面对纷繁复杂的国家客观存在，大众传媒不断地设定传播什么、传播时机、传播范围和传播方式，这是大众传媒对国家存在的感性选择和理性抽象，这样的选择和抽象一经传播就成为公众对他国的国家形象。所以，媒体实际上常常在用无声的语言建构、表达和传播着他国形象。①

（6）国际组织：当今时代，国际社会的一个重要特征就是国际组织的作用日益突出②，成为重要的国际行为者，对国际政治、经济、文化、环境等产生重大影响，也成为影响国家行为和形象的重要因素。国际组织可分为政府间国际组织和非政府间国际组织。政府间国际组织已经成为全球化进程的重要载体之一，它在制定全球化的规则，维持全球化的国际秩序等方面发挥着

---

① 刘明.当代中国国家形象定位与传播 [M].北京：外文出版社，2007.83.

② 关于这方面的研究参见：樊勇明.全球化与国际行为主体多元化——兼论国际关系中的非政府组织 [J].世界经济研究,2003,(9);丁宏.全球化、全球治理与国际非政府组织 [J].世界经济与政治论坛,2006,(6);苏长和，朱鸣.世界政治中的跨国利益集团 [J].现代国际关系，1998,(11).

国家难以起到的作用。在全球化发展的大潮中，国际 NGO 日益活跃，在解决世界性问题、参与全球治理中不断发挥着独特作用。国际组织成为国际社会的重要行为者和信息散播者，通过其广泛的网络和渠道，塑造和传播着一国的国际形象，此外，国际组织还是国际规则和伦理的制定者与监督者，国家与国际组织的关系，遵守国际组织的规则情况，往往成为国际社会评价一国形象的依据。因此，各国无不重视国际组织在国家形象塑造中的作用，力图通过国际组织获得更大国际认同和支持，扩大本国国际影响，提高本国国际威望。

2. 国家形象因素和国际环境：

国家形象因素是国家形象塑造的对象和内容。有的研究者称为客观存在，认为国家的自然面貌与条件、国家的历史与文化、国家的经济与社会发展状况、国家基本的政治经济社会制度与实际运行状况、国家的国内政治与对外政策取向、国家综合实力现状与发展态势、一国领袖风范与普通民众素质等客观存在，都是国家形象形成的基础。笔者在第一章分析国家形象战略资源时提出，国家综合实力是国家形象战略的资源，在国家形象领域具体变现为十大因素：经济因素、政治因素、军事因素、社会因素、文化因素、科技教育因素、传媒因素、国民因素、体育因素、自然因素。这些要素构成了国家形象的客观基础，同时也是国家形象建构的内容。

国际环境是国家形象建构的重要对象。在社会心理和认知中，社会环境一方面充当着认知情境的作用，同时又是认知主体的作用对象。社会情境是社会心理和认知的重要背景，任何心理认知都是在一定社会条件和环境下发生的。在不同的认知情境下，认知结果是不同的，可能发生某种程度的变形，甚至认知偏差。另一方面，环境又是认知主体活动的对象。只有当社会环境成为行为的目标和活动对象时，它才是客体。客体意味着主体对社会环境的主动接近和利用，同主体的需要和为满足需要的活动分不开。[①] 国家形象作为一种社会认知，国际环境在其形成中发挥着重要作用，影响着国家形象的形成。这里的国际环境具体是指国际格局、国际秩序和国际文化，其中包括国际传播格局、国际传播秩序和国际舆论环境。同时国际环境也是主体建构

---

① 沙莲香.社会心理学 [M].北京：人民大学出版社，1987.48-53.

的对象。为了建构良好的国际形象，国内公众，特别是政府应主动采取措施，改造和利用现有的国际秩序、国际格局和国际体系文化，为国家形象创造良好的外部环境。

二、国家形象塑造的动因

国家为什么要塑造国家形象？关于这个问题前面已提到过，国家主动建构良好形象的动力，一是来自对国家利益的追求和维护，二是来自认知的不平衡。由于国家形象既是国家利益的组成部分又是软实力的重要部分，因此对良好国家形象的追求就是追求国家利益和更好地维护国家利益。这里主要介绍第二种动力——认知不平衡。菲斯廷格在《认知不协调理论》一书中详细论证了认知失调理论。他提出，第一，认知不协调的存在，会产生心理上的不快；为了减少这种不协调而获得认知协调，人就要试图去实现它；于是，使人产生了一种求平衡的动机；第二，不协调出现之后，人们不仅试图去减少认知不协调，而且总是努力避免不协调继续恶化，减少不协调（信息）的扩大。认知不协调程度，取决于两个条件：第一，对于认知者而言的不协调要素之重要性；第二，引起认知不协调的认知要素的多少，在认知体系中所占的比例。失调越大，为减少失调的行动强度也就越大，并且，避免可能增加失调情境的强度也越大。[①] 对于同一个国家的认知，由于认知主体自身和外部情境的区别，国内公众产生的国内形象与国际公众形成的国际形象总是存在差别，有时这种差异还非常大。这成为国内主体采取措施，塑造和传播国家形象的强大内在心理动力。

第二节　国家形象塑造的方式：建构

塑造良好的国际形象，既要"苦练内功"，也要善于对外展示和宣传。奈强调国家的形象塑造不仅仅局限于宣传。国家的形象建构是建立在国家硬实力和软实力共同、相互增长的基础上的。[②] 因此，国家形象的塑造包含两种

---

① [美]利昂·费斯廷格.认知失调理论[M].郑全全译，杭州：浙江教育出版社，1999.16.

② Joseph S.Nye Jr. *The Paradox of American Power: Why the World's Only Superpower Can't Go It Alone*(New York: Oxford University Press, 2002),pp.545-559.

方式：一是建构，二是国际传播。关于国家形象的国际传播将在第三节单独论述，下面主要讨论国家形象的建构。

一、国家形象建构的内容

国家形象的建构包含两个方面的内容：一是建设和提高本国的综合实力，形成良好国家形象的基础；二是建构良好的国家形象环境。

建构国家形象就是"苦练内功"，利用多种方式提高国家综合实力。国家综合实力是国家形象战略的资源，在国家形象领域具体表现为十大要素，因此，建构良好的国家形象就表现为提高十大要素的实力，利用经济、文化、政治、外交、军事、教育、科技等手段，塑造各个具体领域的良好形象。①塑造良好的经济形象，提高本国经济发展水平，提高本国的产品质量和服务，完善经济制度和政策。其中一个重要途径就是树立本国的产品和服务品牌。②塑造现代、文明政治形象，建立符合人类文明发展和本国实际的政治制度，完善政治体制、政治思想和理念，提高政府效能和治理能力，树立廉洁、高效、民主、法治的政府形象，维护社会公平、正义，维持政局稳定和秩序。③塑造良好的教育科技形象，提高教育科技水平；提高教育科技队伍的数量和质量、投入水平，完善教育科技体制、结构，增强科技在社会和经济中作用。④树立良好的军事形象，提高武装力量的数量和质量以及武器装备水平、国防工业及科技、战争动员能力，更新国防观念、军事理论和军队体制。⑤树立良好的文化形象，积极保护本国历史文化遗产、民俗习惯、价值观念、思想道德和思维方式，发展和传播本国文化产品，提高本国文化实力和影响力，同时吸取世界优秀文化成果。⑥树立良好的社会形象，提高社会的文明程度，推动社会自治，提高公民社会意识和自治组织发展水平；大力发展社会公益事业、福利事业，建设和谐、稳定的社会秩序；大力发展社会文化，形成积极健康的社会风气、社会潮流。⑦树立良好国民形象，提升国民精神面貌、国民素质（文化、道德、教育状况）、国民价值观念等。⑧提升传媒实力和影响力，树立公正、客观的媒体形象，扩大本国媒体在国际传播中的地位和影响力。⑨树立良好体育形象，积极参加或举办奥运会、世界杯足球赛等国际赛事，提高本国运动员水平和在重大国际比赛中的表现，提高本国民众的体育素质和水平等。⑩合理开发和利用自然资源，保护自然环境，树立在环保领域的良好形象。总之，国家形象的改善和提高最终依赖硬实力和软实力的提高。在塑造国家形象实践中，由于各国实力、国情、优势各不相同，各国采取了不同策略和方法，这取决于国家形象的定位。国家形象的定位决定了国家形象塑造的方向、内容以及措施。法国是一个文化大国，对自己的民族文化有着强烈的自豪感，历来十分重视文化的保护、传播，重视文化的作用。文化成为法国塑造国家形象的重要内容和方式。

此外，塑造良好的国家形象还需要利用或改变现有的国际环境，为国家形象的构建和传播创造良好的外部环境。为此，行为体特别是政府应采取多种措施和手段：①加快国家发展，提高国家在国际格局中的地位，使国家在国际格局中处于有利位置。②积极参与地区和全球秩序建设，推动国际秩序向有利自身的方向发展。③积极发展与其他国家之间的合作友好关系，传播本国声音和价值观念，提高在国际上的话语权，引导国际舆论，构建友好的国际舆论环境。

二、外交与国家形象建构

外交是建构国家形象的重要途径，在国家形象塑造中发挥着重要作用。国家形象不是国家自生的，而是在国家间的互动实践中建构而成的。在国际体系中，国家与国际体系或其他行为者互动的主要方式就是外交活动。一个主权国家的形象构建核心就是外交活动。[①]

在建构国家形象的外交中，外交主体包括政府、社会团体以及公民，外交对象包括他国政府、机构、民众以及国际组织。外交主体和外交对象的不同组合会产生不同的外交形式。根据外交主体和对象是否具有官方背景，我们可以将外交主体分为政府（A）、民间力量（B），外交对象可分为政府（a）、民间力量（b）。它们的排列组合可以产生四种外交形式：政府外交（A→a）、公共外交（A→b）、民间外交（B→b）、国际游说（B→a），后两者我们统称为民间外交。因此，在对外交往中，政府外交、公共外交以及民间外交相互作用，共同建构一国在国际社会的形象。

在建构国家形象的外交中，政府外交、公共外交、民间外交的地位和作

---

① 李正国 . 国家形象建构 [M]. 北京：中国传媒大学出版社，2006.151.

用是不同的。政府外交在塑造国家形象中发挥着主导作用。政府是国家或地区的代表和象征，"其塑造国家形象的功能是总体性的，能够整合各方面的因素，共同服务于总体的形象策划"①。在塑造国家形象中，政府的作用最为核心，它的政治、外交、军事乃至文化政策大都直接影响到一国的国家形象。政府的对外战略、对外政策以及对外行为成为展现国家形象的直接途径，成为其他国家认知和建构这个国家形象的主要内容，直接影响着其他国家对这个国家形象的塑造。但政府外交对国家形象的架构作用存在局限性，特别是当物质利益与国家形象冲突时，政府往往会牺牲国家形象，造成国家形象受损。

由于全球化和民主化的发展，全球公民社会的兴起，社会因素在政治过程中的地位上升，公共外交在建构国家形象中的作用越来越大。赵可金认为，公民社会领域的发展对国家形象建构的意义主要体现在三个方面：公民社会的成长，为国家形象的塑造提供了参照体系，指明了国家形象的发展方向；公民社会的成长及其在政治过程中的参与，有利于加深他们对于另一个国家的正确认识；全球公民社会的孕育，为一个国家在另一个国家管辖范围内确立合法性提供了基础性保障。"越来越多的国家开始重视对他国公民社会领域的外交工作，希望通过与社会领域的沟通和对话，奠定良好的国家形象基础"。② 同时，我们应认识到公民社会和全球公民社会发展所面临的制约因素和全球公民社会作用的局限性③，不应夸大其作用。公民社会和全球公民社会在不同国家地区发展水平不一，在对外交往中，民族国家仍是大多数国民效忠和归属的首选对象，仍是国际社会中最主要的行为者。

民间外交又被称为公民外交或平民外交，它的主要形式有非政府组织间的联系、学术交流、媒体、文化、艺术、体育和人员交流等。在没有建立官方外交关系的国家之间，民间外交是国家间沟通和国家形象认知的主要渠道；当国家间建立官方关系后，民间外交就成为政府外交的重要补充形式，为国家形象的形成提供第二轨道，发挥着辅助作用。因此，开展民间外交对于国

---

① 赵可金.公共外交的理论与实践 [M].上海：上海辞书出版社，2007.143.

② 赵可金.公共外交的理论与实践 [M].上海：上海辞书出版社，2007.145-147.

③ 关于全球公民社会的局限性可参见：周俊.全球公民社会在治理结构中的作用及其限度 [J].马克思主义与现实，2008,(1):94-100；黎尔平.全球公民社会的理论与逻辑困境 [J].马克思主义与现实，2004,(3):99-107.

家形象的建设具有十分重要的意义。①但民间外交在建构国家形象中的作用是有限的，因为民间外交塑造的国家形象是单个个体在微观交往中形成的，更直接受制于交往的具体环境、个人的利益、价值观念等个别的特殊因素，所建构的国家形象是具体的、个别的、感性的，缺乏总体性和普遍性。

总之，在国家形象的外交中，国家形象的建构和维护依赖于政府外交、公共外交、民间外交的共同作用。三者的一致和统一将会增强国家形象建构的效果，而彼此的对立与冲突则会削弱这种效果。三种外交形式在建构国家形象中的作用各有优劣，但政府外交对国家形象建构具有主导性作用和决定性影响，这种作用既可以是建设性的，也可以是破坏性的，而公共外交和民间外交在国家形象建构中发挥着次要作用。

第三节 国家形象塑造的方式：国际传播

所谓国际传播，就是"国家与国家之间的信息交流活动，尤指以其他国家为对象的传播活动"②。国际传播有广义和狭义之分。广义的国际传播包括跨越国界的大众媒体传播和人际传播。狭义的国际传播仅指大众媒体传播。显然，国家形象的国际传播是一种广义传播，是一种涉及政府、大众传媒、社会组织、企业和个体的多主体的跨越国界的信息传播和交流过程，包括人际传播和大众媒体传播两种。国际传播是影响国家形象形成的至关重要的因素。国际公众获得一国信息，形成该国国家形象，主要依赖于国际传播。要塑造良好的国家形象，塑造者应借助国际传播使本国的信息被国际受众所接受，以实现传播的目的。

一、国家形象国际传播的方式：外交

信息总是通过一定的渠道和方式传播出去的。传播渠道和方式随着通信、交通技术的发展而不断发生变化。③在具体的传播渠道上，学者们存在分歧，

① 赵可金.公共外交的理论与实践 [M].上海：上海辞书出版社，2007.139.
② 刘建明.宣传舆论学大辞典 [M].北京：经济日报出版社，1993.
③ 关于国家形象传播渠道可参见：李少南.国际传播 [M].台湾黎明文化事业公司，1994；清华大学国际传播研究中心课题组.国家形象建构的渠道分析 [A].周明伟.国家形象传播研究论丛 [C] 外文出版社，2008.28.

但都认为国家形象传播可分为人际传播和大众传播两种方式。国家形象的国际传播是以国家形象为对象的传播，并不是所有的人际传播都会对国家形象传播产生实质性影响。在国际关系中，不同国家间的人际交往实际上是一种对外交往，当这种交往影响或服务于国家形象目标时，就不再是单纯地交往，而是一种外交行为。因此，笔者认为，国家形象传播的形式有外交和大众传播两种。这里首先探讨国家形象传播的一种方式——外交。

外交不仅是建构国家形象的有效方式，并且也是传播国家形象的主要方式。国内公众在国际社会中的行为和表现是传播国家形象的最直接的方式。同样，在国家形象传播中的外交形式有政府外交、民间外交和公共外交。国际上不同国家政府间的交往仍是传播国家形象的主要形式。在对外交流中，国家领导人和各级政府官员、外交官，代表国家进行活动，是政府形象的代表和传播者。他们的活动主要限于与对象国的官员和社会精英，而对一般群众影响较少。而随着全球化的深入发展，民间外交和公共外交在传播国家形象中的作用上升，引起了各国政府的重视。下面笔者就着重论述民间外交及公共外交在传播国家形象中的具体渠道和作用。

（一）民间外交

民间外交（Civil Diplomacy）[①]是指具有明确外交目的的民间对外交往和交流活动。它是不同国家企业、社会组织、个人之间的往来，包括国际旅游、宗教朝圣、艺术表演与展览、留学、学术交流、移民、传教等人际交往形式。进入新世纪，随着国际贸易的扩大和世界相互依存趋势不断增强，世界范围内的民间外交日益活跃，从保护环境、维护人权到国际禁雷运动、国际人道主义救援，从抗议经济全球化的负面影响到推动国际关系的民主化，在国际社会中发挥作用越来越大。出入境的公民将本国的信息带到国外，又通过受众的人际信息传播网络，在受众国传播开来。在信息时代，面对海量的信息和被 N 次加工过的媒体讯息，人们往往倾向于信任亲身的所见所闻和听信周围亲近人群的意见，国际间人际传播仍是国际传播的重要渠道。总之，民间

---

① 关于"民间外交"的定义、主体、形式与其他外交关系等，学界存在很多分歧，具体研究情况可参见，张胜军. 新世纪中国民间外交研究：问题、理论和意义 [J]. 国际观察,2008,(5)；王玉贵. 论民间外交 [J]. 盐城师范学院学报（人文社会科学版），2008,(5).

外交在增进国民之间的了解，加强国家之间经济、文化、政治等各方面的交流，传播国家形象方面发挥着重要作用。

民间外交在塑造和传播国家形象中的作用具体表现为：

第一，民间外交是促进各国相互了解，增强友谊，沟通思想的重要渠道。广泛地开展民间外交可以拉近感情、加强友谊，消除民间对立情绪和误解，增强彼此之间的信任，从而为良好国家形象的塑造和传播奠定广泛的基础。新中国成立初期，面临西方国家的敌视，官方外交受到严重限制，中国大力发挥民间外交作用，同外国的一些民间组织、社会阶层代表，某些国际组织的代表人物和友好人士进行各种形式的联系和交往，增进了中国人民同世界各国人民的了解和友谊，赢得有关国家的理解和支持，有效打破了美国对中国的封锁，初步树立了独立自主的东方大国的形象。

第二，民间外交推动了各国的经济技术和文化教育等方面的交流与合作，增进双方共同利益，有利于传播良好的国家形象。例如，中日复交后，中日文化交流和人员往来也有很大发展。1987 年两国人员来往比 1972 年增加了40 倍。我国向日本派遣留学生达数千人，同时接受日本留学生一千多名。两国贸易关系的发展也较为显著，10 年间增加了两倍多。两国相继缔结了航空、贸易、海运、渔业、资源开发、科技、文化等协定，结成友好城市关系三十多对。各种经济、政治、贸易、科技、教育、文化交流的发展，又为双边官方关系的发展与稳定打下了良好的基础，日本在中国民众心目中的形象也得到极大改善。

第三，民间外交是政府外交的有力补充和辅助。民间外交可以在一定的活动领域和范围内与政府合作，在人道主义援助、资源、人口、教育、环境、安全、经济和社会发展等各个领域影响乃至参与解决单靠政府行为难以解决的问题，做那些政府不愿做、不便做或者不能做的事。民间外交在这些领域的参与在一定条件下补充了政府外交行为的不足，提供了非官方的信息和对话渠道，客观上起到了促进政府间合作的作用。同时来自民间的声音往往更有说服力，更有助于树立国家形象。发达国家的对外传播工作都高度重视民间力量的作用。冷战期间，美国负责对外宣传工作的政府机构"美国新闻署"采用与民间力量进行合作的办法。它不仅与民间的公关专家保持密切联系，还与民间的基金会、协会、甚至私营公司开展合作，让它们介入外宣工作的各个环节，从而大大提高了美国新闻署的工作成效。

（二）公共外交

公共外交是一国政府对他国民众进行的直接交流和沟通活动，是传播国家形象的一种重要人际传播形式。公共外交是以国家利益和国家形象的双重考虑而实施的外交行为。[①] 以国家形象为支点，公共外交的内容十分广泛，除了政府开展的对外信息活动、文化教育交流活动，还包括经贸交流、领导人互访、体育比赛、国际会议、政府公关等，因此只要是由政府出面，以影响外国公众为目的而开展的各种事关国家形象的活动，都可以看作公共外交活动。公共外交活动主要包括政府国际公共、文化外交和媒体外交[②]。下面主要对国际公关和文化外交进行论述。

1. 政府国际公共关系

所谓政府国际公共关系是指政府在政治、经济、文化等国际交往活动过程中，通过开展一系列有计划、有目的的活动，采用一定的传播方式在国际公众中树立良好的形象，取得国际公众的了解、支持与合作，从而实现政府自身目标的公共关系形式。[③] 政府国际公关的目标就是塑造和传播良好的国家形象，打造国家形象的"知名品牌"，提高国家的知名度和美誉度。政府国际公共关系包含三个要素：主体、对象和连接主客体的信息传播。政府国际公共关系的主体是一国政府国际公共关系人员和机构。前者可分为两类：一类是政治明星，即在政治舞台上具有影响力的国家领袖、政党首脑以及政府要员等；另一类是专门从事国际公关业务，直接同各类公众打交道的职业公关人员，包括专职公关人员、外交官、国际代表团成员等。他们是国家的形象大使，其一言一行都代表着国家形象。为了推动国际公关，政府大都会设立各种形式的公共关系办公室或公共关系委员会等机构。瑞士设立了国家形象委员会作为在国外协调瑞士形象的组织。中国的中央对外宣传领导小组和

---

① 赵可金.公共外交的理论与实践 [M].上海：上海辞书出版社，2007.122.

② 由于媒体外交与国际媒体传播有重合的地方，因此这里不再论述，具体研究参见：李希光，周庆安等.软力量与全球传播 [M].清华大学出版社，2005；赵可金.公共外交的理论与实践 [M].上海：上海辞书出版社，2007；Bosah Eho." Media Diplomacy and Foreign Policy: Toward a Theoretical Framework", in Malek(ed.), *News Media and Foreign Relations*(NJ:Ablex,1997).

③ 胡宁生.政府公共关系教程 [M].北京：中共中央党校出版社，1994.178.

国务院的新闻办公室承担着向世界说明中国的职责。在实践中，政府往往还会聘请著名的公共咨询公司作为国际公关代理人。政府国际公共关系的对象是他国公众，特别是那些对该国感兴趣或者利益关联度比较密切的外国公众，包含他国政府官员、主要利益集团的积极分子、媒体人士和社会精英以及与某一议题密切相关的普通大众。

政府国际公关是特殊的政府公关，应根据公共关系的一般原理和政府公关的特征，同时考虑到政府的职能和属性以及国际公关对象的特殊性、差异性和复杂性，必须遵循一些基本原则，才能有效地进行政府国际公关运作，提高国家形象。在政府国际公关中，应遵循以下原则：国家利益至上原则、真实公开原则、遵守国际惯例原则、尊重多样文明原则、遵守国际礼仪原则、尊重传播规律原则。[①]

另外，政府国际公关应遵循一定程序。吴友富认为，政府国际公关至少含有六个步骤或环节：（1）发现和寻找目标公众。由于政府公关资源有限，任何政府不可能将所有公众作为公关的对象，只能将公关目标集中在某些对该国感兴趣或利益关联度密切的特定公众，即公共关系学中的"目标公众"，他们对国家形象的塑造具有极其重要的意义。赵可金认为对国家形象塑造最具有意义的目标公众主要包括六种：内部公众、经济利益公众、大众传播公众（外国新闻人士）、外国政府公众、外国社区公众和社会名流。[②] 目标公众的确定是以国家公共关系活动的目的为依据和标准，随着目的变化，目标公众自然也随之改变。（2）国家形象与公众态度的衡量。确定好政府国际公关的主要目标公众之后，就要了解这些公众对国家的认识、兴趣、态度和评价等。这需要进行公关调研。以调查结果为基础制定公共关系计划和活动方案。（3）建立国家的形象目标及公众的态度目标。在定期和不定期地研究目标公众之后，就可以了解公众对组织的看法。政府在制定国际公关策略时，应评估这些看法对国家可能产生的影响，在实事求是的基础上，建立国家形象目标以及国际公众的态度目标。（4）制定公共关系的策略。国家通常有许多方法来改善特定公众对国家的态度。首先，要了解为什么会产生这种态度，并找出产生这种态度的原因；然后，进行深入的研究，并制定一套行之有效的

---

① 吴友富.中国国家形象的塑造和传播 [M].上海：复旦大学出版社，2009.113-116.
② 赵可金.公共外交的理论与实践 [M].上海：上海辞书出版社，2007.211-215.

公共关系工作策略，以此加强与特定国际公众的联系。（5）选择公共关系工具。公共关系的主要工具和媒体有：文字资料、视听材料（包括影片、录像片、幻灯片、多媒体等）、新闻、访谈（通过媒体访问嘉宾、专家或特殊人物，能产生非常有效的媒体效应）、公益宣传、活动（如举办研讨会、周年庆祝会、展览会、晚会、拍卖会、记者招待会或时装表演等）、演讲、新闻发言人、游说、媒体事件公关等。目前，对于塑造国家形象的政府国际公关来说，新闻发布会、国际游说、国际事件公关是有力的国际公关工具。（6）执行与评估结果。政府在执行公共关系计划时，将工作分配给相关人员，并明确目标、期限和预算，要求他们完成公关任务。其间，公共关系活动负责人要监督公关工作，并对公共关系活动成果进行评估。应随时注意国家目前正处于何种地位、公众对国家的看法如何，以及如何通过公共关系来增强国际公众的认同态度，转变公众的不认同态度。[①]

2. 文化外交

文化外交是一个国家的政府或者经政府授权和委托的非政府组织和民众所开展的，以文化传播、交流、沟通为主要内容，意在达到特定政治目的和对外战略意图的外交活动。目的的政治性、手段的文化性和主体的政府性，是文化外交的必要构成条件。[②]文化外交从本质上讲是一种公共外交，是政府以文化为手段，输出思想、传播信仰和交流文化价值观的活动，其对象是他国公众，其最终落脚点是塑造和传播良好国家形象，获得他国民众的文化认同和合法性支持。

根据政府介入文化外交的程度以及文化外交追求的目标，可以将文化外交划分为三种形式：

第一，政府主导的文化外交项目。政府是文化外交的主角，它往往根据国家外交目标和政策变化的需要，设立文化交流项目。例如，美国的教育文化交流活动主要由美国新闻署和国务院教育文化事务局负责，主要包括：富布莱特项目、学术交流项目、国际访问学者项目以及夏威夷东西方文化技术交流中心、美国驻世界各地新闻文化处举办的各种活动，包括讲座、研讨项

---

① 关于政府国际公关程序可参见，吴友富. 中国国家形象的塑造和传播 [M]. 上海：复旦大学出版社，2009.118-119.

② 赵可金. 公共外交的理论与实践 [M]. 上海：上海辞书出版社，2007.238-239.

目、文化展览、英语教学以及对海外大学及其他机构美国研究项目的支持。美国 1946 年开始的"富布莱特项目"经过 50 多年的发展，已成为一个庞大的全球性国际教育文化交流项目。据统计，从 1948 年到 1997 年，该项目的参与者已达到 24.5 万人，不仅加强了美国政府同其他国家的联系，促进了学术交流和发展，增进了其他国家对美国的理解，而且成为美国对外政策不可分割的一部分。[①] 除了美国新闻署和教育文化事务局之外，美国国防部、国际开发署、"和平队"、驻外使领馆及其他政府部门也间接地开展各种文化交流活动。

第二，政府支持的非政府组织的文化项目。政府直接出面开展文化外交有许多局限性，容易被对象国视为文化入侵和文化扩张而遭到抵制。因此，政府更多地退到幕后，借助民间力量具体操作对外交流。英国和美国等许多国家开展文化外交时，更多地通过最大限度调动民间力量的积极性，让非政府组织冲在文化外交第一线，通过资助它们设立文化项目，开展人民与人民的文化交流。表面上看来，包括大学、思想库和非政府组织的文化交流活动是正常的国际民间文化交流，实际上这些文化项目大多来自政府资助，或者经过政府部门授意，往往附带了许多政治和外交目的，比如输出民主模式、传播价值观念以及左右对象国的公共舆论导向等。美国文化外交更多地依赖三个方面的组织。一是通过个人，比如大学生、传教士、实业家、在外国的美国侨民，还有旅游者等；二是美国的大学，特别是哈佛大学、耶鲁大学、普林斯顿大学等知名大学；三是各种基金会，比如洛克菲勒基金会、福特基金会、卡内基基金会等。[②]

第三，政府还通过支持国际组织为文化外交服务。近年来，国际组织在文化交流中的作用上升，如联合国教科文组织、经济合作与发展组织、美洲国家组织以及世界银行等国际组织开展了大量的国际文化交流项目。许多国家也借助国际组织进行文化外交。美国负担联合国教科文组织约 1/4 的经费，教科文组织主要领导人也由美国人担任，因此联合国教科文组织的活动受到了美国的干预，而且美国等西方国家热衷于将西方的人权、民主、新闻自由

---

① Jr. William Fulbright Foreign Scholarship Board. Jr. William Fulbright Foreign Scholarship Board 34th Annual Report,pp.39.

② [法] 路易斯·多洛. 国际文化关系 [M]. 孙恒译，上海：上海人民出版社，1987.4.

观念引入教科文组织计划活动之中。由于发展中国家在该组织力量的增强，美国无法再操控教科文组织，于是在 1984 年 12 月，美国宣布退出该组织。2002 年 9 月 12 日，美国总统布什表示，美国将重返联合国教科文组织。美国此次重返该组织，最主要的原因在于美国意识到文化外交的重要性，希望以此来获得世界舆论的支持，服务于外交目的。

二、国家形象国际传播的方式：大众媒体

由于受时空的限制，对周围的许多事物，人们无法亲身经历，大众传媒成为人们获取信息的主要渠道，人们越来越生活在一个现代传播媒介传达无处不在的"虚拟环境"，而不是"真实世界"中。在信息传播全球化的时代，大众传媒的影响和作用进一步扩大，成为国家形象国际传播的主要方式。媒体通过对信息的选择和编码，决定着什么样的信息能够进入大众传播渠道，决定着传播的信息内容。有关国家的信息从信息源经过媒体有选择的传递后最终到达受众，形成对该国的国家形象。

（一）大众媒体传播渠道

在国际信息传播中，媒体传播渠道可分为两大类：一类是印刷媒介，包括书籍、报纸、期刊等；一类是电子媒介，主要包括电影、广播、电视、互联网等。由于各自的特点，它们的作用是不同的，但共同塑造和传播着国家形象。下面主要介绍四种国家形象的媒体传播渠道。

1.印刷品

印刷品是传统的传播媒介，主要包括书籍、报纸、期刊、广告、张贴画、传单等纸质媒体形式，其中最主要的书籍、报纸和期刊。在国际传播中，印刷品具有以下特点：第一，使用方便，易于保存。印刷品的阅读一般不需要额外的辅助设备，可以直接阅读，阅读者可以根据自己的兴趣选择阅读。同时印刷品易于长期保存，可以反复阅读，而不像广播、电视是瞬时传播。第二，在传播深层次文化方面具有优势。书籍、期刊对传递深层次的文化、科技信息方面有很大的优势。第三，受众教育程度是影响印刷品传播的关键因素。第四，跨国穿透力和时效性差。由于印刷媒体是以纸质媒介为载体，因此它的传播需借助人际传播。人的行期决定了它的行期，人的行程速度和距

离决定了它的传播速度和范围，并且印刷媒体从编辑、印刷、发行都容易受到政府的控制，因此传播的穿透力差。由于传播的环节多、周期长，印刷媒体传播在时间上具有局限性。

2. 广播

从 20 世纪初到 90 年代，国际广播是各国进行国际传播的主要媒介，现在依然发挥着重要作用，仍有自己的优势：传播迅速、收发方便、时效性强、费用低廉、穿透力强、覆盖面广、对象广泛、功能多样。在这些方面，国际广播优于印刷媒体，甚至电视。它依然是许多发展中国家，特别是偏远、贫穷地区人口接收外部形象最主要的媒体和渠道。但国际广播也有自己的弱点：第一，国际广播多用短波进行传播，容易受到天气和日光的影响。第二，由于频率资源有限，出现了频率拥挤，同频干扰的问题。第三，顺序传播，转瞬即逝，不能选择，受语言限制，在选择性和保存性方面不如印刷媒体。

3. 卫星电视

电视传播有三种形式，包括无线电视、有线电视、卫星电视。其中卫星电视可以跨越洲际进行国际传播，是国际传播的重要形式。卫星电视传播的优势：一是传播范围广泛。二是传播速度快。三是声音和图像的传播，比印刷媒体更生动、形象、直观。但其也存在缺陷和不足：仍是依次瞬时传播，缺乏保留性和选择性，是一种单向传播媒介，是一种大规模、高投入的媒体，对技术和资金要求高。由于卫星电视的强大穿透力和影响力，对传统国家主权构成了威胁，受到主权国家较多的政策限制和制约。各国基本上依靠本国法律，制约卫星电视广播，特别是对境外卫星电视普遍采取了管制的办法，限制或禁止接受境外卫星电视信息。这大大制约了卫星电视作用和优势的发挥。但各国特别是大国都在不遗余力地加大力度发展本国的卫星电视技术。

4. 互联网

互联网被称为第四媒体，正成为国际传播中的主导媒体，给国际传播带来了重大影响。"它打破了传统的地缘政治、地缘经济、地缘文化的概念，形成了以信息为中心的跨国界、跨文化、跨语言的全新的虚拟空间"[1]，同样，互联网也有自己的优点和缺陷。

---

① 关世杰.国际传播学 [M].北京：北京大学出版社，2004.381.

互联网的优点主要有：第一，传播方式的综合性。互联网融合了现有的电话、电视、无限通信系统的所有功能，把过去分散独立的不同形态的信息交流网统合为一个信息交流网络，形成了一个具有广泛服务功能的综合业务信息服务网。它还是文字、声音、影像三者结合的多媒体形态，实现了读、听、视的结合。互联网还将个人媒体、小众（组织）媒体、大众传统媒体融合为一体。第二，快捷性。互联网的传播载体是光纤通信线路，传递数字信号的速度为每秒 30 万公里，瞬时可达到世界任何一个角落，信息的传播几乎可以和事件的发生同步。第三，双向互动性。传统的大众媒体都是传播者对受众的单向传播。而网民可以利用搜索引擎即时浏览或下载、存储自己感兴趣的新闻、图片、影像、音乐等，并且网民还可以在论坛、留言板、网络聊天上发表意见，与信息传播者进行双向沟通。第四，个人获取和传播信息的便利性。超文本和链接技术等的发展使互联网拥有海量的信息容量和存储量，使用户足不出户就可以根据自己的兴趣需要迅速获取和保存信息，且成本低廉。同时为个人传播信息提供了便利。第五，穿透性强。国际互联网在国际传播中最突出的特点是穿透性强，国家对网络信息的出入境管理的有效性微弱，国家的信息主权受到削弱。

国际互联网的缺陷：第一，经济收入和知识水平限制了受众。由于国际互联网是高科技通信网络，并且国际网络中 80% 的信息是英语信息，因而国际互联网的使用在欠发达国家和地区受到限制，发达国家和发展中国家的数字鸿沟在加大。第二，权威性和可信性差。由于信息来源的庞杂，网络上的信息常常是不正确的，甚至是错误的和虚假的，与传统媒体相比，缺乏权威性和可信性。第三，存在安全隐患。信息传递的及时性和广泛性，使网络管理存在很大的障碍。同时敌对、色情、电脑病毒、网络黑客的存在带来了严重的网络安全问题。

综上所述，四大媒体在国际传播中各有特色，它们将在国际传播中长期共存。有研究者从适于承载的信息内容、从事国际传播需要的条件、媒体的跨界能力、对受众的要求、受众的接受和感受五个方面对四大主要媒体进行量化分析，发现四大媒体在不同的单项中各有强项和明显的弱项。[①] 因此，要最大限

---

① 关世杰.国际传播学 [M].北京：北京大学出版社，2004.395-396.

度发挥媒体在传播国家形象中的效果，需要动用多种媒体，相互配合，扬长避短，发挥综合优势。在现实中，面对新媒体的挑战和竞争的加剧，多种媒体的融合也成为一种趋势，特别是传统媒体与网络的联合。例如 2000 年，全球最大的国际互联网服务商"美国在线"并购了最大的媒介集团时代华纳公司。

（二）大众媒体传播的原则、策略

在长期的传播实践中，人们探索和总结出了一系列国家形象媒体传播的原则和策略。

1. 国家形象媒体传播的原则

埃德加（Iain R.Edgar）提出了在国家形象传播中必须要注意的四个基本转播原则。[①]

第一，差异性原则（Diversification）。在信息过剩或爆炸的信息时代，要使国家形象传播取得成功，就必须使信息本身能有效地吸引国际社会公众的眼球。真正能引起国外公众关注的是"不同寻常"的地方。"不同寻常"指的就是国家形象传播信息的差异性[②]。在国家形象传播中，差异性原则告诉我们：媒体应突出国家形象的民族个性特征。民族性是国家形象的核心内容。在国家形象的传播中，媒体应挖掘和传播具有本民族特色的历史和现实信息，还要注意传播本国的价值观和对国际事务的看法。对于在国际传播中处于劣势地位的发展中国家来说，尤其要注意传播的差异性和民族性。真正具有感染力的、能赢得尊重的国际形象，其力量不是来源于对西方的模仿，而是对自身民族性的尊重和对西方价值观的修正和挑战。[③]

第二，情感性原则（Passionization）。开展国家形象传播的是人，接受国家形象传播的也是人，人不仅是理性的，也是感性的。同情弱者，扶危救困，追求爱和真、善、美是人类共同的情感和沟通的基础。国家形象传播中的信息会不可避免地包含人的情感。一个国家要想使国家形象传播能引起国际社会公众的关注，争取他们的好感和赞同，就必须进行一定的信息处理，挖掘

---

① Iain R. Edgar.*Guide to Image Work: Imagination-based Research Methods*(New York: Routledge,2004); 吴友富. 中国国家形象的塑造和传播 [M]. 上海：复旦大学出版社，2009.148-149.

② Iain R. Edgar.*Guide to image work: Imagination-based Research Methods*(New York: Routledge,2004).

③ 联合国教科文组织，文化商品国际贸易研究，1980-1998，巴黎，2000.

和突出其中人性美好的一面，从而引起受众的兴趣、产生情感共鸣。2008 年汶川地震发生后，中国政府采取积极有效的措施展开救援的举措受到了国际社会的一致好评，"以人为本"的人性关怀也得到国外民众的支持和肯定。因此，在国家形象传播中要树立以人为本的传播理念，坚持情感性原则，更加关注和报道本国民众当前的日常生活、思想感情和观念心态，反映普通大众的生活习惯和精神面貌，使国家形象信息更加具有真实性、生活气息、人情味和亲切感，易于引起国际受众的共鸣。

第三，简洁性原则（Simplification）。现代国家在进行国家形象传播时，一定要对传播的信息进行反复筛选，舍弃那些不着边际、不切主题的内容。简洁的信息和语言能使传播具有独特的魅力。在国家形象传播时，将信息缩减到行之有效的篇幅，这样，往往就能突出传播重点，产生简洁的强度和力度。因此，在对外传播时，不要追求信息面面俱到，而要突出重点，言简意赅、情感丰富、与众不同，这是国家形象传播简洁性原则的精华所在。简洁的信息传递着"平实""庄重"，所以"可信"的形象。①

第四，重复性原则（Consistency）。国家形象传播要取得实效，还必须注意发掘民族文化、民族精神，挖掘国家事务中的一些具有一定意义、一定价值的信息，然后将这些信息编成故事。要让故事产生影响的有效办法就是不断地、反复地讲。传播的实践证明，最能产生传播效果的是在不同阶段总能坚持同一原则、同一观点、同一想法的传播。如有不同的话，只是宣传的方式、选用的媒介、传播的角度不同而已。一个能够不懈坚持的传播能避免反复无常、朝三暮四、缺乏原则的形象出现。②

2. 国家形象媒体传播的策略

各国在推进国家形象工程时，都会制定相应的媒体策略。当然，由于各个国家媒体实力、所处国际舆论环境以及国家形象战略目标的差异，其国家形象塑造和传播中的媒体策略也有所不同。但无论是发达国家还是发展中国家，都应遵循一般的传播策略。

第一，综合传播策略。形象的复杂性、受众的多样性以及传播媒体各自

---

① George A. Miller. *Language and Communication*, 2nd ed(New York: McGraw-Hill, 1963).

② Iain R. Edgar.*Guide to image work: Imagination-based Research Methods*（New York: Routledge,2004).

的特色，要使国家形象信息得到充分的传播，应综合运用不同的传播媒介，将印刷媒体、广播、电视、电影、互联网等整合起来。在这些媒体中，互联网由于自身的优势是当前国际传播中"最优选的渠道"。各国应高度重视和发挥互联网的强大传播力和渗透力，加大对互联网舆论的引导，确保主流舆论朝着有助于国家形象良性塑造的方向健康发展。此外还要注意发挥电影、电视等现代可视化媒体作用。电影在传播国家形象中具有其他媒体无与伦比的独特优势。"电影的表意符号具有一种相对简易的世界通用性，因而人们往往通过一个国家的电影来直观地了解和认识这一国家、民族或者文化的历史和现实"。① 电影在一定程度上克服了其他媒体对语言的依赖，更具有传播的普世意义，同时其强大的艺术感染力，更有助于潜移默化地在国际社会和目标受众中传播意识形态和建构起该国的国家形象。

第二，贴近国外受众，减少传播逆差。国际传播是跨国界、跨文化、跨语言的对外传播。我们要更加有效地对外传播，就要深入研究不同国家受众的文化背景、思维习惯和对本国信息的需求，有的放矢，增强对外宣传的针对性、实效性和亲和力、说服力。首先是语言使用问题。本国传播的国家形象需转化为受众的语言形式，这就在客观上对媒体（特别是外宣媒体）的语言转换水平提出了很高的要求。除了语言符号的使用之外，话语方式或表达方式的问题也不容忽略。一国信息传播的话语方式只有同目标受众的信息编码、释码、译码方式相吻合，传播才能顺利进行，才能取得预期的效果。② 在传播内容和方式上，只有更加贴近外国受众的兴趣和需求结构，才能有助于从根本上增进不同文化实体之间的相互理解和认知。因此，在对外传播中，就要建立传播内容与受众认知之间的联系，激发受众头脑中原有的经验，并由此入手展示说明传播内容，这对于对外传播来说是提高传播效果的关键所在。一个重要的方法是"移花接木"，即将受众在本国感兴趣的话题移植到传播内容上，达到互通的目的。

第三，及时、准确地进行国家形象信息的传播。及时、准确地传播信息，是国家形象塑造和传播的必要条件。传播主体及时、准确地向外传播信息，特别是与一国相关的重大事件发生时，可以在客观上引导舆论和国际媒体报

---

① 尹鸿. 国际化语境中的当前中国电影 [J]. 当代电影 ,1996,(6):29.

② 程曼丽. 大众传播与国家形象塑造 [J]. 国际新闻界 ,2007,(3):9.

道的议题，引导舆论朝着对国家有利的方向发展，而不致陷于被动。对国际上国际媒体的重大歪曲报道应及时进行积极的回应，对国家形象进行校正和修复。要对国家形象信息进行全面的传播，让不同的观点、不同的声音同时出现，对民间声音和态度适中报道。这不仅是体现对外传播客观、公正和独立的重要方式，也是国家形象塑造和传播的应有之意。美国之音作为"美国政府的喉舌"，自其问世以来便大受各国听众的欢迎，主要原因是其采取了"独立""客观""平衡"的策略。

第四，积极主动地扩大国家形象传播的国际空间。国家形象的国际传播要积极实施"走出去"工程，开拓海外市场，主动为国外媒体提供丰富的信息资源；要着力做好那些在国际社会发挥重要作用、对国际舆论具有广泛影响的国家和地区的落地工作；要进一步加大传媒业投入和推介的力度，加强与外国主流媒体的联系，努力扩大国家对外新闻报道在全球范围的覆盖面。国家形象的传播要充分利用目标国家或世界主流媒介。争取与世界主流媒体合作，借助世界主流媒体有利于树立自身的形象。比如对于美国主流媒体，可以重点突出、形式多样地做好公关工作。

第五，树立具有公信力的媒体形象。媒体作为传播信息的控制者和"把关人"，其自身的形象也非常重要。按照霍夫兰的"可信性效果"理论，信源的可信度越高，其说服效果越大；可信度越低，说服效果越小。因此，对于传媒来说，树立良好的自身形象是争取受众信任、增强传播效果的前提条件。大众媒介在国际社会的公信力直接决定媒介信息传播的效果及其在全球传播中的渗透力和影响力。一国媒体要想进入国外公众的视线或引导国际舆论关注，首先要在传播本国信息时能提供全面、及时、真实、权威的信息，成为国际媒体报道本国事务的信息源；其次要密切跟踪国际政治、经济、文化领域中的热点问题，具有全球意识和责任，能对国际公共事务和人类利益主动地发言，表达自身的观点，影响国际舆论；最后，媒体要改进和提高自己的传播技巧。在传播内容上，对重大的敏感性问题，要主动出击，积极引导国际舆论；不仅要传播事实，更要注意传播价值观念，宣扬本民族的理念；在传播过程中，避免以自我为中心的宣传说教，提高传播技巧，巧妙地"寓观点于材料之中"，起到潜移默化的效果；在传播对象上，以国外精英阶层为主要传播对象，兼顾一般受众，使传播更容易被广大受众所接受。

需要注意的是，尽管媒体传播在国家形象传播中具有重要的作用，但不能夸大其作用。第一，信息被媒体加工和编码后，会带上明显的主观色彩，难免出现信息失真；第二，受众并不是传媒信息的被动接受者，他们不但选择信息，而且还自己解释、吸收或重新编码信息。媒体并不是万能的，因此，在传播国家形象中，媒体手段要和其他手段结合来进行传播。

小结

国家形象的塑造包含两种方式：一是建构，通过国家形象战略资源运用和建设，提高国家综合实力，奠定建立良好国家形象的基础；二是国际传播，通过国际传播来影响和树立本国在国际上的形象。两种方式又包含着不同的途径和方式。例如国际传播包括媒体传播和人际传播两种方式，其中印刷品、广播、卫星电视和网络是国际传播的四种主要媒体渠道；人际传播，即外交。在塑造国家形象的诸多方式或途径中，外交发挥着重要作用。它既是国家形象建构的方式，也是国家形象传播的方式。根据不同外交主体和对象的组合，外交又包含着政府外交、公关外交、民间外交等形式，其中公共外交又包含着政府国际公关、媒体外交和文化外交等方式。这些不同的方式有着各自的特点和功能，共同塑造着国家形象；不同方式的组合形成了国家形象塑造的不同手段和策略。由于国家形象涉及诸多领域和行为者，是对国家的综合反映，所以在国家形象实践中更强调建构与传播以及内部不同要素和途径的整合。国家形象的建构和传播相互渗透，公共外交、民间外交与政府外交相互融合；广播、电视、报刊和互联网相互融合，并且外交和媒体传播也在相互融合，从而形成一种整合建构和传播国家形象的局面。

第五章　国家形象战略的实施：管理

国家形象战略目标的实现不仅有赖于具体的国家形象建设和传播行动，还有赖于对国家形象战略过程进行有效的管理。国家形象战略实施的过程从某种程度上讲，就是国家形象战略管理过程。成熟的国家形象战略管理不仅包含常态管理，更包含危机状态下的危机管理。

第一节　国家形象战略的管理

国家形象战略的管理是对战略过程的管理，涉及战略设计和规划、协调、控制、评估以及危机管理等环节。这些工作需要一个专门的管理组织进行综合协调管理。鉴于危机管理的特殊性，将在下节单独展开，下面将借鉴战略管理的有关理论[①]，对常态下的国家形象战略管理的环节展开论述。

一、国家形象管理组织的设立

建立国家形象管理组织是国家形象战略实施的前提性基础工作，使国家形象战略的设计、实施、评估有了制度、人员、资源的支撑和保障。重视国家形象塑造的国家的一个普遍做法就是设立了相关或专门的国家形象管理机构。下面我们以美国、瑞典、韩国为例分析国家形象管理组织的情况。

美国历来重视公共外交，注重树立、维护美国"世界文明灯塔"的形象。

---

① 相关研究参见：弗雷德·R.戴维.战略管理：理论与案例[M].徐飞翻译，北京：经济科学出版社，2015；余明阳，韩红星.品牌学概论[M].广州：华南理工大学出版社，2008；秦启文，周永康.形象学导论[M].北京：社会科学文献出版社，2004.

美国没有设立专门的国家形象管理机构，其国家形象塑造和管理主要是通过公共外交机制实现的。早在 1983 年，为了加强对公共外交的管理和领导，美国最高决策机构——国家安全委员会下设了公共外交特别规划小组，由总统的国家安全事务顾问任主席，成员包括国务卿、国防部长、美国新闻署长和总统通信助理等，该特别小组全面负责"对公共外交活动实施的总体规划、管理、协调和监督"。在该小组之下，设立了四个委员会：①国际宣传委员会，负责国际宣传活动的规划、协调和实施，由美国新闻署和国务院负责；②国际政治委员会，负责国际政治活动的规划、协调和实施，由国务院负责；③国际广播委员会，负责美国政府的国际广播活动的规划、协调，由国家安全事务顾问负责；④ 公共事务委员会，负责规划、协调有关美国外交、安全事务的国内公共事务活动，由总统助理和国家安全委员会副顾问负责。"冷战"后，美国公共外交力度下降。2002 年为了应对日益恶化的国际形象，白宫成立了新的"全球传播办公室"（the Office of Global Communications），具体负责协调、统合政府部门之间以及政府与民间部门之间的公共外交议题，影响公共舆论，提升美国国际形象，促进美国的对外政策和国家利益。该机构对美国总统负责，基本职能是收集信息，评估美国公共外交和战略，沟通、协调其他执行公共外交的机构、传播方案设计和长远战略规划。①

瑞典在国际上享有良好的国家形象。为了进一步提升瑞典国家形象的影响力，在对外交流委员会（瑞典对外交流委员会是负责对外传播信息和推广国家形象的专门政府机构）的基础上，1995 年瑞典成立了瑞典海外推广委员会（NSU），作为"讨论有关向海外推广瑞典的战略和问题的平台"，目的是在成员机构间建立统一目标，整合并分享资源，协调行动，相互支持。成员机构包括外交部、投资瑞典促进署、贸易委员会、对外交流委员会、旅游局以及瑞典企业、能源与交通部的研究、创新和经济发展处组成。委员会的主席是外交部贸易与推广司的司长，其他委员是各个机构的负责人。为了协调成员机构间的目标和步调，提高国家形象推广的效果，NSU 制定并公布了纲领性文件——《品牌瑞典：提升瑞典海外形象之道》。"品牌瑞典"是 NSU 各相关机构传播瑞典国家形象的基础和出发点。对外它是各相关机构规划和执行其对外推广活动和传播信息的共同纲领，形成一个共同的、清晰的关于国

---

① 相关研究参见：赵可金.公共外交的理论与实践 [M].上海：上海辞书出版社，2007.274-278.

家形象的愿景和目标，从整体上指引对国家形象传播战略和优先目标的选择。对内，它通过建立内部沟通机制和渠道实现相互协调，目的是提高 NSU 成员机构间合作的有效性，并为参与其中的有关人员及世界各地的合作伙伴提供实用的工具。①

韩国在 2002 年成立了"国家形象委员会"协调韩国国家形象的塑造和推广。为了通过系统的战略提升韩国在国内外国家形象，2009 年韩国设立了由总统直接领导的委员会——韩国国家品牌委员会（Presidential Council on Nation Branding）。国家品牌委员会是一个综合协调部门，下设企划、国际合作、企业和信息、文化观光、全球市民 5 个分科委员会。成员包括 16 名官员（8 个部门长官、总统秘书室长、首尔市长等）和 31 名民间委员（企业家、学者、律师、市场营销专家、音乐人等）（见图 4）。②

除了上述国家，英国、法国、澳大利亚、新加坡等国，结合自身实际，建立了相关的国家形象管理机构。通过分析这些机构，我们可以发现：（1）国家形象管理机构是一个综合协调机构，其职能主要为：分析、战略规划和设计、协调、评估等；（2）国家形象管理机构是一个跨界跨部门机构，行政层级较高，成员来自主要政府部门和企业、民间代表；（3）其内部机构设置应满足其职能需要，调动各方面力量，一方面需要内设信息机构（负责信息情报资料的搜集、整理、储存、传递等）、智囊机构（负责信息的整理、研究，战略设计、评估、反馈）和决策机构（战略方案的选择、实施），另一方面，应设立相关机构吸纳政府、企业、民间力量。

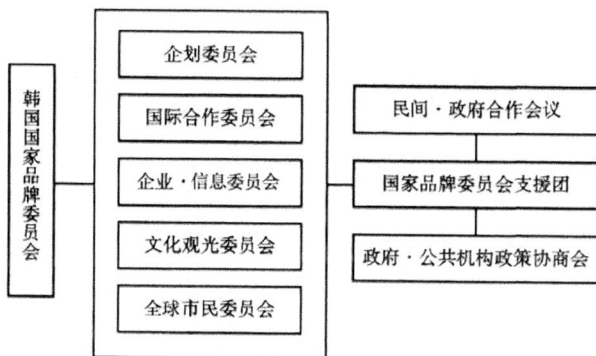

图 4　韩国国家品牌委员会组织架构

---

① 阳华.从"品牌瑞典"看国家形象推广 [J].湖北广播电视大学学报，2013,(1):54-55.
② 季萌.韩国国家品牌委员会的启示 [J].对外传播，2012,(11):54-55.

二、国家形象战略的设计和规划

设计国家形象战略方案和实施规划是国家形象管理机构的核心职能。其也正是通过战略的设计和规划在国家形象战略中处于领导、协调的地位。战略设计和规划为协调不同主体目的和行为、凝聚各种资源、高效地实现国家形象战略目标提供了方向和指导。

通常而言，国家形象战略设计和规划需要经历以下过程：第一，国家形象战略分析。国家形象管理机构要大量收集国家形象战略要素的情报资料。分析国家形象战略资源中优势因素、劣势因素，分析国际环境中的有利因素、不利因素，分析国际社会中国家形象的现状，分析国家形象的历史传统，为下一步战略方案设计奠定基础；第二，国际形象战略设计。结合国家总体战略目标，设定国家形象战略长期、中期目标；结合国家特色、国情、历史与未来发展，确定国家定位；明确国家形象战略实现的方式和途径；第三，国家形象战略实施方案拟定。实施方案是对战略的具体化，需要确定国家形象战略实施的阶段以及阶段性目标，明确配套项目、政策、策略、方针、重点以及实施手段、资源分配，还要对战略实施的效果做出预测，并制定意外情况下的补救措施。

韩国是国家形象战略设计和规划的范例。韩国国家品牌委员会是其国家形象塑造的领导、协调机构。该委员会建立了国家形象总纲领（Master Plan），确定国家形象塑造重点在"为国际社会贡献""尖端技术产品""文化与旅游""多元文化与外国人""全球市民意识"五个领域。国家品牌委员会的近期目标是把韩国国家品牌提升到经合组织国家的平均水平，在2013年使韩国的国家品牌跻身世界前15位。为了实现上述目标，韩国国家品牌委员会提出了4大战略：集中国民、企业和政府的力量，进行统一方向的国家形象建设；设立总体计划，研发品牌指数，对国家品牌进行系统的管理；了解韩国在不同国家里的现有形象、在不同国家的形象建设需求，确立差别化的国家形象宣传策略。例如，对美国，强化并宣传韩美同盟；对亚洲，管理并推广韩国流行文化；赢得全体国民对国家品牌建设目标的认同，作为国家品牌建设的基础和后盾。国家品牌委员会确立的韩国新形象由四个要素构成：为世界做贡献的国家、受人尊重的国民、包容多种文化和人群的社会、跨国大企业。① 韩国国家形象的推广策略主要包括：推出代表国家的象征物；结合动感韩国（Dynamic Korea）等形象标语，统一并推广韩国的国家形象；借举办大型国际活动，如亚运会、世界杯、核安全峰会、世博会等，凝聚国民向心力，增强韩国的世界影响；加强有效提高国家形象的组织架构，针对各驻外机构的调查和反馈，适时调整国家形象政策走向等。②

日本的国家品牌战略提供了一个典型案例。2004 年在知识产权本部内容专门调查会下设立了日本品牌工作组负责拟定日本品牌战略。2005 年日本品牌工作组发表了以"推动日本品牌战略——向世界传播日本魅力"的日本国家品牌战略。该战略以饮食文化、地方品牌与时尚为中心开展振兴日本品牌的活动，以提高日本魅力、确立日本的品牌。其中，为了打造日本饮食品牌并把日本饮食文化向世界传播，日本品牌工作组在"推动日本品牌战略"中提出了实施建议：以民间为主体开展对优秀日本文化的评价；推动烹饪教育；积极开展烹饪人才培养活动；向海外积极传播、普及日本饮食文化。根据以上建议日本政府与民间开展了如下活动。第一，建立民间团体，以收集、交换和传播有关信息，为政府制定相关政策提供信息支持。2005 年 4 月，民间成立了"食文化研究促进恳谈会"。该恳谈会开展了有关促进国民对日本饮食文化的趣解，向海外传播日本饮食文化的活动，并利用恳谈会交流信息与意见。第二，完善法律，为丰富日本饮食文化提供制度保障。根据 2005 年 7 月实施的"饮食教育基本法"，2006 年 3 月制定了"烹饪教育基本计划"，促进学校开展烹饪教育。第三，官民合作，向海外大力推介日本饮食文化，推动日本农林水产品、食品的出口。③

三、国家形象战略实施的协调与控制

国际形象战略实施的过程是一个复杂而长期的过程，为保证实施的方向和效果，需要对实施过程的主体、要素和程序进行战略协调和战略控制。

---

① 王晓玲，董向荣. 韩国国家形象的变迁及其启示 [J]. 当代韩国，2010 夏季号 :46.

② 季萌. 韩国国家品牌委员会的启示 [J]. 对外传播，2012,(11):54-55.

③ 平力群. 日本国家品牌战略的演化：从"日本的品牌"到"日本品牌化"[J]. 南开日本研究，2013,(2):327—329.

（一）战略协调

国家形象战略的实施涉及领域、主体众多，协调就成了国家形象战略管理过程中必不可少的环节。长期战略和中短期战略的目标竞争，战略资源在不同主体中的分配，不同主体多样诉求的平衡、局部利益与整体利益的冲突等这些都需要国家形象管理机构的协调。通过共同愿景、战略指引，通过行政、法律手段，通过项目资助、奖励荣誉等方式，战略管理组织协调不同目标与主体，凝聚共识与资源，实现国家形象战略的目标。

（二）战略控制

国家形象战略的稳定性与战略实施的动态性，使战略实施存在偏离战略预期与目标的风险。产生这种偏差的主要原因来自三个方面:(1)战略目标、定位或方案计划存在重大缺陷;(2)制定战略的内外环境或资源要素发生重大变化;(3)战略实施过程中，由于主体或客观原因，实施结果偏离了战略目标或对战略目标造成重大冲击。这就需要在国家形象战略管理过程中引入战略控制，及时发现战略差距，分析产生偏差的原因，修正、补充、完善原有战略方案，保证战略目标的实现。

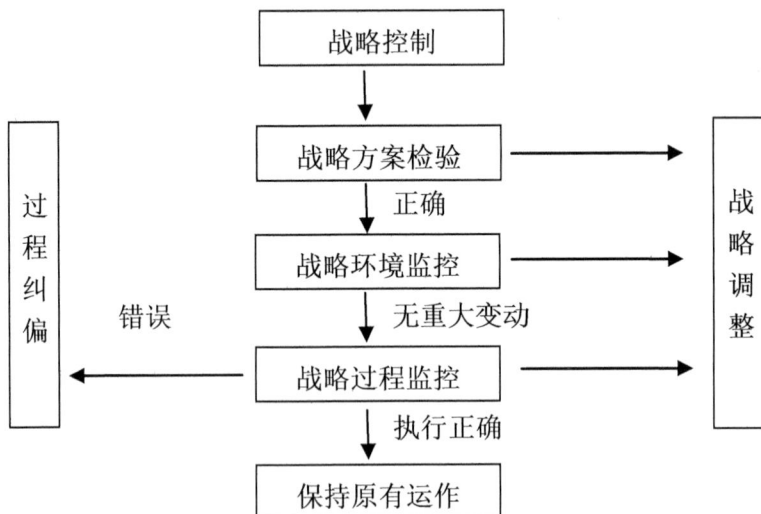

图 5 战略控制的内容与流程

因此，在战略实施中的战略控制就是:(1)对原有战略设计进行不断的检查，看是否存在重大偏差，有无必要修正原有战略方案。（2）监测内外环境的变化，评估这些变化的影响程度。如果发生重大变化，影响到战略的有效性，需要对战略进行调整。（3）监测战略实施进程，是否符合原有计划，阶段性结果是否符合计划目标；评估过程中的重大事件是否对目标或计划产生冲击或导致危机，是否需要调整计划或启动补救计划。（见图5）

四、国家形象战略的评估

国家形象战略评估是国家形象战略过程中的重要环节，是检测战略实施进展，评价战略执行效果，不断修正战略决策，以期达到预期目标。它以战略目标为导向，包括过程评估和效果评估，通过战略实施效果与战略目标的对比分析，找出差距，并采取措施纠正。战略评估本质上是战略控制的手段，是实现战略目标的重要保证。

国家形象战略评估的核心步骤就是确定国家形象评估的维度和评价标准。国家形象的评估一般分为定性评估和定量评估。

1.定性评估：主要是通过历史、文本、话语的分析来描述国家形象现状与变迁。例如，何兆武、柳卸林就主编的《中国印象：外国名人论中国文化》，系统收集了不同历史时代、不同国家和地区62位外国名人对中国文化各个侧面的论述。周宁教授出版的《中国形象：西方的学说与传说》《天朝遥远——西方的中国形象研究》等著作反映了不同时期西方眼中的中国形象问题。中华书局20世纪90年代就策划并陆续出版了"西方的中国形象"译丛，记录了近代来华西方人对中国的认知。还有研究者通过对《泰晤士报》《华盛顿邮报》《纽约时报》等外国媒体的话语分析来揭示、评价中国国家形象。[①]

2.定量评估。定量法主要采用量表开发的方式进行衡量，通过计算被试对国家形象量表测项问题的评价分值来进行。这就涉及对国家形象要素的选择、权重设计、赋值和计算。由于对国家形象研究的视角差异，对国家形象评估的方法和标准也存在差异。

第一种方法是通过调查的方法，获得被试对主体的整体认知和评价，从而衡量国家形象。这是国家形象评估最常见的方法。BBC的各国国际影响

---

① 相关研究参见：吴飞，陈艳.中国国家形象研究述评 [J]. 当代传播，2013,(1):8-11; 韩慧林，孙国辉.国家品牌研究述评与管理启示 [J]. 现代管理科学，2014,(9):9-11.

调查就是这种方法。从 2005 年开始，英国广播公司世界服务部（BBC World Service）委托世界知名调查公司全球视野（Globescan）与马里兰大学的"国际政策态度项目"（PIPA）对相关国家的国际影响（积极、消极、中立或不清楚或不回答）进行调查。该项目从上一年度的年底到当年年初，在北美、南美、欧洲、中东北非、非洲和亚太地区的不同国家进行抽样调查。该项目避开了对国家具体要素的考察，对不同国家国际影响进行"积极"或"消极"或"不清楚"的调查。

第二种方法是国家形象要素分析法。通过具体评价国家形象要素，考察公众对主体的认知和评价，具体分析国家形象的内容。由于对国家形象的理解不同，在选择国家形象要素时，存在不同视角。①从市场营销的角度，将国家形象视为一种"商品"品牌。将抽象的形象具象化为可供营销的产品，使得描述和评估国家形象运作的变化轨迹和效应成为可能。① 例如著名的"安霍尔特国家品牌指数"（Anholt—GfK RoperNation Brands Index，NBI）和"未来品牌国家品牌指数"（FutureBrand Country Brand Index，CBI），都将国家形象视为国家的品牌。NBI 指数测量法是通过一套问卷来调查国家品牌形象。问卷由一般性问题与实体性问题组成。一般性问题旨在测量受访者对一国的认识程度，分为三部分内容：对该国的熟悉程度，对该国的喜爱程度，与该国的交往经历与看法。对该国的熟悉程度分为非常熟悉、熟悉、有些了解、只听过名字、一无所知。对国家的喜爱程度是一个 7 分的量表，其中 7 分为非常喜爱，4 分为既不喜爱也不讨厌，1 分为非常讨厌。与该国的交往经历与看法分为：曾经去过该国度假，曾经去过该国商务旅行，曾经购买过该国的商品或服务，对当前经济低迷现象有反应。实体性问题包括六个栏目：商品、治理、文化、人民、旅游、移民与投资。每个栏目下有一些具体问题。受访者的回答被归入一个 7 分的量表当中，其中 7 分为强烈同意，4 分为既不同意也不反对，1 分为强烈反对。② 瑞士洛桑国际管理发展学院（IMD）和世界经济论坛（WEF）提供的国际竞争力数据库中对国家（海外）形象（Image abroad）指标分析。该指标是根据 IMD 和 WEF 的全球问卷调查得出的，具体含义是指一国的国家形象在世界经济活动与经营上是否具有积极作用，指

---

① 王海洲. "国家形象"研究的知识图谱及其政治学转向 [J]. 政治学研究，2013,(3):12.
② 徐进. 国家品牌指数与中国国家形象分析 [J]. 国际关系学院学报，2012,(1):20-21.

标的取值范围是 0—10，其中，7 分代表国家形象对经济活动与经营发展没有积极作用，说明国家形象非常差；10 代表具有非常优秀的国家形象。以上三个国家形象评估方案主要指标选择侧重于经济要素，忽视了外交、军事、社会等因素，不能完整反映国家形象。②从国际关系的视角，将国家形象作为公众对一国的政治、经济、军事、文化、科技、社会、国民等评价。例如，中国国家形象全球报告由中国外文局对外传播研究中心与华通明略（MillWard Brown）、Lightspeed GMI 合作开展，每年发布一次调查报告。例如 2014 年，本次调查共覆盖了代表不同区域和经济发展水平的 9 个国家：其中既包括英国（欧洲）、美国（北美）、澳大利亚（大洋洲）和日本（亚洲）等发达国家的民众，也涵盖了发展中国家，如中国（亚洲）、南非（非洲）、印度（亚洲）、巴西（南美洲）和俄罗斯（欧洲）的民众。每个国家的受访民众为 500 人，共计 4500 人，均来源于 Lightspeed Research 全球样本库。本次调查采用在线调查方式，并严格执行在线调查的国际标准。为保证每个国家抽样的代表性，受访者样本覆盖 18—65 岁的当地居民，男女比例各占一半。调查内容包括：中国领导人形象、经济形象、社会形象、科技形象、文化形象、社会形象、外交形象、军事形象以及对当年在北京举办的"APEC 会议"的评价等。①

各种方法都有其利弊。定量分析法中，第一种以国家知名度和美誉度为指标的方法，是一种整体方法，可以准确把握国家形象总体情况，缺点在于无法分析国家形象具体内容、变化的原因等；第二种要素分析法，可以清楚看到国家形象不同要素的评价情况，便于针对性采取措施，但由于选择维度和指标不同，实际上不同的国家形象报告调查的具体要素存在很大差异，彼此之间很难横向比较。在实际评估过程中，人们往往根据需要设计不同的评价方案，综合使用多种方法。例如，韩国产业资源部的韩国产业政策研究院（IPS）从 2001 年起每年发表国家品牌价值报告，为包括国家品牌委员会在内的政府部门提供决策参考。国家品牌价值由"国家收入"和"国家影响力指数"两项指标定量计算得出，前者包括商品出口和服务出口两方面，后者则由"国家竞争力""国家亲近感"和"国家品牌战略"三项指标决定。"国家竞争力"按照美国学者迈克尔·波特关于国家竞争力的理论计算得出，"国家

---

① 具体参见：中国国家形象全球调查报告 2014。

亲近感"是指人们对国家的认同度和亲密度，"国家品牌战略"则是通过对各国的国家形象发展战略评估得来。①

当前国内外对国家形象的评估角度不一、标准不一，各有优劣。中国应基于对国家形象基本理论研究，提出科学、可行的国家形象评估指标和体系。笔者认为，国家形象本质上是一种社会认知活动。对国家形象的评估，实际上是对认知活动效果的测量。人类认知活动分为三个层次：理性认知、情感认同和行为认同。对应到对国家形象的认知程度，可以分为三个层次：熟悉程度、喜爱程度以及行为影响程度（即基于对国家形象的理性认知、情感认同从而使主体在与该国相关的行为选择上产生的影响，例如购买该国产品，去该国旅游，投票支持本国政府对某国政策等）。我们选择三个要素来对应这三个层次：知名度、美誉度和影响力。知名度和美誉度正相关。知名度越高，且对该国正面评价越高，该国国家形象值越高；反之，相反。因此，知名度和美誉度可以用来衡量国家形象实力状态，即国家形象力。国家形象对公众行为的影响程度，即国家形象影响力。这是两个不同层面的指标，是实力与影响力的关系。现在国内外国家形象评估实际上是对国家形象力的测算；"安霍尔特国家品牌指数"（Anholt-GfK RoperNation Brands Index，NBI）涉及对公众行为影响的测算，值得参考，但其国家形象要素选择侧重于经济层面，不能放映国家形象全貌。

第二节　国家形象的危机管理

当今时代是一个危机频发的时代，危机与国家如影相随。危机与国家形象密切相关。因为危机事件往往会对国家形象和政府形象带来负面影响。但危机中也存在机遇。因此，积极应对危机，进行有效的危机管理，减轻危机对国家形象的冲击和破坏，是维护国家形象的重要途径，也是国家形象战略管理中不可或缺的环节。

---

① 季萌 . 韩国国家品牌委员会的启示 [J]. 对外传播，2012,(11):54-55.

一、国家形象危机

危机原本是一个医学术语，指的是一种介乎生存和死亡之间的状态，后引申为意外事件引起的危险和危机的状态。笔者认为，国家形象危机就是突发性事件对国家形象造成重大损害，需要在时间压力和不确定性极高的情况下作出重大决策的情境。在探讨国家形象危机管理前，有必要先对国家形象危机的特点、诱因等进行一般的分析，以便为后面的研究奠定基础。

（一）国家形象危机的特点

从定义中可以看出，国家形象危机具有一般危机的特点，如突发性、紧急性、不确定性和危害性；除此之外，作为一种公共危机，国家形象危机还具有公共性的特点。

第一，突发性和紧急性。国家形象危机和其他危机一样具有突发性和紧急性。虽然有些危机存在着发生的征兆和预警的可能性，但即使能预见，通常也无法确定其一定发生，更无法确定其发生的具体时间、形式、强度和规模。危机爆发后，管理部门需要在极短的时间内，利用有限的信息和资源作出决策，以隔离危机，控制局面，减少危机带来的损失和危害，这对管理者提出了极大的压力和紧迫性。

第二，不确定性。国家形象是一个复杂的系统，受到众多因素的影响和制约，任一环节都有可能引起系统的失衡，最终形成危机。危机发生后，由于更多因素的涉入，其后的发展和影响就很难估计。特别是在随后的危机蔓延过程中，由于事物之间联系的多元和共时性特征，初始的影响就像石头投向湖面荡起的阵阵涟漪对外部产生一系列冲击和连锁反应。例如，2005 年底，中国石油吉林石化公司双苯厂发生连续爆炸，引发松花江水污染，酿成了建国以来极为罕见的公共危机事件。由于松花江流入的黑龙江是中俄两国的界河，这一污染事故最后演变为一件令国际社会关注的生态环境事件。

第三，危害性。危机的爆发都会冲击原有的秩序和状态，对国家形象产生负面影响。并且在后来的危机处理和善后中，政府危机处理的态度、对策及效果都处在公众和媒体的高度关注下。如果政府处理得及时得当，则会得到外界的认可，修复和补救国家形象，反之则会引发公众不满，导致政府的公信力和形象受损，甚至还会引发新的矛盾和冲突，给国家形象带来灾难性的影响。并且这种危害性还会从一个领域扩散到其他领域,从国家层面扩散到个人、组织、企业。

第四,公共性。国家形象危机区别于个人、团体、企业形象危机的重要一点就在于其公共性。国家形象危机的影响是全局性的。在全球化的今天,由于信息通信技术的发展和人类相互依赖的加深,一国国内爆发的危机可以迅速蔓延,扩展为国际危机;通过大众传媒的传播,国际公众对他国的危机形成自己的认识和判断,抽象为对该国认知,加强或校正原有的对该国的评价和印象。个体的所作所为可能泛化为整个群体或国家的特征。国家形象的危机管理是一种公共管理。管理的主体是政府和其他公共部门,管理的目的在于维护公共产品——国家形象,减少危机对国家形象的损害,修复国家形象,增进公共利益;危机管理的手段以行政和法律手段为主,经济手段为辅,以国家资源为依托。

(二)国家形象危机的诱因

面对各种各样的国家形象危机,人们试图探寻危机爆发的原因,以便采取对应措施,规避和减少危机的发生。国家形象危机的产生来自两个方面,一是与危机事件相伴随的国家形象危机,二是由于国家形象自身因素造成的危机。这里重点探讨后一类型危机的诱因。要探讨这个问题,应先清楚影响国家形象的因素。作为一种主观认知,国家形象受到认知对象客观情况、认知者自身的价值偏好和认知能力以及信息传播的影响。并且主权国家出于国家利益的考虑会确定自身的形象战略,主动塑造和输出良好的自我国家形象,干预国际公众对本国形象的形成过程。因此,我们将导致国家形象危机的因素分为三类:国内因素、国际因素(包括国际公众的价值偏好、国际传播)以及国家形象战略。这些因素的重大变迁或失误、倒退都可能导致国家形象的危机。(1)国内因素的变化:国家形象就是主体对构成国家形象要素的加工和反映,因此,这些要素的负面变化都可能引起主体负面的认知和评价,例如:政治方面,国家内部的动乱和政治丑闻,领导人在国际上的重大失误,对外政策的重大倒退,与国际社会的对立。典型事例就是小布什不顾国际社会的强烈反对,一意孤行发动对伊拉克战争,引发的全球反美浪潮和美国国家形象受损;经济方面,国家发生经济危机和动荡、严重的产品质量问题；在军事方面，与他国发生军事冲突，与国际社会的对立；在自然环境方面，国家发生严重自然灾难和环境危机，以及在教育科技方面的竞争力下降等。（2）国际因素的变化，例如国际公众的价值偏好、主观倾向的变化以及国际传播、国际环境的重大变化。（3）国家形象战略的不足和失误：国家形象战略的不足和失误是指国家形象战略在制定、实施过程中出现的主要偏差，例如国家形象战略资源和环境分析偏差或国家形象战略目标界定和定位失误或国家形象塑造中的错误，尤其是国家形象危机管理方面的失误，都可能导致国家形象危机。国家形象危机管理涉及众多领域、层面、环节和主体，某一方面的失误与不足都可能导致局部性突发事件演变为严重的国家形象危机，对国家形象造成重大冲击。

以上这些因素只是国家形象危机产生的必要条件，具备了这些因素并不意味着必然爆发形象危机。危机事件的形成就像自然界的燃烧现象，是一个从量变到质变，逐渐累积的过程，是多种因素共同作用的结果。危机诱因仅相当于具备了燃烧质和氧气，还缺乏助燃剂、点火温度和导火索。

二、国家形象危机管理过程

作为公共管理机构，政府在危机管理中处于主导地位，这时国家形象更多体现为政府在危机中的形象。因此，下面我们主要从政府的角度来探讨国家形象的危机管理。

关于危机管理的阶段有多种说法，例如预防（prevention）、准备（preparation）、反应（response）和恢复（recovery）（PPRR）四个阶段，罗伯特希斯提出了 4R 模型：减少（reduction）、预备（preparation）、反应（response）和恢复（recovery）以及菲克的四阶段生命周期理论、米罗特夫的五阶段模型和最基本的三阶段模型，薛澜等提出了危机预警、识别危机、隔离危机、管理危机、危急事后处理五个阶段[①]，周云等提出了品牌危机管理模式[②]。在综合以上研究的基础上，笔者认为国家形象危机管理有三个阶段：危机预警阶段（包括：国家形象危机的监控、防范、准备）、危机处理阶段、危机的善后阶段

---

① 关于危机管理阶段的研究可参见：薛澜、张强等. 危机管理 [M]. 北京：清华大学出版社，2003.45-49.

② 周云. 品牌学 [M]. 北京：清华大学出版社，2008.164-173.

（包括：国家形象的恢复、学习改进）。

（一）危机预警阶段

危机预警是危机管理过程的第一个阶段，十分重要，因为危机预警的目的在于有效地预防和避免危机的发生。危机预警无疑是控制潜在危机花费最少、最简便的方法，显然是最好的危机管理。在日常管理中，专业人员对国家形象潜在危机的监控、准备、防范是必不可少的。

1.危机监控

危机监控是危机预警的基础，其目的在于通过对危机信息的探测、整理和分析，识别潜在的危机，为下一步行动提供指导。危机监控可划分为态势监控和危机识别。

态势监控：事实上，几乎所有的危机在发生之前都会多次发出"警告信号"。如果这些信号能够被识别、引起注意并得到有效地处理，那么很多危机就能够在发生前得到防止，这是危机管理中最好的解决方式。[①] 这就要求专业人员要理解造成国家形象危机的原因和要素，根据国家形象受到的威胁，确定信息探测的重点，然后多点多渠道的扫描、收集信息，然后对其进行分类整理和分析。

危机识别：在对危机信息整理分析基础上，找出那些影响较大的危机，判定未来可能爆发危机的属性、特征、方式和强度，根据危机发生的可能性和危害性进行排序。在确保对危机进行全面梳理的同时，找出那些发生可能性最大、冲击力最强、最紧迫的危机。其中，进行危机等级划分是最重要的。这就需要专家根据具体的危机情况，对危机的危险程度进行实际界定，对未来可能发生的情形进行定性预测。准确地划分危机等级及其具体内涵，有助于准确地判断危机。[②]

2.危机准备

由于危机的突发性，并不是所有的危机都能事先被侦测出来，很多危机是无法得到准确的预测的。因此，我们必须为危机提前做好人员、组织、机

---

① 伊恩·I.米特若夫，格斯·阿纳戈诺斯.危机! 防范与对策 [M].北京：电子工业出版社，2004.6.

② 许曼舒.国际危机预警 [M].北京：时事出版社，2008.77.

制和物质的准备，拟定危机预案，建立危机应对机制。

针对危机的复杂性，应制订多层次多领域多部门的详细可行的危机应对计划。不仅在国家层面，在各部门、地方、组织都应建立起有效的危机预案，形成危机应对的网络体系。例如美国在长期应对危机过程中，形成了完备的危机应对计划，既有全国性的联邦应急计划，也有地方、部门和针对特殊性质的危机计划。危机预案要在危机中起到作用，从原则转化为行为，还有赖于建立一个职能明确、责权分明、组织健全、运行灵活、统一高效的危机应对体制，并用法制化的手段明晰政府各职能部门的职责，以实现应对危机时各部门间的高效协调运作。政府必须设立危机事件的预警机制和快速反应机制；同时政府还应建立完备的危机管理体制，包括指挥决策机构、职能组织体系、信息 / 参谋咨询组织体系、综合协调部门和辅助部门。[①] 要建立有效的协同和合作机制，将政府内部各部门的力量、社会各团体和个人以及民众的力量、国际社会的友好援助整合起来，使政府能够从宏观的战略角度出发，实现对于危机的高质量的和快速的处理与解决，构建起全社会甚至是国际对抗危机的支持系统，减少危机在国内国外的负面影响。

3. 危机预防

根据社会燃烧理论，危机的形成是一个从量变到质变，系统逐渐被破坏的过程。在这个过程中，来自内部和外部的危机诱因不断累积加强，在触发因素作用下，形成焦点问题；当焦点问题突破系统稳定的临界值，就演变为危机事件。在这个过程中，如果及时发现问题，并进行有效干预，就可以防止或推迟危机事件的发生。这就是危机预防。危机预防是建立在危机监控的基础上的。通过对系统内危机信号的监控，可及早发现危机的隐患，有针对性地采取措施，消除危机隐患。或者当危机隐患演变为突发事件时，应及时隔离，防止突发事件的升级和蔓延，进一步演变为危机事件。

（二）危机应对阶段

就国家形象而言，关键不在于是否发生危机，而在于危机发生后政府采取的原则和措施。

---

① 胡宁生 . 中国政府形象战略 [M]. 北京：中共中央党校出版社，1999.1239-1249.

1. 危机处理的基本原则：

（1）以人为本原则。"以人为本"在危机管理中体现了一种普世的价值观，也是一个国家社会文明进步的表现。在危机管理中遵循"以人为本"的原则，可以巩固政府的合法性和权威性，树立亲民形象同时容易化解民众对政府失误的不满，减轻公众的紧张、不信任甚至对抗情绪，将局势向有利方向转化；在危机管理中遵循"以人为本"的原则，顺应了国际社会的发展主流，无疑会赢得其他国家的同情、理解、信任与支持。[①] 因此，在危机处理中的首要原则就是"以人为本"，把抢救受害人员的生命、保护人民最基本的生存权利作为首要职责，指导危机应对工作的展开。

（2）主动、及时性原则。危机发生后，政府应正视危机，积极主动采取措施，对由于自己的失误而造成的危机事件，应主动承认错误，主动承担责任。这样做，既表达了政府的真情实意，有利于博得公众的同情和理解，也能吸引公众积极参与消除公共危机的公关活动，增强公众对政府的信心，给公众留下负责、果断、坚定的政府形象，反之则会造成严重的后果。另外，政府应主动及时地向公众公布危机信息，掌握危机应对的主动权。在危机中，人们对相关信息有极大的需求欲，如果这时政府保持沉默，来自不同集团和渠道的信息流就会迅速传播流传开来，政府信息传播的可操控时间和空间被大大压缩。另一方面，在面临高度不确定性和危险性的情境下，人们迫切寻求有关信息的存在，期望政府能提供相关权威信息，管理危机，维护公共利益。如果这时政府传播没有及时主动跟进，造成的信息空白会给公众留下政府无所作为和不负责任形象。

（3）信息公开的真实性、一致性原则。政府诚实公开真相，真实准确地公布危机状况和政府危机管理措施，建立、维持与公众之间良好的双向交流和沟通，有利于公众客观公正地对危机事态的程度和危害有清醒的认识，克服内心的恐慌、猜测和误解，从而把各种社会力量尽快动员起来，使公众的思想、态度和行为向有利于危机控制的方向发展，减少危机的损失和负面影响，并且有利于建立一个诚信、可靠的良好政府形象。"声明与行动之间的一贯性或一致性就是有效形象管理的基础"。政府言行一致，公众相信政府，政

---

① 李正国.国家形象建构 [M].北京：中国传媒大学出版社，2006.196-197.

府才能树立诚信责任的政府形象。危机中国家形象的一致性包含三个层面：一是政府形象作为一个整体性概念，需要政府成员共同维护。在危机处理过程中，领导人及各政府部门人员作为组织形象的生动载体，是否能够协同运作，最大限度发挥整体功效，采取各种可能和可行的措施迅速控制危机局势，极大影响着人们对政府的认知与评价。二是政府在危机中要注意保持态度、行为和行动的一致性。三是传播要素一致，在危机中保持传播信息内容、态度和口径的一致性。不同部门应统一对外解释与宣传口径；政府声明在危机初期与危机中期、危机后期应前后相符。否则公众就会产生被愚弄的感觉，政府美誉度会随之大幅度下滑，政府危机管理和形象传播的成本也会增加。

（4）快速反应原则危机的急剧变化和巨大的破坏性，要求危机管理者必须快速反应，尽快控制、解决危机，最大限度减少危机带来的损害。这是现代政府的基本素质和要求，也是公众判断政府效能和形象的重要标准。一个国家的公共行政系统对危机的反应灵敏和处置高效，既可以实现信息的沟通反馈，将危机的传言扼杀在萌芽状态，将对国家形象不利的因素降至最低，又可以充分显示其勤政、敏捷、干练的公共行政形象，在提升公信力与国家权威的同时，强化公众对政府的信任与信心。[1]

2. 国家形象危机处理的对策

危机爆发后，危机的处理就成为危机管理中最为重要的阶段。在这个阶段，政府应迅速反应，采取对策：

（1）确认危机，启动危机应对机制，采取行动控制危机。

危机爆发后，危机管理机构应迅速地判断危机主要来源、威胁程度、危机性质，对工作优先秩序作出选择，抓住关键环节，并及时启动危机预案和应对机制，控制和应对危机，防治危机的蔓延。此时危机事件的处理应致力于危机的隔离，将危机限制在一定范围内，尽量缓解危机升级，努力控制危机的范围，减少危机的破坏。这就对政府的危机处理能力和机制提出了很高的要求，要求政府决策者和危机管理人员应具备快速判断、快速反应、快速决策、快速行动及快速修正的综合能力，要求危机处理机制科学有效。

---

[1] 李正国. 国家形象建构 [M]. 北京：中国传媒大学出版社，2006.200-201.

（2）进行积极有效的危机公关。

在现代社会中，一个国家随时面临危机的威胁，利用现代公关手段，处理危机，摆脱困境，恢复良好的国家形象，已成为世界各国政府高度重视的危机应对手段。危机公关，从狭义而言，就是指在危机管理中，用公共关系的手段与危机事件的相关公众进行沟通协调，以求得谅解支持，化解危机，重塑形象的过程。正确的危机公关不仅有利于克服、消除危机造成的不良后果，而且可化危机为契机，更好地塑造并提升国家形象。要进行有效的危机公关，需要注意以下几点：

首先，要树立积极的政府危机公关意识。公共危机重在防范，但是没有危机意识，单纯的"危机预警系统"是没有效力的，超前、全面的危机意识才是组织防范危机最坚固的防线。危机公关首先要求政府组织对内部人员进行危机管理教育，树立积极的危机意识和危机公关意识，掌握危机出现后应采取的公关措施和技巧。

其次，建立政府与公众之间的双向互动。格鲁宁和肯特（Gruning，J.E.&Hunt，T.T）将组织和公众之间的沟通划分为四种模式：公关信息模式、新闻宣传模式、双向不对等模式和双向对等模式。在双向对等模式之下，政府本着公开透明的原则向社会公众公开危机方面的信息，并辅以相应的解释，确保公众及时充分地掌握危机信息，提高公众对公共危机的认知能力，消除恐慌、误解和混乱；同时政府要通过多种渠道广征民意，并将其作为决策和行动的现实依据。这样，政府与公众建立了一种在平等基础之上的合作互动关系，不仅能加强政府与公众间的沟通互动，取得公众的信任和支持，而且对政府良好形象的建立具有重要的作用。

最后，进行多方沟通，引导舆论。危机事件一旦发生，就会波及到不同的个人、组织、地区甚至国家，因此如何分别处理好与不同主体的关系，对于化解危机也是非常重要的。首先，妥善处理与受害对象的关系。获得受害者的理解与支持对危机的顺利处理十分重要。政府应了解他们的需求，最大限度对他们提供物质和精神上的支援，减轻危机带来的伤害，帮助他们尽快恢复正常的生活。政府应及时向他们通报危机原因的调查结果、处理措施，明确向他们传递政府对他们的关心和保护，以此彰显政府的人本思想和亲民形象。这样有利于安抚好、稳定住受害公众，赢得其他公众对政府的支持与尊重，危机才有可能顺利化解。其次，要处理好与协作者关系。公共危机作为特殊的社会公共事务，涉及范围广泛，跨越领域多，时间压力大，应发动非政府组织、社区、企业和个人等参与管理。这些公众不是危机的直接受害者，但是危机间接地对他们产生不利影响，对他们进行沟通、动员，有利于消除他们的恐惧和不安，增加他们对政府的信任度，从而稳定社会，有利于增强政府化解危机的能力，降低政府危机救治成本。最后，要处理好与媒体关系。政府应及时公布危机信息，较早设置议程，以快速、准确的信息消除谣言和模糊信息，减少本地、本国受众对信息的不确定性；加强与外国媒体的沟通、对话，满足他们对信息的需求；通过多种媒体和渠道，以客观真实的报道迅速传播事实真相，影响世界舆论，树立一国在世界舆论中的透明、高效的形象。因此，有关部门要尽快地查清事实真相，及时、准确、一致地对外发布信息，实施严格的政府新闻发布制度，主动引导舆论，掌握危机处理的主动权，防止失实报道对政府形象的歪曲。要注重新闻媒介和网络媒介等多种沟通方式的应用，实现沟通渠道的多样化，以便实现危机管理过程中政府与媒体、公众的有效互动。

（3）积极开展国际合作。

全球化的深入发展，使危机的传播速度加快，危害性增强，复杂性加大。进行危机管理的国际合作与协调已成为国际社会的要求和趋势。同时，开展国际合作，对危机当事国来说，可以在一定程度上降低危机管理的不确定性，通过实行情报资源互享，有助于迅速查明危机原因，提高危机应对的效率；有利于化解和遏制诱发危机的因素，有利于获得有利的国际舆论环境，迅速稳定局势，消除不良影响。

危机中国际合作有多种形式，针对不同领域的危机有不同的国际合作形式。一般来讲，主要有舆论合作、外交合作和军事合作。加强国际舆论合作，争取国际舆论支持，可以树立政府形象，巩固政府权威，增强政府领导民众抵御危机的信心和能力，还可以促进国际社会对当事国的了解，消除不利影响，提高国际地位。例如，在成功处理2002年10月的莫斯科人质事件中，普京政府巧妙引导并利用国际舆论，大大提高了俄罗斯政府的形象。危机管理中的外交合作根据涉及的领域可分为经济外交合作、文化外交合作、军事外交合作等。由于危机通常会从一个领域扩散到其他领域，在实际的危机管理合作中，相关国家都是多领域的沟通与合作。军事合作是危机控制和化解的灭火器。危机中军事合作的主要形式有建立军事信任、控制对抗程度、保持力量平衡。①

（三）危机的善后阶段

危机应对阶段的结束，并不意味着危机管理的结束，只是进入了危机管理的下一个阶段——危机的善后阶段。危机的善后阶段为国家"提供了一个至少能弥补部分损失和纠正混乱的机会"②，成为评价国家和政府形象的依据。因此，妥善的危机善后有利于国家形象的进一步修复和完善。

在危机善后阶段，国家应着重于三件事：

1.积极进行危机后的恢复重建。危机对社会或组织产生了重大冲击，导致社会或组织局部或整体的失衡和混乱，受灾人群生活在不稳定状态中，正常的生活、工作无法进行。因此，危机后政府的首要任务就是加快恢复正常的社会秩序。为此，政府应对受灾人员提供必要的救济，保障其基本的生活，帮助其进行生产自救；对受到冲击的组织适当地给予经济援助，对被破坏的公共基础设施进行修复重建，以求尽快地恢复正常的生产生活秩序。在危机后的救济中，要特别关注社会心理救助。由于危机事件往往造成巨大的人员伤亡和财产损失，对社会生产、生活带来巨大的震荡和破坏，危机后遭受严重创伤的公众往往表现出各种各样的恐惧心理及紧张状态。因此，对危机中精神受挫折的群众要请有关专家进行心理辅导，消除危机在其心中的阴影，让他们尽快恢复生产生活的信心。

2.对危机发生原因、危机处理过程以及危机的影响进行调查分析。这样的调查在危机后是十分必要的，它为下一步国家形象的修复或重塑提供了依据。它包括对危机爆发原因的分析，对危机管理过程的总结。通过对公众、媒体、危机管理者的调查，评估危机管理各个环节相关措施的合理性和时效性，检查危机应对措施的落实情况，查清事故的责任和性质。它还包括对危机影响的调查，例如，人员伤亡、财产损失，对国家形象以及美誉度、知名度的损害情况。在此基础上，总结其中的经验教训，提出事故处理和防止危

---

① 具体研究参考，丁邦泉.国际危机管理[M].北京：国防大学出版社，2004.196-215

② [美]诺曼·R.奥古斯丁等.危机管理[M].北京：中国人民大学出版社，2001.29.

机再次发生的措施建议。

3.在调查分析基础上，进行必要的改进和变革，提升国家形象。如果国家能够把握危机的契机，对危机进行认真分析，总结其中的经验教训，回应国内外的要求，适应新形势的变化，进行技术、观念、制度、机构和政策上的改进和变革，那么危机就有助于提升国家的活力和形象。根据对国家形象危机产生的诱因分析，国家形象危机的主要原因来自内部的治理不善。对此，政府应有针对性的进行改革，进一步提高发展的质量，妥善处理经济、社会、生态之间的关系，促进经济社会的科学发展；加强对内部组织的监管和治理，完善危机管理机制和对策。另外政府应遵循人类基本价值，遵守国际规则和义务，承担与自身实力地位相吻合的国际责任，积极提高自身实力，特别是软实力；最后，政府应调整国家形象战略中不合理的环节和政策，减少战略和技术上的失误。

小结

国家形象战略管理是战略实施过程中的重要环节，其意义在于组织、动员、协调不同主体和资源，对战略过程进行控制、评估，应对危机情况，共同有效实现国家形象战略目标。战略管理的水平与科学性直接关系到国家形象战略实施效果。因此，在国家形象塑造过程中应引入和加强战略管理。

危机与国家形象密切相关。因此，积极应对危机，进行有效的危机管理，减轻危机对国家形象的冲击和破坏，是维护国家形象的重要途径，也是国家形象战略管理中不可或缺的环节。在国家形象战略管理中强化危机意识，按照危机管理原则和程序，科学展开危机的预警、处理和善后。这对国家形象管理组织提出了很高的要求。

第二部分　大国国家形象塑造的历史经验

国家形象战略的研究需要比较、历史的视角。尽管国家形象战略这个概念提出的时间不长，但各国特别是大国塑造国家形象的历史却十分久远，在历史的磨砺中形成了各具特色的国家形象，其中的经验教训值得借鉴。因此，我们选择了美国、德国、俄罗斯这三个各具特色的代表性的大国进行历史的剖析和总结。另外，中国国家形象战略的谋划更离不开对自身国家形象塑造经验的总结。

第六章　二战后美国国家形象的塑造

国家形象作为主权国家的无形资产，是国际社会对一个国家的整体认识和综合评价。塑造并不断增强这种"软实力"要素，取决于该国的自身国家性格和对外政策，特别是冷战以来越来越被各国所重视的公共外交战略。美国作为当今世界的超级大国，有着复杂而又鲜明的国家形象，并且重视构建和维护自身在国际社会中的形象。那么哪些因素深刻影响了美国的国家形象？美国是如何建构自己的国家形象的？美国国家形象的建构对中国有哪些启示和借鉴意义？围绕这些问题，我们来观察一下美国的国家形象。

第一节　美国的自我形象认同与建构

在长期的发展中，美国基于自身的历史、文化和价值，形成了以"特殊"和"强大"为特质的整体自我认同，并在对外交往中以不同方式投射和强化他国对此的认同感。二战后，美国更加重视国家形象在对外战略中的作用，借助公共外交，积极构建美国"特殊""强大"的世界灯塔形象。

一、美国的自我形象认同

如果尝试归纳美国的国家形象，可以很自然地想到"特殊"与"强大"两个关键词，这些特质在战后表现得更加明显。

（一）美国是"特殊的"

美利坚民族从诞生之日起，就为本民族构建了一个区别于一切旧世界的自我形象。这种建构具有完整的逻辑性，从美国的起源、美国的经历、特别是通过美国与其他国家的比较中逐步确立起来。最具有代表性的例子，就是历届美国总统的就职演说，其中既体现了不同的时代背景特征，也坚守了一以贯之地对美国信仰、美国价值、美国风格的继承和嬗变。

学术界形成的公认美国自我形象的核心是美国例外论。美国学者迈克尔·林德认为："美国例外论有两个含义。对于许多政治家来说，美国例外论是一个赞美的词汇：同其他国家相比，美国特别地优秀。对于社会科学家和政治哲学家来说，美国例外论代表着一个学术问题：为什么美国与其他大多数工业民主国家有着极大的不同。"① 美国例外论将这个新兴民族描述成由上帝的选民组成的"山巅之城"，无论是纵向的世界历史上还是横向的国际社会范围内，美国都是无可取代的自由、民主、和平的"灯塔"和"卫士"。这种自我与众不同的认识从美国建立之初的殖民地时代就已经存在了，主要是在与欧洲社会腐朽制度相比较中产生的，美国致力于为世界上所有的受压迫民族提供一个避难所、一个奋斗成就自我的"天堂"。

美国作者是这样描述自我国家形象的："我们美国人是上帝独一无二的选民，我们是现时代的以色列人，我们拥有世界自由的方舟。……上帝已经预定，人类也在期望我们的民族将做出伟大的事情，而且我们的心灵已经感受到了这些伟大的事情。其他民族一定会很快落在我们后面。我们是世界的拓荒者，是先遣队，被派往未知的荒野，在属于我们的新大陆开辟新的道路。我们的力量在于我们是处于青年时期，我们的智慧在于我们的稚嫩。当其他民族的声音还含混不清的时候，我们的声音传向了远方。长期以来，我们一直怀疑我们自己，怀疑政治上的弥赛亚是否真的已经到来。如果我们宣布他到来的话，实际上他已经来了，那就是我们美国。让我们永远记住，由于我们的出现，在地球的历史上几乎第一次，国家的自私目的成为不可限量的慈善事业，因为我们不仅在对美洲行善，而且要解救整个世界。"② 这种自我认同延伸到国际社会，成为美国国家形象的底色和基调。"救世主"的形象不仅被美国人民普遍接受和相信，也伴随美国的辐射和影响力潜移默化地向其他

---

① Michael Lind. "The American Creed: Does it Matter? Should it Change?", *Foreign Affairs*, Vol. 75, No.2, March/April 1996, pp.135.

② Herman Melville. *White Jacket* (London: Oxford University Press, 1924), pp.142-143.

国家扩散。

因此我们说，美国例外论不仅是美国对于自身形象的认知，也成为美国对外解释自我身份的一种倾向和定位。美国愿意也力争在国际社会树立一种制度典范和创新导师的形象，美国例外论为自己在世界上占据了道德的立足点，也将自己的利益覆盖范围延伸至国外，拓展到被压迫的全人类范围内。从这个意义上讲，美国例外论对于美国国际形象的塑造是有效的。

（二）美国是"强大的"

美国强大形象首先表现在美国从建立伊始就具有强大的自我认同的价值。这也为美国成功打造以"美国梦"为标志的美国性格提供了条件。殖民地时期的美国，由于具有比当时欧洲任何地区更大的自由和权利而自发地催生了强大的精神力量，爆发出令人惊奇的创造力和生产力。美国前总统伍德罗·威尔逊说过："美国是世界上唯一的理想主义国家。这个民族的心灵是纯洁的，这个民族的心灵是诚实的。……它是历史上伟大的理想主义力量。我相信美国拥有其他国家无法给予的献身于人类自由的精神能量。……在这场伟大的战争中（指的是第一次世界大战）美国拥有实现她命运和拯救世界的无限特权。"[①] 这种表述并非完全是虚伪的辩护，美国人的确靠着这种扎实的奋斗精神摆脱了欧洲大陆的控制，同时获得了英王对于这片土地的特许状。对内，美国培育民众奋斗成就自我的开拓精神，并将传承"美国梦"看作捍卫美国主权和国家尊严的体现。对外，美国精神决定了其打破旧制度枷锁，引领世界范围内民主和理想方向的灯塔形象。即便是现实主义大师亨利·基辛格也深受这种集体理想主义的熏陶，并对美国价值观下打造的国家形象深信不疑，"我相信收留我的国家在道义方面的影响力。在自由国家中，只有美国有足够强大的力量来保证全球的安全，抵御专制的势力，只有美国既有力量又有正气来鼓舞那些为其国家身份、进步和尊严而斗争的其他国家的人民"[②]。正是因为美国民众自己对于这些价值、理念、精神的深信不疑，才能促使其在国家对外行动中试图表现出超越自私的民族主义，以革命成功典范的姿态扮演全世界的道义领导者。

① Arthur M. Schlesinger, Jr. *The Cycles of American History*(Boston: Houghton Mifflin), pp.16.
② Henry Kissinger.*White House Years*(New York: Little,Brown and Company,1979),pp.229.

美国人对于自身独特自然地理条件的认知，也是其国际形象的构成要素之一。从位置上看，美洲大陆远离欧洲大陆，两侧有太平洋和大西洋作为天然屏障，很容易使来到这里的移民们相信他们并不是建立一个新的国家，而是创造一个新的世界。而且美国人一直相信，这块"应许之地"是上帝选择好预留给他们的，只是等待上帝选民们来发现它、开垦它、建设它。地理位置的独特性给了美国人足够的理由相信，世界本就分为旧世界和新世界两个部分，而他们成为了新世界的主人，也就需要肩负起相应的责任。同时，美国的地理位置又保证其相当的独立性，或者也可以说孤立性。美国是独特的，它独立于旧世界的腐朽和罪恶，独立于欧洲大陆的枷锁和控制，独立于世界落后地区的苦难。孤立性逐渐演变成美国独一无二存在的正当性根据，分割和遥远，特殊的地理位置不但没有给美国人带来苦恼，反而为这里的人民带来的难得的安全感和与众不同感。此外，美洲大陆的自然资源丰富，幅员辽阔，为财富和机会的孕育提供了条件，也为国家的壮大发展提供了空间。美国人在"美国梦"的激励下，将自然资源转化为社会财富和国家实力，经济上的富足更加强化了他们的自信心和安全感。富强的国家才是美国，这就是美国的国家形象。托克维尔这样论述自然资源富足对于美国发展的意义："在曾对美国建立民主共和制做过贡献，而现今仍在保证美国维护这一制度的有利环境因素中，最重要的是被美国人选来居住的这片国土。"①

总之，美国建立在自身优势之上的独特感确使其在国际社会中频频扮演自由和民主的捍卫者，国际新秩序的建立者，国际利益冲突的主宰者以及其他国家革命进程的介入者。美国的国家形象源于美国人深信自己有超于现实国际规则和旧的国际制度的资格和理由，目的的高尚性为手段的正当性提供了道义支持。所以，出众的国家实力和根深蒂固的"救世"情结共同构成了美国对自我形象的认知。

二、美国的战略性公共外交

二战以来，公共外交作为国家"软实力"的重要实现手段，对于提升一国的国家形象有着非常重要的意义。公共外交是对传统外交的补充和发展。

---

① [法] 托克维尔，董果良译. 美国的民主 [M]，上卷. 北京：商务印书馆，1991.323.

美国政府一直将公共外交的首要任务界定为提高国家的国际影响力和国际地位，赢得世界人民对于美国的理解和信任，营造并提升美国的正面形象。可以说，"美国人更多地把公共外交看做是一种政治公关战略，是一国政府增进不同文化实体之间的相互理解和认知的社会责任，是一种开展国家行销、塑造一个良好国家形象的战略策划"①。

美国从二战时期开始，就非常重视将公共外交列为打造本国形象的常设工具，公共外交也帮助美国获得冷战的胜利，在"9·11事件"之后重塑形象等方面发挥了关键性的作用。因此，下面将从美国的战略性公共外交入手，分析二战后美国如何树立"令全世界尊重"的世界灯塔形象。

（一）冷战时期

美国政府主要通过国际广播，如"美国之音""自由亚洲电台""自由欧洲电台""法达尔电台""玛蒂电台"等；通过教育文化活动，如国际访问学者项目、美国研究项目、学术交流项目、学生交换项目等；通过信息输出活动，如英文刊物的发行、互联网资源共享、影视音乐娱乐信息扩散、电子产品出口等等。美国从二战时期就开展的公共外交实践是战略性的，对于塑造美国自由、进步、强大、和平的形象功不可没。

冷战时期公共外交是美苏意识形态斗争的有力武器，主要目标是在全世界范围内推销"自由美国"的国家形象。伴随1948年《史密斯——蒙特法案》诞生的还有由美国国务院设立的文化宣传局，意在巧妙推广美国价值、介绍美国的"真实情况"。同期建立的还有美国联邦情报咨询委员会，后来更名为联邦公共外交咨询委员会，它的功能是对国务院的对外宣传活动和策划进行评估。为了进一步增加美国在世界范围内感召力，达到不战而屈人之兵的目的，1953年，艾森豪威尔总统成立了美国新闻署（U.S. Information Agency，USIA）。这是一个独立于国务院的机构，日后成为美国公共外交的核心机构。美国新闻署主要还是借助"美国之音"，不断向世界宣传美国消灭压迫、追求自由的理想主义国家形象。1961年，美国国会通过了《共同文化教育交流法》，即《富布莱特——海斯法》，更加明确了对外交流的宣传目的，

---

① Eytan Gilboa.Mass Communication and Diplomacy: A Theoretical Framework, *Communication Theory*, August 2000.pp.291.

让他国人民更好地了解并理解美国。这些法案一方面体现了美国重视对外宣传塑造国家形象的努力，另一方面也体现出公共外交对于树立国家形象的优势，那就是隐蔽性和形式多样性，无论是国际广播还是文化交流活动都采取了更易被他国人民接受的方式，潜移默化地消除了他们对美国的猜疑，解答了相当的误解，深入人心地树立国家形象。

1977 年，卡特总统上台后，由于国际力量对比发生变化，美苏对抗形势逆转等因素影响，美国在全世界推销"自由美国"的节奏有所放缓。卡特总统将美国新闻署更名为美国国际交流署（U.S. International Communication Agency，USICA），主要工作也从增进世界人民对美国的认识，补充为帮助美国理解外国文化和外部舆论，提出了美国同其他国家人民思想双向交流的建议。这一时期的美国在推广国家形象时，公共外交的手段更加成熟了。从美国新闻署更名为美国国际交流署这一更名举措可以看出，美国从单方面向世界宣传自身的多元文化和自由主义转向与其他国家建立相互理解的基础。这一时期，美国的国家形象与其公共外交手段的风格是一致的，那就是反思过去美国政府目标鲜明，或者说咄咄逼人的公共外交态势，转而采取更为低调巧妙的方式宣传美国的价值和制度，使"自由美国"的形象更加具有说服力。

1980 年代后，冷战进入新阶段。为了打造美国强硬、实力、威慑的国际形象，1982 年美国国际交流署又改名为新闻署，"美国之音"对于苏联、东欧等共产主义国家展开了密度和强度更为猛烈的里根式公共外交。这一时期美国新闻署的地位得到显著提升，获得授权参与美国国务院和美国防部等核心安全部门的对外政策制定过程。意识形态斗争增强了对外宣传工作的进攻性，美国新闻署进入了自其成立以来最为辉煌的"黄金时代"，启动了著名的"民主工程"（Democracy Project）来延续美国经典民主形象的塑造。高姿态、高强度的宣传推进战略向世界特别是苏联社会主义阵营国家展示美国追求进步、自由、和平的国际灯塔形象，并且发出将带领并促进落后国家人民共同前进的意愿和实力。以"美国之声""自由欧洲之声"为代表的国际广播对国家形象的输出被列为美国国家安全政策的重要内容，被视为美国对外政策和国家利益的共同目标。美国政府不仅在资金和技术上给予保障，同时严格审核节目内容以及与国家形象的契合度。

美国在冷战时期通过公共外交推广、解释自身形象的战略是成功的，积极地展示美国的理想主义价值观、强大先进的国家实力、自由民主的民主体制等。这一切都与苏联式的、僵硬的、压制的政治和文化氛围形成鲜明的对比。美国积极构建的正面形象，对其他国家形成了无形的吸引力和向心力，这是一种貌似缓和的进攻性战略，的确起到了鼓励东欧革命、加速苏联解体、赢得冷战胜利的关键作用。

（二）冷战后

冷战的胜利使美国在国际社会上取得了唯一超级大国的地位和名誉，对宣传国家形象的相关工作渐渐失去了原有的关注；加之互联网技术的发展、公民社会的壮大，信息透明的提升，人民开始怀疑有计划有意识地开展国家形象工程是否是必要的。因此，冷战后很长一段时间里，美国通过公共外交打造国家形象的战略被忽视，里根政府时期的巅峰状态不复存在，而美国再次将公共外交与国家形象重塑提上日程，是在 2001 年 9 月 11 日恐怖袭击发生以后。

"9·11"恐怖袭击对美国造成了极大的冲击，除了无法估量的经济损失之外，美国政府开始反思美国的国家形象出了什么问题？为何会招致伊斯兰国家的人民如此巨大的仇恨？这场恐怖袭击事件极大震动了美国社会，一方面国内各界民众对于政府是失望和消极的，因为他们发现自己认为的美国并不是世界眼中的美国；另一方面美国政府也渴望了解国际舆论对于美国的真实评价，希望能够尽快改善美国的国际形象。利用公共外交重塑美国形象再次被提到了战略层面，这种以他国青年为接触重点来影响国际公众舆论的项目被称为"战略沟通"和"战略性影响"。

美国在"9·11"之后展开了大范围的讨论活动，参与讨论的不仅有政界人士、相关领域的专家学者，还包括广大普通民众。大家的疑问就是美国国家形象的真实情况是怎样的？关于国家形象的塑造问题是否是过去一段时间美国外交工作的疏忽和漏洞？为了回答这些问题，也为了给这些问题找到解答和出路，美国开始了新一轮公共外交实践，目的就是顺利度过美国形象危机，赢得新时期宣传战的胜利，重塑美国的正面形象。

民意调查显示，这一时期美国在世界民众眼中的形象并不乐观，归纳为几个关键词，如：傲慢、霸道、自我、虚伪、封闭等。美国政府已经意识到自身的国家形象危机是全球范围内的，需要重振公共外交来投入到这场没有硝烟的战争中，目标就是重新赢得他国民众的支持和信任。美国国务院专门成立"公共关系办公室"，宗旨就是要加强对外宣传、提升美国形象。2002年，美国又成立的"全球交流办公室"，任务就是要在世界范围内改善美国的国家形象，要影响和引导全世界，特别是穆斯林世界民众对于美国的印象和定义，开展一切有关赢得人心和思想的公共外交工作。

恐怖袭击之后第二年，美国颁布并通过了《自由促进法案》，从立法层面上加强公共外交，大力修复美国破损的国际形象。法案规定了美国国际广播局参与到国务院对外政策的制度，联邦政府的各个部门都要协调配合美国的公共外交战略，并提供相应资源。2004年，美国又通过了《情报改革与防止恐怖主义法案》，法案中将公共外交与国土防御并列成为赢得反恐战争胜利的重要手段，将利用公共外交改善国家形象定义为长期的战略性行动。

美国传媒机构也纷纷利用自己的资源和平台加大对外宣传的力度，《华盛顿邮报》《纽约时报》还有 CNN 等美国主流传统媒体也积极塑造美国正面国家形象。他们的记者深入到当地民众中进行采访，也邀请穆斯林国家的记者和活动家走进美国、了解美国。这些媒体还大力报道了美国对于国际社会的贡献，包括对印度洋海啸灾后援助工作、在非洲开展艾滋病防治工作、积极参与红十字会等国际组织项目等，一定程度上起到了打破美国傲慢自大，自私伪善的负面形象的作用。

针对穆斯林国家，美国还将国际广播中的阿拉伯语板块独立出来，成立了专门针对穆斯林国家的阿拉伯语新闻广播机构；2003年又设立了专门播报阿拉伯语节目的萨瓦电台。电台将主要听众设定为青年一代，采取全天候24小时不间断的播报形式，内容涉及新闻、时尚、音乐等年轻人容易接受的主题。美国还成立自由电视台，播放更加直观生动的美国生活，传递美国文化，其中更拓展到了对美国饮食、美国体育赛事、美国娱乐新闻、美国流行音乐的介绍和宣传，力图以更加轻松的方式打造出全新的美国形象。此外，美国还扩大了与穆斯林世界的文化交流项目、青年访问机会、留学基金等。

总之，美国在战后一系列构建国家形象的实践中，公共外交发挥了举足轻重的功能。无论是冷战时期的意识形态斗争，还是"9·11"之后国家形象的修复和重建，公共外交作为灵活和巧妙的对外宣传手段帮助美国赢得了国际舆论的话语权。短期来看，公共外交有助于世界民众，特别是青年一代对美国的了解和认识；实际上公共外交的长期功能是将美国价值观和美国主义逐步深入到受众的内心，并引导其自发地建立起完整立体的美国印象。美国国家形象战略的根本目标是赢得观念之战，赢得人心，从根本上确立美国的吸引力和美国外交活动的合法性，利用精神、信仰和文化力量来同化他国，建立认同，保持美国在国际社会长久的主导性优势。

第二节　美国国家形象塑造的启示

应该客观评估美国大力推进公共外交，促进国家形象塑造的努力，在一定程度上增加了世界其他国家民众对于美国的了解和理解，甚至出现了有些国家民众对美国的了解胜过美国民众自身的情况。梳理和分析美国的国家形象塑造，目的是为刚刚起步的中国公共外交以及新时期形象战略提供一面镜子，为我们树立负责任、受尊重大国的国家形象提供有益的参考和启示。

美国的国家形象建设以及后来的国家形象重塑取得了相当的效果。国际广播电台使得世界上其他地方的人民了解了美国人民的真实生活，特别是了解到在美国生活的穆斯林群体的生活状态。形式多样的文化交流项目、青年学者项目，比如"富布莱特项目"为学生和学者们近距离认知美国提供了机会，参与这些项目的个人都在相应的领域增加了对美国的认同和好感。美国通过传统媒体平台、互联网、电子产品的输出，虽然没有彻底改变阿拉伯世界民众对美国的敌视情绪，但是其中涉及音乐、体育、娱乐、影视等方面的内容还是深深吸引了青年一代，相当数量的年轻人乐于接受美式的价值观和人生观，这一点的意义和影响都是极其深远的。

当然，美国在推行公共外交树立国家形象的过程中，也存在一些不尽如人意的方面，或许正是这些因素导致国家形象工程并未达到预期的目标。其一，美国民众预设了一个前提，那就是如果全世界人民都普遍认可自由、民主、和平等普世价值，那么他们就会接受并理解美国，然而事实并非如此。给他国民众留下最直接印象的并非美国的价值观和社会制度，而是美国的对外政策，美国在国际上的行事风格经常会招致其他国家的反感甚至憎恶。因此，只宣传价值观，不反思其基本外交政策，很难改变其糟糕的国家形象。

拉米斯·安东尼（Lamis Andoni）在 2002 年撰写的一篇文章中尖锐地指出，美国在阿拉伯世界形象的日益恶化主要是由于美国在该地区执行的政策。如果美国不能改变这些做法，那么任何"改善美国形象"的公共外交行动都不会抹去美国在阿拉伯世界中的形象，反美主义也将愈演愈烈。[①] 其二，美国在推行公共外交塑造国家形象时，带有强烈的单方面的输出民主的意愿，这种一厢情愿式的"救世主"姿态并不会得到所有人的欢迎。美国从建立之初起，就带有强烈的制度优越感，将自己设定为山巅之城，具有将先进价值观和社会制度引入落后世界的天定责任。但是在操作中，美国由于过于迷恋自我而忽略了与对方国家的沟通，居高临下的态度使受众国家产生误解甚至抵触情绪就很自然了。

纵观美国构建国家形象的努力，我们可以看到其中的成功之处与不足之处，这些对于同样在世界上扮演重要角色的中国来说具有十分重要的借鉴意义。特别是我国的公共外交事业仍处于积累经验的发展阶段，有必要借鉴美国利用公共外交塑造国家形象过程中的经验和教训，并从中得到某些启示：

第一，强大的国家实力是国家形象的基石。这一点在冷战时期和"9·11"恐怖袭击之后，美国成功应对国家形象危机时表现得非常明显。仔细观察美国的价值观输出，里面绝不仅仅是单纯的道德说教和理论布道，其中夹杂的对于美国普通民众生活状态的描述才是最有说服力和吸引力的。美国在其对外宣传中，特别是其影视作品所展示出的高度发展的生产力水平，高水平的物质生活条件，以及健全的社会制度都对世界其他国家，特别是青年一代产生了不小的吸引力。国家的富强是其国家形象最有力的注释，许多参与过文化交流项目的人们都会对美国的发达留下深刻印象，加之"美国梦"的号召，丰富的财富和机会的诱惑，使得美国成为许多人，特别是青年人心目中的天堂。大量合法的、非法的移民源源不断涌入美国正是美国吸引力的直接反映。清楚这一点对于中国来说很重要，因为国家形象从根本上说还是国内情况在国际社会中的映射。当前我国还是处于社会主义初级阶段的发展中国家，我们关注国家形象的根本立足点还是要解决好国内问题，发展好国家的生产力，壮大国家实力。强大的国力不仅是增加宣传说服力和吸引力的关键因素，还

---

① Lamis Andon. "Deeds speak louder than words," *The Washington Quarterly*, 25, 2, Spring 2002. pp.85-100.

可以为国家推进公共外交、塑造国家形象提供坚实的物质基础。中国一直致力于树立自己"富强、民主、文明、和谐"的大国形象，国富民强才能更好地服务于国家品牌的塑造。

第二，国家形象塑造是赢得人心的战争，绝不是单方面的海外政治宣传。影响美国对外宣传效果的一个主要原因在于美国单方面的强势输出。美国在强烈优越感和责任感的驱动下，迫切地希望将自己的价值观推广到全世界，却忽略了这些不同民族种族的受众并非具有相同的价值、文化、历史背景。对外宣传本国理念的过程中，要考虑到当地民众的历史文化背景，还要考虑到他国在国际事务中的基本立场和观点，特别是要综合考虑该国实际的社会发展水平等具体国情。美国单方面强势输入很容易将民众的注意力从其试图说明的国家形象，转移到其居高临下的傲慢外交风格方面，这一点使美国公共外交效果事与愿违，甚至引发抵触情绪的一个重要方面。以此为戒，中国在阐释和宣传本国形象的时候，务必要综合评估双方在政治、文化、经济、制度、宗教等方面的差异和分歧，保持双方沟通平台的畅通和平衡，尽力保证信息的准确传递。为了使中国形象更容易被他者所接受，方式需要"润物细无声"般巧妙，保持真诚平等的交流态度，调查研究并采取容易被当地民众接受的方式展开工作。概括来说，就是既发挥大国外交的资源优势，又要避免陷入由于对大国身份迷恋而产生的国家形象困境。

第三，需要认识到国家形象的塑造是一个长期的战略，克服急躁冒进的功利性思想和行为。美国在冷战之后一度忽视了公共外交对于国家形象的提升和维持作用，直至"9·11"恐怖袭击之后方才猛然意识到已经深陷国家形象的危机之中。这种轻视国家形象、轻视公共外交的短视行为使其付出了沉重的代价，给国家安全带来威胁，也为之后的国家形象重塑设置了阻碍。反思美国的历史，我们应该清醒地意识到，任何时候都不能沉溺于国际地位的上升或者国家影响力的扩大，傲慢和自大将严重并深远地给国家形象带来侵害。相反地，中国应该将在国家形象方面取得的成绩看作是更大责任感和使命感，看成是树立国际威望和国家威信长期过程中的一个环节而已。以美为鉴，我们可以发现，国家形象的塑造在短期范围内很难得到准确的评估。然而这项工作的效果确实深远，对国家外交实践的影响也是深刻的。中国要坚持一个连贯的国家形象塑造战略，潜移默化地提高本国的吸引力、辐射力、向心力，加大对精神产品的投入，增强国家间的文化纽带。最后，公共外交也应该被定义为构建国家形象的一个有效手段，而不是应对国家形象危机或者公关危机的功利性灭火器。

第四，充分利用高科技资源，特别是互联网建构现代国家形象。这方面应该是美国取得预期形象的一个成功要素，美国充分调动了自己高科技资源，利用科技方面的优势保证了其宣传渠道的有效性。从冷战时期的无线电国际广播电台，到现在的互联网，高科技优势给美国的国际形象工程和公共外交实践提供了极大的便利。最突出的表现为美国建立起来世界上最为发达、覆盖面最广的传媒体系，这是传统媒介平台和高科技相结合的产物。对舆论的掌控成就了美国的冷战胜利，也在"9·11"之后为美国赢得了更多的理解和同情。中国也应该借鉴美国的成功经验，特别是近几年中国的互联网发展迅猛，已经成为世界第二大网络大国。然而网络大国不等于网络强国，如何将规模优势转变为实力优势，更好地为打造国家形象服务才是我们亟需考虑的议题。目前，互联网打破了原来国别地域的限制，将世界各地的人民高效、直接地联系到了一起，点对点交流对公共外交塑造国家形象的方式提出了新的要求。中国应该在已有的网络硬件资源基础上，充分发掘互联网的无限潜力，抓住这一有力武器，乘势追击。中国可以向全世界展示最为真实客观的国家形象，可以通过互联网的信息传播渠道直接与受众建立交互性的联系，也可以将更为准确的信息直接传达给每一位民众。总之，我们需要重视信息全球化对于构建国家形象的重要价值，充分利用互联网这一媒介开展全球性的国家形象塑造战略。

小结

总之，无论是冷战时期意识形态竞争，还是"9·11"之后国家形象的修复和重建，二战后美国在塑造国家形象的实践中，公共外交发挥了举足轻重的功能。纵观美国构建国家形象的努力，我们可以看到其中的成功之处与不足之处，这些对中国来说具有十分重要的借鉴意义：第一，强大的国家实力是国家形象的基石。中国在未来的国家形象塑造中应加强现代化建设，提高国家综合实力；第二，国家形象塑造是赢得人心的战争，绝不是单方面的海外政治宣传。中国在未来的国家形象塑造中应在平等基础上加强信息传播和相互沟通；第三，国家形象的塑造是一个长期的战略，中国应克服急躁冒进的功利性思想和行为；第四，中国应充分利用高科技资源，特别是互联网来建构现代国家形象。

第七章　二战后德国国家形象塑造的历程与经验

2015 年是全球纪念反法西斯战争胜利 70 周年，也是二战后德国努力重塑国际形象的第 70 个年头。二战时德国法西斯的种种劣行使其国家形象蒙受巨大损失，战后其反思和形象重建之路艰难复杂并且屡经波折，但德国的反思是彻底的，现今的德国不仅在欧盟有着良好的国家形象，更是在世界范围内享受着赞誉。德国二战后国家形象的重塑之路尤其值得总结。

第一节　二战后德国国家形象塑造的历程

在公众的心中，国家形象往往是由一些具有标志性、象征性、代表性等重大意义的人物或事件构成的，这些人物和事件不论在群众关注度还是舆论导向方面都有着重要的作用和意义。1945 年 5 月纳粹德国战败，被美英法苏四大同盟国分区占领，德国东西部分裂，东德自视为反法西斯国家，并与纳粹彻底撇清关系。因此我们所说的战后德国形象塑造问题也就是联邦德国（即 1949—1989 年的西德与 1990 年后的统一德国）反思纳粹历史、重建国家形象的过程。

一、阿登纳保守执政，纳粹形象持续

20 世纪 50 年代至 60 年代中期，刚经历二战的德国呈现满目疮痍的景象。纳粹头目在纽伦堡受到举世瞩目的审判，纳粹官员也被驱逐出政府机关，美军在美占区对普通民众实行了"非纳粹化"措施，但由于德国民众的抵触情绪使得美国不得不将"非纳粹化"工作的开展交由德国地方法院，而地方法

院敷衍了事，并没有给纳粹分子以相应的惩罚，因此这一运动也不了了之。

时任西德总理阿登纳属保守派人物，虽然自己也曾受过纳粹迫害，他主张与西方交战国和解，并对犹太人进行了赔偿。但与这些和解、交好行为相比，阿登纳更看重如何建国，尽快从战胜国手中获得国家主权，因此，他启用了大批纳粹时期获罪的文武官员，大批纳粹头目因此逃脱了应有的惩罚。阿登纳总理任用格罗布克担任总理府的国务秘书，而此人便是当年参与起草和发动战争、起草主张迫害犹太人的《纽伦堡法》的主要负责人。阿登纳启用罪犯代表的这一现象被人们称为"格罗布克现象"，东德认为"纳粹主义"在西德复辟，德国国家形象的建立陷入低谷。[①]

二、学生运动反纳粹，勃兰特总理一跪泯恩仇

然而 20 世纪 60 年代中期至 70 年代是德国国家形象建设的转折和突破阶段，思想先进的年轻人成为了推动反纳粹势力的"先锋队"，学生运动的目标是反对美国的侵略战争和德国残余纳粹势力、保守势力，已达到清算历史、维护国家正义形象的目的。1968 年 11 月，女记者克拉斯菲尔德在大庭广众之下给了原纳粹党员与高级官员、西德总理基辛格一记耳光，以反对德国不彻底根除纳粹火种、不对犯下罪行的人处以惩罚的行为。[②] 这一举动在当时引起了巨大的轰动，可以说克拉斯菲尔德的"耳光"是千千万万青年和那个时代进步的代表。学生运动推动社会民主党联合自由民主党上台执政，而时任社会民主党主席，同样也是当年的反法西斯战士勃兰特总理的上任便是这一运动的高潮。

1970 年 12 月 7 日，联邦德国总理维利·勃兰特在华沙犹太人死难者纪念碑下，献上花圈后，突然下跪，向二战中被纳粹党无辜杀害的犹太人表示沉痛哀悼，并虔诚地为纳粹时代的德国认罪、赎罪。他伟大的举动震动了世界。1971 年，勃兰特被授予诺贝尔和平奖。勃兰特一跪使得世界舆论大幅度扭转了对德国的看法，其随后的一系列和平外交举动更是赢得世界的赞誉。

学生反思纳粹历史的运动也在此期间有过巨大轰动，甚至经历过极"左"的风潮。部分学生因为坚信"资本主义导致法西斯主义"，而组成了当时红极

---

① 相关研究参见：景德祥. 二战后德国反思纳粹历史的曲折过程 [J]. 学习月刊,2005,(7).
② 景德祥. 二战后德国反思纳粹历史的曲折过程 [J]. 学习月刊,2005,(7):32.

一时的"红军团"。"红军团"的聚集理念是以"暴力反思"推翻西德，然而以暴制暴的方式终究没有成功，此类偏激的斗争和反对方式使"红军团"最终走上了恐怖主义的歧途，同时遭到了施密特政府的强硬打压，并以失败告终。

三、科尔上台，保守派行为使德国形象再度踟蹰

在经过 20 世纪 60 年代之后的反思纳粹进程后，联邦德国在国家形象的建设上取得了重大突破，大部分德国人开始对纳粹的罪行有了正确的认识，并且真正为受害者的命运而悲伤，为战争的发动而遗憾。但是随着 1982 年以科尔为首的保守派再次上台，宣布要实现"政治与道德上的转折"。① 这为给其他保守派分子重新评论德国历史提供了机会，使德国国家形象的塑造出现了波折。

1983 年 4 月 20 日，著名的《明星》杂志率先长篇连载《希特勒日记》，这使得保守派连连叫喜。希特勒作为二战纳粹元凶，其发动战争的想法和行为对大众来说本来就有重重疑惑，数量众多的日记的曝光，不出意外地引起了全社会的关注。由于日记中有很多记载与战时真实发生的事情背道而驰，因而这既是对当年罪行的解释和开脱，又形成了保守派利用其大做文章的好时机。英国报纸《星期日泰晤士报》花大价钱买下了《希特勒日记》的连载权，以传媒大亨默多克为代表的美国《新闻周刊》也对此表示极大的兴趣，据说还买下了《希特勒日记》的世界版权。默多克请英国著名历史学家特里沃·图帕鉴定日记的真伪，图帕声称日记样本为真，并表达了自己对这些日记的赞美。造假大师、古董商人肯拉德·库贾在自己开的纳粹纪念品专卖小店"珍藏"着这套赝品"日记"，被一个名叫杰丹·黑得曼的记者某一天"偶然发现"并公之于众。于是"日记"就在当时沸沸扬扬地传播开来，而传播的后果便是造成了希特勒罪恶的减轻和二战发动的美化。后来，经过记者们不断深入调查，《希特勒日记》造假的巨大丑闻终被揭发并传递开来，库贾经过 3 年伪造而成的赝品终于公诸于世。直到 2002 年 7 月 28 日，德国《明镜》周刊披露，愚弄了全世界的新闻记者杰丹·黑得曼竟然是二战后东、西德的

---

① 景德祥. 二战后德国反思纳粹历史的曲折过程 [J]. 学习月刊,2005,(7):33.

双重间谍。《希特勒日记》事件虽不了了之，但是当时保守派暴露出的篡改历史的野心却是真实的。

每年的 5 月 8 日是德国受降纪念日，1985 年，暨世界反法西斯战争胜利 40 周年，联邦德国反思纳粹的活动到达了一个高潮，但是反思结果却与预期结果相反。德国有声音强调，5 月 8 日虽是世界"胜利与解放的日子"，但对德国人来说是战败和灾难的日子，这激发了德国部分民众维护纳粹的热情。时任美国总统里根于 5 月初来西德，科尔安排了与里根同去吊唁彼特堡二战德国阵亡士兵墓地，然而媒体很快披露此墓地中仍然埋葬着几十个纳粹党核心组织。里根此行本意在促进两国人民的和解，但由此遭到了大批犹太人的反对和劝阻。最终，科尔坚持与里根前去，联邦德国与纳粹的关系在大众心里因此仍然藕断丝连，这为德国彻底摆脱纳粹历史困扰的道路蒙上一层阴影。

四、东西德国统一，深入反思纳粹历史

东西德国分裂 40 多年，于 1990 年 10 月统一。统一后的德国加强了对二战纳粹历史的批判和反思，不同的是，反思矛头由过去的政界重要人物、机构组织变成了普通人物和普通组织。之后的反思形式逐渐变得多样化，尤其是进入 21 世纪以来，影视媒体在反映真实情况、揭示历史真相、引导群众价值观等方面的作用越来越大。斯蒂芬·斯皮尔伯格于 1993 年导演的著名影片《辛德勒的名单》便是极具代表性的影视作品。影片再现了德国企业家奥斯卡·辛德勒和夫人艾米莉·辛德勒在二战期间倾家荡产保护了 1200 余名犹太人免遭法西斯杀害的真实历史事件，影片的播出在德国引起巨大反响。该片剧情真实、引人思考，因此获得了第 66 届奥斯卡金像奖最佳影片以及其他大大小小的各类奖项。德国政府组织中小学生集体观看并举行讨论。影片能够直观、生动地演绎战争景象，更容易被年轻一代接受，对于反法西斯精神的传播有极大推动作用。在国际上享有盛誉的德国影片大部分是以二战为背景或素材的。

1999 年 6 月 25 日，德国联邦众议院通过层层决议，决定在柏林建造二战英雄纪念碑，以纪念在二战中遭遇大屠杀去世的六百多万名犹太人。众议院采用了美国建筑师埃森曼的碑林设计。碑林面积约为 150 平方米，由 2711 个高低不等的石碑组成，低者有 30 厘米，高至 5 米，碑林的位置处于波茨

坦广场，位于柏林市中心。二战英雄纪念碑林于 2005 年 5 月 10 日正式揭幕，出席揭幕式的有德国总统克勒、总理施罗德等政要，以及 1500 多名来自世界各地的大屠杀幸存代表。这一纪念碑的建造标志着联邦德国认识到德国必须坦白承认自己的历史，牢记所犯的罪行，但这并不意味着德国对纳粹历史的反省和清算的终结，而是为了警示民众、以史为鉴。

第二节　德国塑造国家形象的主要手段

在战后国家形象重塑的过程中，德国运用文化、经济、媒体、国际活动等多种手段建构、传播着德国在国际社会的新形象。

一、积极推动对外文化交流

德国政府高度重视对外宣传工作，德国政府以文化和教育为宣传主线，以公共外交和对外德语教学作为主要宣传内容，宣传面涉及德国政治、经济、文化、社会等各领域的发展现状和政策主张。德国在《德政府对外文化政策报告》中将对外文化交流和对外政治、经贸关系列为德对外政策的三大支柱。其总体目标是：增强德国文化和教育的国际地位，从而改善自身国际形象，促进欧洲一体化进程。通过积极开展各种"公共外交"行动，以达到意识形态的共识，发挥价值观预防冲突的作用，提高德国的"软实力"。

二战结束后，联邦德国确定了具体的对外文化交流计划和文化预算，政府靠控制基金、拨款和政策规定、对外交流协议来授权非官方或半官方机构独立操作对外文化交流事务。随着其经济开始复苏，1949 年在英占区开始酝酿恢复德国学术交流中心（DAAD）。在 20 世纪 50 年代，当时的西德政府相继支持恢复和建立了德国学术交流中心、洪堡基金会、歌德学院、德意志研究会（DFG）、国际交流中心、卡尔杜伊斯堡协会（CDG）等学术交流机构，以及一些亲党派的阿登纳、艾伯特、塞德尔基金会和一些教会的学术文化基金会。60 年代，德国经济得到一定发展，并希望在世界范围内尤其是亚非地区加强正面形象的宣传和树立。70—80 年代后，德国进一步加强国家形象建设，其中，1975 年，联邦议院对外文化政策委员会强调贯彻执行对外文化政策的重要性。此后的历届政府在发表施政纲领中都强调贯彻执行联邦议院这一政策的必要性和重要意义。这一时期扩展了文化的概念，涵盖了语言文化、教育科技、体育艺术、出版传媒、社会环境等各个方面。1990 年两德统一后，德国对外文化政策进行调整，将中东欧作为德对外文化政策的区域重点。① 2005 年，德国在对外文化宣传等相关方面的财政预算高达 10.9 亿欧元。其中，一半预算（5.46 亿欧元）归外交部支配，外交部支配的预算中 37.7%用于组织"德国文化年"和资助艺术、影视、图书出版、戏剧、音乐、体育、文物保护、宗教等领域的对外活动，32% 用于驻外德国学校运营，27% 用于支付 13 家下属文化机构开支。② 其实外交部直接主办的对外文化交流活动并不多，主要是通过众多的文化中介机构来落实有关项目。此外，德国政府将文化外宣渗透到对外经济交流中，积极参加并出资组织与德国经济界相关联的各类文化基金会的活动。

二、举办大型国际活动

大型国际活动涉及国家多，影响范围广，是塑造国家形象的良好机会。20 世纪 60 年代以后，德国选择奥运会作为提升国际形象的良好途径，于 1972 年举办了第 20 届慕尼黑夏季奥运会。慕尼黑奥运会是截至 1972 年规模最大的一届，参赛国家有 121 个，运动会各项数据都创新高。为兴办慕尼黑奥运会，联邦德国投资 6 亿美元，兴建了一个体育建筑群，包括一个可容纳 8 万观众的运动场、可容纳 1.5 万名运动员的奥运村、拥有 1 万座席的游泳馆和有 1.3 万座位的赛车场等等。③ 所有的设施先进且具现代化，如主体育场奥林匹克运动场别具一格，有一个半透明帐篷形顶棚，可使观众避免日晒雨淋。又如，一些场馆的顶棚可以升降，排球馆的原建高度为 10 米，而国际排联规定馆高不得低于 12.5 米，因此，慕尼黑奥运会的排球场馆可以通过方便地升高馆顶以达到国际要求，且在运动会后将其降到原高度。再如，记录径赛成绩使用的电子计时器精确度可达千分之一秒，且在几分钟内便可向观众公布成绩；记录田赛成绩的激光测距仪有"魔镜"之称，既精确、又快速，全程自动化，这是传统的皮尺无法比拟的。德国政府对慕尼黑奥运会的电视转播

① 相关研究参见：鲍超伏. 德国的对外文化政策 [J]. 德国研究，1998,(2).
② 窦小雯. 德国重塑国家形象的经验与启示 [J]. 对外传播 ,2008,(12):54.
③ 百度百科 .1972 年慕尼黑奥运会 .

也很重视，新闻中心一共有 3 台电子计算机，能同时提供 5 亿条资料，足以应对记者提出的各种各样的问题；此外，还设有 63 种不同键盘的打字机，供数千名记者使用；另有 12 台闭路电视机供记者观看各个现场比赛的实况；同时，在太平洋、大西洋上空还设置了 4 个卫星转播站，几十个国家可收到大会实况转播。[①] 总之，本届筹委会从场地设施到新闻传播等各方面精心安排、事无巨细，耗费了巨额资金和大量心血。用心付出的结果自然深入人心，德国对大型体育赛事的参与和举办既树立了国家形象，又赢得了丰厚的经济回报，可谓"名利双收"。

三、发展经济和对外贸易

二战之后，联邦德国在满目疮痍的废墟上，以一种令人惊异的方式东山再起，并成为世界主要经济大国，在世界舞台上发挥着日益重要的作用。联邦政府用新的标准和新的价值观来制定新的对外经济政策，联邦德国的政治家们认为："今天，经济力量的作用同昔日德国皇帝统治下的步兵部队的作用相当。""衡量一个国家在当今世界舞台上的力量和影响的尺度主要看他的经济实力，而不是军事力量。"德国出口约占国民生产总值的三分之一，是带动经济发展的主动力，进口额占国民生产总值的 30% 左右，德国的贸易额约占世界贸易的 10%，贸易盈余占国民生产总值的比重在 2%—6% 之间。德国在 20 世纪 50 年代和 60 年代因国内需求旺盛，资本输出相对缓慢；70 年代以后，资本输出明显加快。1973 年，马克终于取代了英镑，占据世界第二大储备货币的地位。目前世界金融储备中德国马克的比重已由 1980 年的 15% 上升到 19%，约为 2400 亿马克。1992 年，德国在国外的净资产已由 1989 年的 4270 亿马克增加到 5600 亿马克，是继日本（月 8620 亿马克）之后的世界第二大债权国。[②]

德国政府通过建立和发展广泛的对外经济贸易关系，在世界各地建立企业的桥头堡，能够获得过去通过军事侵略无法获得的"生存空间"，并有利于达到重大的外交目标。[③] 德国在对外贸易中充分发挥自己的优势，以其优质

---

① 百度百科 .1972 年慕尼黑奥运会 .
② 相关研究参见：孙晓青 . 德国的对外经济制度与政策调整趋向 [J]. 德国研究 ,1995,(3).
③ 孙晓青 . 德国的对外经济制度与政策调整趋向 [J]. 德国研究 ,1995,(3).

的产品和完善的售后服务及有效的出口战略，使其商品在国外市场占据着稳定的比重。1958 年，欧洲共同体条约生效以来，欧共体成员国逐步实现了关税同盟：它们之间的贸易免除一切关税和数量限制。1986 年，联邦德国总进口额的 52% 来自欧共体国家，德国向欧共体的出口额占其总出口额的 51%。联邦德国通过进口成为一些贸易伙伴经济发展的重要支柱。特别是一些不产石油的发展中国家从中受益，这些国家向联邦德国出口的成品数量在 20 世纪 80 年代有了大幅度增长。德国的社会市场经济制度下的对外经济制度和政策是德国维护其贸易大国与金融大国地位的重要前提。

四、完善对外传播媒介

德国不断完善其对外传播工作网络，通过图书、广播、电影、电视、报刊、互联网等途径塑造国家形象。德国在 2000 年对外广播语言数量已经达到 28 种，其中，影视传媒在大众宣传中起到巨大作用。德国故事片《铁皮鼓》以著名作家格拉斯的同名小说为脚本，讲述了奥斯卡三岁时目睹成年人世界的丑恶，决心拒绝长大，反抗父母、反抗纳粹等的个人反抗史，影片获得第 52 届奥斯卡金像奖最佳外语片；故事片《情陷非洲》根据斯蒂芬妮·兹威格的畅销自传体小说改编，讲述了一家人在二战期间为躲避纳粹对犹太人的迫害而逃到非洲的故事，通过主人公的体验和记忆来引发观众的共鸣，影片收到强烈反响，获第 75 届奥斯卡最佳外语奖提名；2004 年，德国电影节推出故事片《灭亡》，再现了希特勒末日，引起巨大轰动。20 世纪 90 年代中期后，德国国家电视台二台播出了一系列二战题材的纪录片，引起国内外巨大轰动。德国也注重培育强势媒体，德国之声是德国唯一一家由政府资助的外宣机构，是德国向外传递国家声音、对外构建国家良好形象的主渠道之一。德国之声的业务除了传统广播外，也发展电视和网络事业，针对国际时局的变化和需要，以多方位、多层次、多角度的视角进行针对性的传播和干预。[①]

在宣传组织机构的设立方面，德国有 226 个驻外使领馆、117 所驻外德国学校、14 所德国学术交流中心，此外，德国政府出资赞助了 180 家外国文化协会和 12 家各类研究所，以上这些机构和组织组成了德国覆盖全球的外

---

① 胡鞍钢，张晓群. 中国传媒迅速崛起的实证分析 [J]. 战略与管理 ,2004,(3).

宣网络。德国外宣经费在世界各地区之间的分配比例为：原有的欧盟 15 国 24.9%，新欧盟成员国 8.3%，拉丁美洲 15.6%，亚洲 14.4%，东欧 7.7%，中东 7.3%。[①] 大范围宣传机构的设立是德国吸引世界眼光、塑造自身形象、传播本国价值观的高规格平台，这有助于其在欧洲一体化进程中发挥重要作用，并在世界舞台上体现巨大价值。

第三节　德国国家形象塑造的经验

纵观德国国家形象塑造的过程，我们从中发现了其优点和不足之处。我国也处于塑造国家形象的关键阶段，德国国家形象塑造的经验对我国也有着重要的借鉴意义。

一、德国官方对战争罪责坚持坦诚、客观立场

德国官方在战争罪责问题上始终坚持坦诚接受、自觉反省、全面客观不回避的原则，既避免了刻意而为的政治宣传色彩，又提高其话语的可信度，这为德国融入国际社会、增强其话语权、在世界范围内争取人心、扩大自身影响力、在国际舞台发挥更大作用创造了条件。德国的历任总统和总理都曾代表德国人民对二战进行了反思、道歉和忏悔，德国总统霍斯特·克特在纪念第二次世界大战欧洲战场结束 60 周年时讲到："回首德国发动的第二次世界大战，我们德国人感觉恐惧，也感觉羞愧。对于这所有的苦难和造成这些苦难的原因，我们有责任保持清醒的记忆，我们有责任防止历史重演，历史不能就此一笔勾销。"

二、德国政府制定长期对外传播战略

长期有效、切实可行、适应当下国际环境的对外传播战略是国家形象塑造工作的根本和总纲。"工欲善其事，必先利其器"，对外传播战略便是国家形象塑造之"器"。德国政府高度重视这一长期战略的制定，以文化和教育为入手点，将"公共外交"、对外文化交流和德语教学三大主要内容作为对

---

① 窦小雯. 德国重塑国家形象的经验与启示 [J]. 对外传播 ,2008,(12):54-55.

外传播的窗口和平台，将德国在政治、外交、经济、社会等各领域的政策主张、态度取向及发展现状在无形中进行输出。德国在语言教学外宣方面最大的亮点可以说是歌德学院，学院在国外举办系列的德语教学班，其运营依靠接受捐赠和收取学费，其中一半学院实现了自负盈亏。又如德国推进本国学生"走出去"，并吸引高素质人才赴德研究。通过各种方式以增强德国文化和教育的国际地位，改善自身的国际形象，为德国赢得合作伙伴，提高德国的"软实力"。因此，这一战略体系的构建和总目标的确定是德国形象塑造得以稳步提升的保障。德国一直在对外传播的财政投入方面保持较高的水准，即使在财政总体情况较为恶劣的 10 年前，也没有放松在这方面的投入。另外，德国不断完善其对外传播工作网络，根据实时的外交和经贸战略需要，不断调整工作的优先次序。欧盟是德国对外传播投入的重点，随着亚洲经济快速发展，德国对亚洲的外宣投入比例逐年增加；中东地区的稳定对德国和欧洲安全重要性的上升，也使德国提高了对中东地区的外宣投入。

三、经济建设的"硬手段"和文化建设的"软手段"齐头并进

大力发展经济、提高国民经济收入、增加国家经济总产值是提升一个国家国际地位和国际形象的决定因素。德国二战后的经济发展迅猛，且形成了适合本国发展的独特的经济发展方式。德国原料少而人口稠密，它通过提升工业科技水平、国民教育水平和生产效率，使其在工业生产方面达到高效率、高技术含量、高产值。在对外贸易方面，德国充分发挥自己的优势，以出口汽车、各种机器、化工产品和其优质的售后服务为主，使其完全有能力支付进口食品、原料、能源和其他工业品所需的费用。在出口战略方面，德国的商品在国外长期占据稳定的比重，其中，欧共体占据德国出口总额的 50% 以上，并长期居于稳定，德国最大的贸易伙伴是法国和荷兰。

当今时代，文化在民族凝聚力和创造力的提升方面起着越来越重要的作用，同时也是综合国力竞争的重要因素。德国通过重振各类学术交流中心和文化基金会，重启了文化的宣传工作，将对外文化政策列为"国际社会政策"，在语言文化、教育科技、体育艺术、出版传媒以及社会环境等各个方面进行文化建设。此外，德国在经济发展的不同阶段适时调整适合国情和经济发展的文化政策，并在后期将文化建设上升为国家现代外交政策的三大支柱之一。

而德国现已成为世界上国际形象首屈一指的国家，这与之加强经济建设和文化建设的行动是密不可分的。

四、积极参与和举办大型国际活动

大型国际活动涉及国家多、影响范围广，是塑造和提升国家国际形象的重要途径之一。大型国际活动的举办和参与有助于树立国家良好的传播意识，而把握传播的主动权、掌握传播技巧则是提升本国国际形象的重要方式。1972 年的慕尼黑奥运会是德国在二战后提升国家形象的重大举措。德国抓住此次奥运会的契机，投入巨大财力、物力，旨在将其举办成为截至 1972 年规模最大、影响力最大的奥运会。联邦德国投资 6 亿美元，兴建了一系列现代化、设施先进的体育建筑群，引入先进的赛事辅助设备。宣传和赛事转播工作更是被德国政府列为重中之重，庞大的信息宣传体系、周全的信息覆盖面、完备的信息交流平台使这届奥运会在传播方面达到了史无前例的广泛。德国对大型体育赛事的参与和举办既树立了国家形象，又赢得了丰厚的经济回报，可谓"名利双收"。

小结

二战后，德国的国家形象重塑虽历经波折，但取得举世认可的成就。在此过程中，德国运用对外文化交流、经济与贸易、对外传播、国际活动等多种手段塑造自身在国际社会的新形象。德国留给世界关于国家形象塑造的宝贵经验在于：第一是正视历史，反思错误，勇担责任；第二是制定长期对外传播战略；第三是提高包含硬实力和软实力在内的国家综合实力；第四是参与和举办国际大型活动是塑造和提升国家形象的有效手段。

第八章　冷战后俄罗斯国家形象塑造的
历程与经验

冷战后，俄罗斯基于环境的分析、国家利益的判断以及传统战略文化的影响，开始了艰难的复兴和国家形象重塑之路。作为新兴经济体和传统世界大国，俄罗斯的国家形象塑造经验教训对背景相似的中国极具启示。

第一节　俄罗斯国家形象塑造的历程

冷战后，无论是叶利钦时期，还是普京时期，俄罗斯联邦都面临着获得国际认同，塑造俄罗斯国家形象的重要任务。在冷战后的 20 多年时间里，由于内外环境的变化，俄罗斯国家形象的塑造经历了起步、强化和改善三个阶段。

一、国家形象塑造的起步（1991——1999 年）

1. 倒向西方，树立"伙伴"和"好孩子"的形象。

1991 年苏联解体，俄罗斯联邦成为其继承者。20 世纪 90 年代上半期俄罗斯与西方经历了一段短暂的"蜜月期"，俄罗斯在国际上的国家形象是"伙伴"和"好孩子"①。苏联解体后，俄罗斯决策者认为，只有西方资本主义道路才能助其走向繁荣、富强的"正途"，因此选择倾西方道路。叶利钦表示俄罗

---

① 叶利钦时期的外交部部长因推行亲西方的价值观，采取"一边倒"政策，而被西方媒体称为"好孩子"。

斯已经做出决定，选择将不再走共产主义和社会主义道路，而是跟随美国和其他西方文明国家步伐。[①]1992 年 6 月叶利钦在访美时指出，民主道路是世界稳定的重要因素，俄罗斯做出准备与美国等其他民主国家一道采取行动的决定，其目标是使自由民主价值观在全世界成为现实。[②]1993 年 4 月俄通过《俄罗斯联邦外交政策构想》，为"亲西方"政策提供理论基础。《构想》指出，未来世界文明进步的动力来源于西方国家，俄罗斯与其在处理全球主要问题上具有共同利益，对世界文明主要价值具有共同理解。俄罗斯在"亲西方"上采取的具体政策表现为：第一，改革政体，激进民主派建立行政、司法和立法三权分立的政权模式。第二，在经济方面，推行激进的"休克疗法"改革。即依靠价格自由化、国有资产私有化、宏观经济形势稳定化三大支柱进行经济改革，以国家全面退出干预经济为前提，同时引进机制使资源得以重新配置和调节。但该方案以失败告终，国内生产大幅下降，物价猛涨，也反过来促使俄国向美国等西方国家寻求经济援助。第三，转变自我定位，尽快融入西方世界。此时俄罗斯摒弃成为世界超级大国地位的思想，将自身定位为国际社会主义主要国家之一，企图与西方发达国家建立平等的伙伴关系。俄罗斯外长曾指出，俄罗斯外交政策的目标是，在遵循共同民主价值观的基础上同西方国家建立伙伴和盟友关系。第四，在外交方面，加强与西方国家互动。1992 年初叶利钦开始实施俄罗斯回归欧洲战略，对欧洲等主要西方国家进行了旋风式访问，并参考西方政治、经济、安全等领域政策。尤其在国际安全方面，为迎合美国在核裁军问题上做出巨大让步，签署了苏美《削减和限制进攻性战略武器条约》(《第一阶段削减战略武器条约》)、《关于削减战略武器的谅解协议》等。第五，允许美国介入独联体事务。1991 年 12 月 8 日，在俄罗斯、乌克兰、白俄罗斯 3 国签订成立"独立国家联合体"协议后，叶利钦迫不及待地电话告知美国总统布什，并事后与其再次通话，就变化的苏联政治形势听取美方意见；1991 年 12 月 21 日，独联体国家领导人会

---

① V.Zhuikin. *Between the Past and the Future*：*Russian in the Transatlantic Context*(Moscow, 2001),pp.136.

② 陈宪良、张梅."一边倒"外交时期俄罗斯的国家利益观评析 [J].东北亚论坛,2012,(4):98-107.

晤后，俄外长主动致电美国国务卿，向其详细介绍阿拉木图会晤结果。[①] 但从 20 世纪 90 年代下半期开始，俄罗斯面临国内外双重压力：激进的"休克疗法"给国内政局带来动荡，北约东扩、科索沃战争挤压着俄罗斯地缘空间，造成俄外部局势紧张，国家形象严重受损。正如美国前安全事务助理布热津斯基曾对俄罗斯的评价，从美国角度看，俄国过于虚弱不具备成为美国伙伴的资格。[②] 为重塑俄罗斯的国家形象，推动新成立的俄罗斯发展，俄罗斯政府开展了一系列措施。

2. 大力发展媒体产业，搭建传播平台。

西方媒体在车臣问题上的非客观性报道严重损害了俄罗斯国家形象，给该问题解决带来干扰和阻力。为此，叶利钦在 1995 年 2 月 16 日的题目为《关于俄罗斯国家政权的有效性》的讲话中，首次提出了媒体与国家政权的关系。[③] 实际上，俄在成立初期已开始重视本土媒体发展，自 20 世纪 90 年代初期起一系列媒体雨后春笋般地出现。主要有两类媒体：一类是电视和广播媒体。莫斯科回声广播电台于 1990 年开播；1990 年 12 月 10 日俄罗斯广播电台首次播音；1991 年 5 月俄罗斯国家电视台成立，成为俄收视率最高、最具有影响力的电视频道之一；1992 年成立俄通社——塔斯社；1993 年俄罗斯独立电视台开始运营；1993 年 "俄罗斯之声" 广播电台成立；1995 年 4 月俄罗斯第一大公共电视机构俄罗斯公共电视台成立（2002 年改名为俄罗斯第一频道电视台）。另一类是报刊等纸质媒体。1991 年《俄罗斯独立报》创刊，1992 年《莫斯科时报》创刊，1993 年《俄罗斯新报》创刊，1996 年俄罗斯最大的媒体集团之一的 "独立媒体" 创办了《圣彼得堡时报》；1999 年 1 月 21 日，《俄罗斯真理报》被其有限公司接手。

3. 政府重视国家形象，积极发挥外交部门职能。

1999 年，面对包括英美人士在内的跨国调查组对俄罗斯人通过美国银行"洗钱"的质疑和控诉，路透社在一篇题目为《叶利钦让伊万诺夫保护俄罗斯

---

① 陈宪良、张梅. "一边倒" 外交时期俄罗斯的国家利益观评析 [J]. 东北亚论坛, 2012,(4):98-107.

② [美] 兹比格纽·布热津斯基著. 大棋局 [M]. 中国国际问题研究所译, 上海：上海人民出版社, 1998.154.

③ 廉晓敏. 俄罗斯国家形象的构建——理论与实践研究 [D]. 博士学位论文, 上海外国语大学, 2010.

的形象》的报道中引用俄罗斯媒体塔斯社报道为来源。报道中指出，据俄方媒体称，俄总统叶利钦命令外交部长伊万诺夫，努力避免遭受"洗钱"的指控，以防损害国家形象。叶利钦还要求其在即将召开的联合国大会上，向世界介绍俄罗斯正在发生的事情，避免给俄罗斯和其他国家的关系带来阴影。[①] 1999 年，为改善俄罗斯国家形象，提升俄罗斯国际威望，俄罗斯政府出台了《外交部关于发展俄罗斯与外国文化联系的基本方针》。[②]

经过八年努力，叶利钦领导下的俄罗斯顶住了国内外压力，国家形象塑造基本完成起步，展现了国家的巨大潜力，这也为下一阶段国家形象的强化奠定了基础。

二、国家形象塑造的强化（2000——2008 年）

2000 年 3 月普京接替叶利钦，正式成为俄总统，俄罗斯进入"普京时代"。

就在 1999 年 8 月叶利钦提名普京为总理候选人时，普京在国际政坛还是个名不见经传的人物，不仅国际社会不知道普京是何许人也，就是俄罗斯国内大部分民众也对他缺乏了解。谁也不会想到，之后的十几年，普京会成为国际政坛一颗冉冉升起的耀眼明星，甚至会有人将他与彼得大帝并列。

1、重整俄罗斯实力和国际影响，维护俄罗斯特色和利益。

从叶利钦手中接过的俄罗斯已不复从前，不仅经济连续多年持续下滑，而且国际地位和声望也已一落千丈。对此，在《千年之交的俄罗斯》中普京指出：首先，俄罗斯不在当代世界经济和社会发展高水平的领先国家行列内；其次，存在十分复杂的经济和社会问题亟待我们解决。20 世纪 90 年代我国国内生产总值几乎下降了 50%，按国内生产总值计算，我国的国内生产总值仅相当于美国的十分之一、中国的五分之一。1998 年危机之后，我国的人均国内生产总值降至 3500 美元，这还不及"七大国"的平均水平的五分之一。[③] 为此，普京在政治、经济方面进行改革。尤其在经济领域，严厉打击寡头经

---

① 廉晓敏 . 俄罗斯国家形象的构建——理论与实践研究 [D]. 博士学位论文 , 上海外国语大学 ,2010.

② 申丽 . 论俄罗斯公共外交对国家形象的塑造 [D]. 硕士学位论文 , 河北师范大学 ,2012.

③ [俄罗斯] 普京著 . 普京文集——文章和讲话选集 [M]. 王洛林等译 , 北京：中国社会科学院出版社，2002.2-16.

济，减弱其对政治的干预，使重要经济战略资金和媒体资源掌握在国家手中。对外采取多种手段坚决维护俄罗斯国家利益和国家形象。

语言是一个民族的精神记忆，包含着民族重要的文化信息，是一种能体现历史文化积淀过程的符号。[①] 随着自身国力增强，俄开始恢复俄语的影响力，维护俄罗斯特色和利益，强化在独联体地区控制力。自普京上任后，积极调整对外政策，将提升俄语的世界地位作为一项重要工作，开始着手制定对外语言推广工作，范围遍及独联体、波罗的海国家，以及全球范围内的其他国家和地区。对于俄语的重要地位，在 2001 年批准的《外交部关于发展俄罗斯与外国文化联系的基本方针》中指出，巩固俄语地位、增加其在国际交往中的使用，使其在俄罗斯的文化外交中发挥独特作用；俄语仍应作为其他民族认识和了解俄罗斯文化的最重要的工具和树立俄罗斯积极正面的国际形象的关键因素。为此，俄联邦政府于 2001 年 6 月 27 日发布 483 号文件批准通过了《俄联邦 2002—2005 年俄语专项纲要》，并在该《纲要》中提出联邦预算拨款为 1.6518 亿卢布。[②] 2005 年俄罗斯国家杜马颁布《俄罗斯联邦国家语言法》，以法律文件形式确立了俄语作为俄罗斯联邦的国家语言。[③]

2. 实施重塑国家形象战略，发挥外交部门职能。

普京上台后，急需改变俄罗斯侵略扩张的负面形象，首次将重新塑造国家形象上升到战略层面。2001 年，由总统办公厅牵头、财政部拨款、通信和新闻出版部门制定的联合战略开始实施。[④] 该计划吸纳来自艺术、科技、文化等多领域的专家，通过开展各种宣传和公共活动以消除外界对俄罗斯的误解，树立良好的国家形象。

在 2000 年的《国情咨文》中，普京提出要注重本国声誉，并号召外交部要在改善本国形象上发挥职能。他强调："外交活动的一个重要方面是帮助人们客观地了解俄罗斯，准确地报道我国发生的事件。如今这是一个关系到我

---

① 秦亚青. 文化与国际社会：建构主义国际关系理论研究 [M].北京：世界知识出版社，2006.12.

② 刘敬敬. 俄罗斯文化外交战略中的俄语境外推广政策研究 [D]. 硕士学位论文，兰州大学，2012.

③ 潘海英、戴慧. 全球化趋势下俄罗斯语言政策的调整及动因 [J]. 东北师范大学学报（哲学社会科学版），2013,(6):156-160.

④ 许华. 当今俄罗斯的国家形象问题 [J]. 俄罗斯中亚东欧研究，2008,(2):9-16.

国声誉和国家安全的问题。"① 同时,塑造俄罗斯的正面形象成为外交任务被写入 2000 年版《俄联邦对外政策构想》。② 在 2001 年 1 月 26 日的讲话中,普京指出:"需要利用所有可能的杠杆:在大众传媒上发表演说,扩大社会组织方面的接触,宣传我国文化科学成就,我们的外交机构应该研究社会情绪,主动提出建议和进行协调。外交部的工作人员有义务在国内和国外解释俄罗斯对所有出现的问题的立场。"③ 为消除历史恩怨、重塑国家形象,2006 年 3 月俄罗斯总统展开了 13 年来首次对东欧国家匈牙利和捷克的访问。在此次访问中普京指出,对俄罗斯来说,摆脱历史阴影、重塑国家形象是外交的一项重要任务。④

3. 重视媒体特殊作用,传播良好国家形象。

在普京的多篇文章和讲话中,他多次强调媒体的重要作用,并呼吁国家要为媒体提供自由的环境,使其成为真正独立的媒体。在 2000 年的《国情咨文》中,普京指出了媒体在建立公民社会方面所起的特殊作用,并认为此时的社会和媒体仍处于形成时期。

"今日俄罗斯"英语频道是最具代表性的俄国国内媒体。2005 年俄政府斥资 3000 万美元打造该频道,第一时间不间断地向国外受众介绍俄罗斯民众的现代社会生活及国家政策,对本国领导人和重大突发事件进行英文报道,以增强外界对俄了解,表明本国立场,从而进一步带动其国家形象的改善。2008 年 1 月,"今日俄罗斯"建立免费视频网站。随着该频道的发展,相关部门还对节目进行改版和翻新,通过形式多样、新颖活泼的节目形式改变了国际民众对俄罗斯原有的经济贫困、生活落伍的刻板印象。

2008 年后,俄罗斯注重运用新媒体。2008 年 10 月 7 日,梅德韦杰夫在"俄罗斯总统网"开通克里姆林宫博客(http://blog.krmlin.ru/);2008 年 10 月 31 日,俄罗斯总理普京开通个人网站(www.premier.gov.cn.ru);2009 年 4

---

① [俄罗斯] 普京著. 普京文集——文章和讲话选集 [M]. 王洛林等译,北京:中国社会科学院出版社,2002.81.

② 廉晓敏. 俄罗斯国家形象的构建——理论与实践研究 [D]. 博士学位论文,上海外国语大学.2010.

③ [俄罗斯] 普京著. 普京文集——文章和讲话选集 [M]. 王洛林等译,北京:中国社会科学院出版社,2002.250-255.

④ 王恬. 俄罗斯的"形象"攻势 [N]. 人民日报,2006-03-03(3).

月 21 日,普京又在 LiveJournal(《生活杂志》)的博客网站上开通个人博客。①
以上沟通新平台拉近了领导人与民众的关系,有助于提高民众满意度、宣传
"美好"的国家形象。

4. 积极开展公共外交,多领域重塑国家形象。

首先,创办论坛和基金会,搭建交流和沟通平台。自上任后,普京借
助公共和私有媒体,积极向周边国家开展公共外交,塑造良好的国家形象。
2001 年创办"彼得堡对话"论坛、2002 年创办国际公众"文明对话"论坛,
2002 年普京将政府所属的"俄罗斯科技文化中心(RCSC)"划归外交部管
理,将其作为国家公共外交的核心机构和传播俄罗斯文化的重要载体。2004
年 9 月,外交与国防委员会、俄罗斯新闻社等机构发起并成立"瓦尔代国际
俱乐部",是全球俄罗斯专家交流的重要平台,虽尚未起到"扭转西方对俄偏
见"的作用,但在宣传俄罗斯开放、自信的国家形象上仍起到一定推动作用。
同时,俄罗斯积极发挥非政府机构作用。2008 年 1 月"公共外交基金会"成
立,同年成立了俄罗斯联邦独联体、俄侨事务和国际人文合作事务署,负责
管理俄罗斯海外交流事务,以及海外科技文化中心的建设。②其次,开展国
际公关,加大国家形象宣传投入。俄罗斯通过承办一系列世界大型活动来宣
传积极的国家形象,如承办圣彼得堡八国峰会。2007 年 8 月,俄新社、《俄
罗斯报》、"今日俄罗斯"频道和英文杂志《俄罗斯概况》等联合在境外媒体
发布宣传俄罗斯"美好形象"的广告。俄罗斯聘请西方公关公司进行形象包
装,并成立本土专业的形象设计公司。2005 年,俄罗斯政府与国际知名公关
公司签订合同,将 2006 年圣彼得堡八国峰会期间及其他场合的俄罗斯政府形
象策划、媒体公关等业务承包给美国凯旋先驱公关关系顾问有限公司、比利
时 GPlus Europe 公司等。③2006 年 3 月普京在访问匈牙利时指出,从 2006 年
起,俄罗斯每年将花费 1 亿欧元进行形象宣传。④2007 年底,俄罗斯经济发

---

① 张丹. 俄罗斯网络新媒体发展报告(2000-2010)[A]. 尹韵公等. 新媒体蓝皮书——中国新
媒体发展报告(2011)[C]. 北京:社会科学文献出版社,2011.340-349.

② 赵鸿燕、刘超. 俄罗斯公共外交的传播瓶颈与未来发展路径 [J]. 国际问题研究,2013,
(7):113-127.

③ 许华. 俄罗斯成立总统直属委员会着力塑造对外形象 [A]. 李慎明. 世界社会主义研究报告
(2009-2010)[C]. 北京:社会科学文献出版社,2010.478-483.

④ 王恬. 俄罗斯的"形象"攻势 [N]. 人民日报,2006-03-03(3).

展与贸易部向政府提出了覆盖 33 个国家的形象宣传和改善方案。建议由政府斥资 1 亿美元成立专业形象公共公司，组织展览、邀请外商或记者旅行等活动，介绍和宣传俄罗斯良好的招商引资环境和广阔的发展前景。

最后，成立语言中心和基金会，提高俄语普及率。俄罗斯十分注重俄语的宣传和教育，将 2007 年设为"世界俄语年"，由时任第一副总理梅德韦杰夫担任组委会活动主席。俄罗斯先后成立世界俄语教师联合会、"俄罗斯世界"基金会等机构，并开展俄语培训和推广工作，建立俄英双语网站，举办俄语演讲比赛、召开会议等。

经过六年努力，普京"给我 20 年，还你一个奇迹的俄罗斯"的诺言正在慢慢成为现实。2007 年俄 GDP 总量、国际储备、累积外资余额等多项经济指标达到历史最高水平，进入 GDP 总量超过 1 万亿美元的全球十大经济体行列。[①] 经济的发展为俄罗斯国家形象的塑造和强化提供了坚实的基础，普京也对俄罗斯的未来充满信心，于 2007 年提出"普京计划"。

三、国家形象塑造的改善（2009 年至今）

2009 年以后，俄罗斯大力开展公共外交，消除西方社会误解，树立正面的国家形象。俄罗斯总统梅德韦杰夫在 2009 年 9 月 10 日发表的《俄罗斯，向前进！》一文，明确提出全面现代化是俄罗斯目前和今后一个时期的战略任务。俄罗斯经济越"聪明"、知识化、效率越高，则民众的生活水平也会越高，政治体制也将会越自由、公正、人性化。[②] 继 2012 年 3 月大选中获胜，普京于 5 月开始新一轮执政，俄罗斯重回"普京时代"。此时的俄罗斯面临着前所未有的良好外部环境：美国的"再平衡"战略使俄罗斯摆脱了"美国假想敌"的身份，美俄关系有所松动和缓和；中俄关系平稳发展，两国高层交往频繁，政治互信进一步增强，俄罗斯进入战略机遇期。该时期俄罗斯塑造国家形象的具体措施如下：

1.政府成立委员会，纠正并淡化负面形象。

苏联解体后，"新思维"在俄罗斯掀起了历史反思大潮，部分苏联历史被

---

① 于宏建等 . 且看俄罗斯昨天、今日和明朝 [N]. 人民日报，2008-03-18(15).

② 薛福岐 . 梅德韦杰夫 2009 年度《国情咨文》浅析 [A]. 吴恩远 . 俄罗斯东欧中亚国家发展报告（2010）[C]. 北京：社会科学文献出版社，2010.150-155.

歪曲，国家形象受损，苏军在二战中的作用受到质疑。2009 年 5 月 9 日在第二次世界大战纪念日后，该浪潮进一步恶化，重新讨论二战的文章在网络上涌现，给俄罗斯声誉带来恶劣影响。为此，随着 2009 年 5 月 15 日俄罗斯新549 号总统令的签署，俄罗斯联邦总统下属的"反击篡改历史和损害俄罗斯利益委员会"成立。梅德韦杰夫提出该委员会的重要任务之一是：重新整理、汇编和分析以损害俄罗斯联邦国际声誉为目的的篡改历史事实事件，甄别歪曲历史事实、诋毁俄罗斯国家形象的行为，撰写报告并提交总统。[①]同月底，为淡化俄罗斯过去的负面印象、修复和改善在国际上特别是在西方社会的对外政治形象，俄罗斯办公厅又成立了"国家形象委员会"，由俄罗斯总统办公厅主任谢尔盖·纳雷什金、外交部长谢尔盖·拉夫罗夫、总统国际事务助理谢·普里霍季科等承担工作，进一步推动公共外交和国家形象的塑造。

2. 借鉴 RT 成功经验，加强国内媒体建设。

"今日俄罗斯"（Russia Today，RT）是俄罗斯政府强力打造的一艘"外宣航母"。近年来"今日俄罗斯"实现了快速发展：2009 年在华盛顿新建的新闻大楼启用，这标志着 RT 已进入发展的新阶段；在全球最大的视频分享网站优图（youtube）的众多新闻视频提供商中，2012 年 RT 被评为"最受欢迎的新闻媒体"，位于众提供商之首。[②]截至 2014 年，"今日俄罗斯"受众已达6.3 亿，遍布全球 100 多个国家和地区，拥有全球 28% 的有线电视用户，通过 30 个卫星电视及 500 个有线电视运营商播放节目。在英国，其受众超过200 万；在美国，受众量超过 8500 万。[③]目前，"今日俄罗斯"已经在华盛顿特区、纽约等各大城市进入有线电视台。在英语广播基础上，RT 还扩展建立了纪录片频道 RTDoc.、阿拉伯语频道、西班牙语频道，以及加利西亚的 RT新闻（Actualidad RT）和阿塞拜疆《俄今日报》（Rusiya Al—Yaum）等。[④]目前，"今日俄罗斯"与世界主流媒体 BBC、CNN 等共同跻身市场领导者行列，

① 吴恩远、张树华、徐海燕. 俄罗斯成立总统直属委员会反击篡改历史的行为 [A]. 李慎明. 世界社会主义黄皮书：世界社会主义跟踪研究报告（2011~2012）——且听低谷新潮声（之六）[C]. 北京：社会科学文献出版社，2012.454-459.

② 谢新洲. "今日俄罗斯"，何以让西方紧张 [N]. 人民日报，2014-05-19(23).

③ 徐蕾. 我们向"今日俄罗斯"学什么？[N]. 人民日报（海外版），2014-09-19(08).

④ 吴非. 俄罗斯传媒转型：专业化与政府管理并存 [A]. 胡正荣、李继东、唐晓芬. 全球传媒蓝皮书：全球传媒发展报告（2013）[C]. 北京：社会科学文献出版社，2014.334-354.

被称为俄版的"BBC"和"CNN"。"今日俄罗斯"的发展得益于在遵循新闻传播规律、信息技术传播规律的前提下重塑国家形象。从思维方式、管理方式、技术方式等方面寻求突破，在多元文化的国家传播阵营中树立本国独特的观察视角。俄罗斯政府借鉴"今日俄罗斯"的成功经验，进一步开展国内媒体改革。为提高对外宣传效率，2013 年底俄政府斥巨资将俄新社、"俄罗斯之声"重组为"今日俄罗斯"国际新闻通讯社。该通讯社开通 15 条新闻专线，实现了对全球新闻的零时差报道，并新增设 20 多个语种广播。①

3. 大力开展公共外交，举办一系列文化活动。

2010 年俄罗斯政府在国家宣传方面投资 14 亿美元，比 2009 年增加了 33%。②2010 年 2 月，俄罗斯分别成立戈尔恰科夫公共外交基金会和国际事务理事会。据 2010 年 5 月 11 日美国《新闻周刊》俄文版报道，梅德韦杰夫要求外交主管部门要予以协调和配合，积极开展文化外交、民间外交和科技外交等。要加强同联合国下属的教科文等机构的联系，推举俄罗斯学者及科研团体角逐教科文组织奖项、参与国际交流项目等，以恢复和提升俄罗斯科技强国形象。③2011 年 1 月俄罗斯成立了俄罗斯友好社会联盟，旨在促进非政府组织和友谊协会发展。为了改善国家形象，俄罗斯在世界各地建立 70 余个"俄罗斯科学与文化中心"，同时还积极同其他国家开展"青年学者短期访问"项目。普京于 2012 年再次当选总统后，进一步加大开展公共外交力度。2012 年恰逢 1812 年卫国战争胜利 200 周年，1 月 9 日时任俄罗斯总统的梅德韦杰夫正式签署了《关于在俄罗斯全境举办俄罗斯历史年》的总统令，宣布 2012 年为"俄罗斯历史年"。④俄罗斯利用此时机，开展了一系列文化活动，如召开学术研讨会、圆桌会议、放映战争题材电影、举办音乐会等，以此增强外界对战争的了解，宣传并弘扬士兵们英勇无畏的精神。2015 年 5 月 24 日是俄罗斯一年一度的"斯拉夫文字与文化日"。5 月 19 日，梅德韦杰夫批准了《2016—2020 年联邦专项计划俄语构想》，强调发展现代俄语已升级为

---

① 任彦等. 欧美与俄罗斯较量"国际舆论场"[N]. 人民日报，2015-04-10(21).

② Helle C.Dale,Ariel Cohen,Janice A.Smith. "Challenging America:How Russia, China, and Other Countries Use Public Diplomacy to Compete with the U.S.", *Backgrounder*,No.2698. June 21,2012.

③ 许华. 俄罗斯：应对国家形象困境 [J]. 对外传播.2011,(3):52-53.

④ 张文莲. 俄罗斯历史年回顾 [A]. 李永全. 俄罗斯黄皮书：俄罗斯发展报告（2013）[C]. 北京：社会科学文献出版社，2013.320-332.

极其重要的国家任务之一。^① 普京也指出，俄语已经远远超出语言概念，它在维系民族统一和国家利益上发挥着不可忽视的作用。

第二节　俄罗斯国家形象塑造的经验与教训

从成立至今，俄罗斯国家形象的塑造基本经历了三个阶段。俄罗斯在塑造国家形象上始终以"大国信念""自信""国情""国家利益""媒体"为关键词，并相应调整国家政策和战略。

一、客观评价本国国情，树立塑造大国信念

无论是面对国内外压力，还是处于战略机遇期，俄罗斯领导人思想体现的强国意识、大国意识和国家信念、自信是不变的。普京在 2000 的年讲话中列举了俄罗斯面临的重重困难。在 2012 年的讲话中再次指出："我们要在不具备牢固深厚民主传统、没有人数众多的政党、未形成成熟的公民社会，同时伴随有地区分裂主义、寡头强权、腐败行为、权力机构存在犯罪的情况下，重塑国家的威望和实力。"^② 可见他对本国国情有较为清晰客观的认识，可贵的是，尽管国家建设和发展面临困难，建立强国的信念却从未动摇。在 2000 年的《国情咨文》中普京指出，摆在俄罗斯面前的唯一现实选择是做自信的大国和强国，做一个不反对国际社会其他成员、与其共存的强国。^③ 在 2000 年 7 月 16 日，普京在同中方媒体代表谈话时指出，他对自己有信心，知道自己能够使国家生活向好的方向转变、能够使俄罗斯成为更为稳定的国家、更为强大的国家、更受世界尊敬的国家^④；2007 年 2 月 14 日普京在记者招待会上指出，再给我们 12 年，俄罗斯将成为一个全新的拥有创新经济、摆脱石油资源依赖的国家，将成为一个发达的公民社会。^⑤

---

① 曲颂. 俄罗斯推进语言软实力建设 [N]. 人民日报，2015-05-27(22).

② [俄罗斯] 普京著. 普京文集（2012-2014）[M].《普京文集（2012-2014）》编委员译，北京：世界知识出版社. 上海：华东师范大学出版社，2014.1-11.

③ [俄罗斯] 普京著. 普京文集——文章和讲话选集 [M]. 王洛林等译，北京：中国社会科学院出版社，2002.78.

④ [俄罗斯] 普京著. 普京文集——文章和讲话选集 [M]. 王洛林等译，北京：中国社会科学院出版社，2002.114.

⑤ 汪宁. "普京计划"——从理论到实践 [J]. 国际观察，2009,(5):52-58.

值得注意的是，普京虽然强调塑造大国，但并非强盛的帝国。在 2000 年 10 月 26 日回答法国媒体记者提问时，他强调，帝国治理形式不会长久，它导致垮台，不能建立巩固长期的国家发展基础，所以自古以来就是有缺陷的。[①] 可见在各个时期，俄罗斯领导人对国家实际情况有清晰的认识，并能经过冷静分析调整国家形象塑造工作。

二、以国情变化为依据，调整形象塑造侧重点

具体来讲，在国家形象塑造的起步（1991—1999 年）时期，俄罗斯将重塑国际形象作为重点；在国家形象塑造的强化（2000—2008 年）时期，俄罗斯将塑造外部和内部国家形象都作为重点；在国家形象塑造的改善（2009 年至今）时期，将塑造内部国家形象作为重点，尤其关注民生，为塑造外部国家形象提供良好的内部环境。

20 世纪 90 年代初期，西方媒体在车臣问题上的非客观性报道损害了俄罗斯国家形象，使俄罗斯开始重点关注国家形象塑造。"反击篡改历史和损害俄罗斯利益委员会"和"国家形象委员会"的成立，都是为应对外部对俄罗斯的非客观性评价而设立的。在外部压力有所缓和的情况上，俄罗斯将塑造外部国家形象与内部国家形象放在同等重要的地位。普京对俄罗斯的长远发展提出建议，并被归纳为"普京计划"。该计划包括三方面内容：俄罗斯国内经济建设（内政）、对外政策、军队改革及建设。[②] 该计划强调要在重点改善国内民众生活、在维护国家利益和主权的基础上加快俄罗斯现代化建设。可见此时的俄罗斯不仅关注外部国家形象，而且也关注内部国家形象。2012 年后俄罗斯更加注重内部国家形象的塑造，注重塑造本国的经济形象、政治形象、社会形象、军队形象、文化形象、教育形象等等。

三、以国家利益为重心，区别对待西方媒体和治国理念

俄罗斯在对待西方媒体和治国理念上存在截然不同的态度：一方面，敢于直面西方媒体的批判，维护俄罗斯诉求；另一方面，向西方学习，以实用

① [俄罗斯] 普京著 . 普京文集——文章和讲话选集 [M]. 王洛林等译，北京：中国社会科学院出版社，2002.184.

② 汪宁 . "普京计划"——从理论到实践 [J]. 国际观察，2009,(5):52-58.

主义理论为指导。俄罗斯历届领导人强调"国家利益"，面对外部势力对本国形象的歪曲，能够据理力争。面对外部势力的恶意挑战，能以强硬姿态回应。在俄罗斯的形象认知问题上，西方社会和俄罗斯存在很大差异，西方学者提出"俄罗斯威胁论"，而俄罗斯学者用"西方阴谋论"予以反击。[①] 在 2007 年 6 月 1 日召开的八国集团峰会上，普京在回答记者提出的关于"如何处理与西方舆论关系"问题时针锋相对地指出，按您所指的社会舆论，俄罗斯应该彻底解除武装，并按照布热津斯基等理论家的建议将其分为 3 个或 4 个国家。不知您的这种社会舆论从何而来，如果存在该种社会舆论，我将与其辩论一番。[②] 同时，俄罗斯学习西方实用理论，务实态度贯穿于治国理念和国家政策中，在 2012 年以后的外交政策上也体现得愈加明显。

四、关注媒体作用，强调新闻自由和职业操守

从 1990 年俄罗斯广播电台的首次播音，到今日"今日俄罗斯"与世界主流媒体 BBC、CNN 共同跻身传媒市场领导者行列，都体现了俄罗斯国内媒体的迅速发展。其中一个重要因素是政府对媒体的广泛关注。与此同时，俄罗斯还强调新闻自由，呼吁发挥媒体的积极作用。在认识本国媒体发展不足后，俄罗斯能果断及时地采取相应措施予以改善，通过媒体报道反思国家建设和形象塑造，关注媒体与国家的相互影响及媒体对民主的作用。在 2000 年的《国情咨文》中普京指出，法律禁止检查和干预媒体活动。但检查可能不仅仅局限于国家检查，干预也可能不仅仅是行政干预。媒体有时可能变成了搞歪曲报道的媒体，成为国家斗争的工具。我们必须确保新闻工作者享有真正的而非装饰门面的自由，为文明的新闻业创造法律和经济条件。[③]

小结

在冷战后的 20 多年时间里，由于内外环境的变化，俄罗斯国家形象的塑造经历了起步、强化和改善三个阶段。俄罗斯政府重视国家形象塑造，采取

① 许华. 当今俄罗斯的国家形象问题 [J]. 俄罗斯中亚东欧研究，2008,(2):9-16.
② 许华. 当今俄罗斯的国家形象问题 [J]. 俄罗斯中亚东欧研究，2008,(2):9-16.
③ [俄罗斯] 普京著. 普京文集——文章和讲话选集 [M]. 王洛林等译，北京：中国社会科学院出版社，2002.84.

多种措施维护俄罗斯的特色和利益：大力发展媒体产业，开展公共外交，多领域重塑国家形象；政府成立国家形象委员会等机构，纠正并淡化负面形象；重整俄罗斯实力和国际影响，实施重塑国家形象战略，发挥外交部门职能；俄罗斯在塑造国家形象上始终以"大国信念""自信""国情""国家利益""媒体"为关键词，并相应调整国家政策和战略。

第九章　当代中国国家形象塑造的历程与经验

　　1949 年新中国成立以来，以毛泽东、邓小平、江泽民、胡锦涛为核心的党的四代领导集体带领全国人民为建设一个富强、民主、文明的现代化国家进行了长期的努力和奋斗。这个过程也是中国国家形象塑造的过程。尽管 70 多年来中国并未明确地提出国家形象战略，但不同时期领导人的国家形象思想和塑造国家形象的实践都包含了形象战略的要素。回顾 70 多年来国家形象演进历程，发掘其中的战略思想和实践经验，对当今中国国家形象战略谋划、实施有着重大借鉴和指导意义。

第一节　建国七十多年来中国国家形象塑造的历程

　　由于受国外环境、国内政策以及领导者个人因素的影响，不同时期中国国家形象的思想和实践呈现出阶段性特征。结合建国后历史发展历程，可以将国家形象发展阶段分为毛泽东时期（新中国成立—20 世纪 70 年代末期）、邓小平时期（20 世纪 70 年代末期—20 世纪 90 年代初期）和冷战后时期（20 世纪 90 年代初期——至今）。通过分析不同时期国家领导人对国家形象战略环境、目标和定位等战略要素的判断与认识，以及在建构和传播国家形象方面的实践，来总结新中国 70 多年来国家形象的特质和历史经验。

一、毛泽东时期^①

毛泽东、周恩来等第一代领导集体带领中国人民进行了艰苦卓越的社会主义现代化建设的探索，使中国的形象和面貌发生了巨大变化，奠定了中国形象的一些基本特色，也蕴含着丰富的国家形象思想和实践经验。

（一）毛泽东等的国家形象思想

这一时期毛泽东等的国家形象思想主要体现为对国家形象战略环境、战略目标和定位的判断或论述。

第一，国家形象战略环境的判断。建国后，毛泽东根据国际形势的发展变化，提出战争，特别是原子战争有可能被推迟或被制止，和平可以得到维持的观点。他说："争取和平是我们的共同目的。现在我们还不能说和平可以永久地维持，我们先说维持十五至二十年的和平环境是可能的。原子战争不好，不打这个战争是有可能的。"^② 这种判断为中国政府坚持独立自主的和平外交政策和进行社会主义建设提供了重要依据。遗憾的是，毛泽东在其晚年，对于国际环境的恶化作出了过度的反应，在战争与和平的估计方面出现了较大偏差，改变了世界大战可以推迟的看法，^③认为中国处在帝国主义和无产阶级革命的时代。对战略环境判断的变化导致中国的现代化建设和对外战略进行了调整，对内加强了阶级斗争，对外强调"对帝国主义要斗，对修正主义要斗，对各国反动派要斗"，四面出击，恶化了中国的战略环境和国家形象。

第二，国家形象建设目标。摆脱旧中国贫穷落后的面貌，改变旧中国在国际社会软弱无能的形象，建立一个崭新的新中国是毛泽东等老一辈革命家孜孜以求的目标。早在解放战争年代，毛泽东提出：我们要建立一个新中国。"我们共产党人，多年以来，不但为中国的政治革命和经济革命而奋斗，而且为中国的文化革命而奋斗；一切这些的目的，在于建设一个中华民族的新社会和新国家。……我们不但要把一个政治上受压迫、经济上受剥削的中国，变为一个政治上自由和经济上繁荣的中国，而且要把一个被旧文化统治因而

① 相关内容已发表于：陈世阳. 毛泽东时期国家形象战略研究 [J]. 晋中学院学报，2014(1).
② 毛泽东. 毛泽东选集 (第四卷)[M]. 北京：人民出版社 ,1991.1193-1194.
③ 官力. 试论毛泽东的外交思想 [J]. 中共中央党校学报，1999,(4):93.

愚昧落后的中国，变为一个被新文化统治因而文明先进的中国"。^①这就是毛泽东对新中国的形象设计：政治自由、经济繁荣、文明先进的中国。随着实践的发展和认识的深化，毛泽东和中国共产党对国家建设的战略性目标逐渐清晰起来，逐渐形成了以现代化作为社会主义和国家形象建设目标。1954年毛泽东在第一届全国人大一次会议上致开幕词说：准备在几个五年计划之内，将我国"建设成为一个工业化的具有高度现代文化程度的伟大的国家"。周恩来在这次会议上第一次明确提出"四个现代化"的构想，由此确立了中国现代化和国家形象建设的目标。

第三，国家形象定位。毛泽东等第一代国家领导人从中国国情和意识形态出发，结合中国革命和社会主义建设的经验，逐步形成了关于中国国家形象的具体表述，即对新中国国家形象的定位：（1）社会主义大国形象。毛泽东说，"只有社会主义才能救中国""社会主义是中国的唯一出路。推翻旧的社会制度，建立新的社会制度，即社会主义制度，这是一场伟大的斗争，是社会制度和人们相互关系的一场大变动。"^②社会主义成为中华人民共和国鲜明的特色。由此，中国领导人和中国人民在这条道路上开始了长期的探索和建设之路。此外，毛泽东认为中国是一个大国，应为人类作出更大的贡献。中国不仅是政治上的大国，还应是经济大国。毛泽东说："中国从政治上、人口上说是个大国，从经济上说现在还是个小国。……要把中国变成一个真正的大国。"^③（2）独立自主、自力更生的形象。独立自主、自力更生是毛泽东思想的重要内容，贯穿于这一时期社会主义建设和外交实践中，成为中国国家形象的主要内容和重要特点。1949年5月10日，毛泽东在新政治协商会议筹备会议上说："中国必须独立，中国必须解放，中国的事情必须由中国人民自己作主张，自己来处理，不容许任何帝国主义国家再有一丝一毫的干涉。"^④在事关中国独立、主权和领土完整的原则问题上，毛泽东坚决不屈服于任何外来压力。在中国革命和建设上，毛泽东多次强调了要独立自主，自力更生，把革命和建设的基点放在自己力量上。1955年他在《中国农村的社会主义高

---

① 毛泽东.毛泽东选集（第二卷）[M].北京：人民出版社,1991.663.
② 毛泽东.毛泽东选集（第五卷）[M].北京：人民出版社,1977.373、403.
③ 毛泽东.建国以来毛泽东文稿（第六册）[M].北京：中央文献出版社, 1992.635.
④ 中华人民共和国外交部，中共中央文献研究室.毛泽东外交文选[M].北京：中央文献出版社、世界知识出版社，1994.90.

潮》的按语中针对遵化县王国藩合作社自力更生、艰苦奋斗的事例，指出："我看这就是我们整个国家的形象。"[①] 这表达出毛泽东心目中新中国形象就是自力更生，艰苦奋斗，坚持社会主义道路，逐步实现国家富强。（3）反帝反霸，维护世界和平的形象。[②] 毛泽东在确定中国外交大政方针之时，非常注重维护世界的和平与稳定，并认为这是中国人民和世界人民的最大利益。但是和平不会自动到来，因此要争取世界和平，必须要反对帝国主义和霸权主义，需要世界人民团结起来，相互帮助。在复杂的国际斗争中，毛泽东既注意捍卫国家民族的最高利益，又始终如一地坚持支持各国人民反帝、反殖、反霸，争取社会进步的正义斗争，中国要和平，"但是，对被压迫人民的反对帝国主义的战争我们是支持的"[③]。总之，毛泽东时期新中国在国际上树立了反帝反霸，维护世界和平的正义形象。这些定位反映了中国基本的身份和特质，成为中国长久的国家形象特征。

（二）毛泽东时期国家形象的塑造

这一时期，在毛泽东领导下，中国完成了新政权的建立和巩固，推动了新民主主义革命向社会主义的过渡，并开始了社会主义建设的探索；同时中国积极开展民间和政府外交，开展对外宣传，初步树立了中国在国际上的新形象。

第一，建立新中国，树立了崭新的中国国家新形象。新中国的成立是中国国家形象建设的第一步。"中华人民共和国建立后，改变了中国的形象"[④]。中国人民从此站立起来，成为国际社会中的一员，在世界舞台上初步树立了一个独立的国家形象。作为新中国临时宪法的《共同纲领》集中反映了新中国作为新民主主义共和国的特点，描绘了新中国的轮廓和一个现代国家的雏形，五星红旗、《义勇军进行曲》等成为新中国的形象标志。在此基础上，1954 年宪法进一步确定了中国的社会主义性质和符号象征。

第二，进行社会主义建设，为中国国家形象建设奠定了坚实基础。1956

---

① 毛泽东 . 毛泽东选集 (第五卷)[M]. 北京：人民出版社，1977.227.
② 毛泽东会见波兰党政代表团团长萨瓦茨基等人的谈话，1959 年 10 月 14 日 .
③ 中华人民共和国外交部，中共中央文献研究室 . 毛泽东外交文选 [M]. 北京：中央文献出版社、世界知识出版社，1994.530.
④ 邓小平 . 邓小平文选 (第三卷)[M]. 北京：人民出版社，1993.60.

年社会主义改造完成后，中国人民开始了社会主义建设的伟大而艰难的探索，中国的面貌发生了巨大变化。据世界银行评估，从新中国成立到 20 世纪 70 年代末，中国的经济实力在全球排名已经上升到第六（不包括原苏联）。我国的钢铁、石油、煤炭、粮食、棉花、棉纱等主要工农业产品的产量进入世界前列。工业门类齐全程度、技术水平和开发能力在发展中国家首屈一指，并在部分领域接近甚至达到发达国家水平。美国学者莫里斯·迈斯纳认为，毛泽东的那个时代是世界历史上最伟大的现代化时代之一。"曾经长期被轻蔑为'东亚病夫'的中国，20 世纪 50 年代初期以小于比利时工业规模的工业开始，在毛泽东时代结束时，却以世界上六个最大工业国之一的姿态出现了"[1]，初步改变了中国贫穷落后的面貌，为中国大国形象的确立奠定了坚实的基础。

第三，大力发展民间外交，扩大国际交往和影响。新中国建立后，民间外交在整个外交体系中占有重要位置。在党和政府指导和支持下，新中国民间外交迅速发展。中国保卫世界和平大会、中国人民外交学会、中国人民对外文化协会等专业性的民间外交组织纷纷成立，中国红十字会、中华全国总工会、中国妇联等群众组织也都积极从事民间外交活动。这一时期民间外交在争取国际社会对中国的认识和了解，扩大中国的国际影响，树立中国的国家形象等方面发挥了重大作用。正是由于民间外交的"渐进积累"，到 20 世纪 70 年代初，中国逐步同世界上绝大多数国家都相继实现了关系正常化。

第四，与不同类型国家建立官方外交关系，开展国际交流与合作。新中国成立后，根据不同情况，同欲与中国建交的国家采取了灵活做法。到 1957 年，中国先后与 23 个国家正式建立外交关系。这一时期，毛泽东、周恩来提出的"和平共处五项原则"成为处理与不同类型国家关系的普遍原则，进一步彰显了中国促进国际和平与正义，推动国家间互利合作，实现世界繁荣发展的外交形象。进入 20 世纪 60—70 年代，中国与西方关系实现了突破，摆脱了外交困境，获得了远超过自己实力的国际地位，在国际政治格局中形成了影响全局的美苏中战略大三角关系，极大提高了自身的国际威望和地位。1971 年重返联合国，成为中国在国际舞台上确立大国地位和形象的主要标志。

第五，开展对外传播，宣传新中国形象。新中国成立后，国家领导非常

---

① 姜伟岗 . 新中国历史上经济建设的伟大成就 [J]. 环球视野 .2006(7).

重视对外传播。从新中国成立到 20 世纪 60 年代前半期，专门对外传播的通信社、广播电台以及书刊出版发行机构相继建立，中国的对外传播体系逐渐形成，并且在传播新中国声音、打破帝国主义封锁、争取朋友、扩大影响和树立良好的国家形象方面发挥了重大作用。但"文革"爆发后，受极"左"思想的干扰，中国对外传播事业受到沉重打击，在国际上造成了恶劣的影响，使国家形象受到严重损害。

第六，支持世界民族解放运动和反帝反霸斗争。这一时期，支持世界民族解放运动和反对帝国主义和霸权主义是中国对外政策的重要任务。除了在外交和道义上给予支持外，中国向第三世界国家的民族解放运动和反帝反霸斗争提供了大量的物质援助。从 1950 年到 1978 年，中国对外援助范围遍及五大洲，援助的内容包括军事援助、经济技术援助、人道主义援助和医疗援助，先后对 121 个国家累计援助达 483.04 亿元人民币[①]。中国提供的援助支持了第三世界的政治独立、经济发展和社会进步，打击了美苏帝国主义和霸权主义，也使中国在发展中国家获得了良好的声誉。"中国作为援助国，在更贫穷国家中的声誉是无与伦比的"。[②]

总之，这一时期的国家形象建设是在复杂的国内外环境中进行的。国家形象塑造既取得了一些成就，也存在一些失误。在毛泽东时期，中国国家形象发生了天翻地覆的变化，初步改变了旧中国贫穷、落后、羸弱的局面，实现了主权完整和领土统一，建立了社会主义民主制度，实现了经济社会的发展和进步，在国际上的地位也大幅提高。这一时期，中国国家形象战略带有十分明显的时代特征和领导者个人的印记。国家形象战略主要服务于政治利益和安全利益，国家形象思想和实践具有强烈的斗争色彩。毛泽东、周恩来等领导人的形象是中国国家形象的重要体现。

二、邓小平时期

塑造国家与民族的良好形象是邓小平思想的重要组成部分。早在 1984 年他就首先使用了"中国形象"一词，对中国形象进行了一系列的思考和论述。

---

① 张郁慧 . 中国对外援助研究 [D]. 博士论文，中央党校，2006.85-112.
② 石志夫 . 中华人民共和国对外关系史（1949.10—1989.10）[M]. 北京：北京大学出版社，1994.301.

在这个时期，中国国家形象建设也取得新的进展。

（一）邓小平的国家形象思想

在继承毛泽东有关思想基础上，根据时代的变化和国家整体战略的调整，邓小平关于国家形象的思想有了新的发展。

第一，国家形象战略环境判断。20世纪70、80年代世界形势发生了巨大变化，世界进入了一个不同于战争与革命的新的历史时期。通过深入观察和研究，邓小平在1985年3月提出："现在世界上真正大的问题，带全球性的战略问题，一个是和平问题，一个是经济问题或者说是发展问题。和平问题是东西问题，发展问题是南北问题。"①邓小平对时代主题的新判断为改革开放战略和国家形象战略的制定提供了依据。

第二，国家形象目标。党的十一届三中全会以后，邓小平同志在总结正反两方面经验的基础上，结合新的历史时期的实际，丰富和发展了毛泽东关于中国形象的论述，提出了中国国家形象建设的目标。"中华人民共和国建立后，改变了中国形象"。改革开放和社会主义现代化建设使"中国社会主义站住了""经济发展起来了""中国活跃起来了"。改革开放和社会主义现代化建设使中国面貌发生了变化。结合新的路线、方针、政策和发展战略，邓小平勾画了新时期中国的新形象。邓小平指出："现在人们说中国发生了明显的变化。我对一些外宾说，这只是小变化。翻两番，达到小康水平，可以说是中变化。到下世纪中叶，能够接近世界发达国家的水平，那才是大变化。"大变化也就是中国国家形象建设的目标，就是中华民族以"富强、民主、文明"的现代化崭新形象屹立于世界民族之林。

第三，国家形象定位。（1）有中国特色的社会主义大国。在新时期，邓小平思考和探索的问题核心是如何在中国这样一个贫穷落后的大国建设社会主义。他的答案是将社会主义与中国国情相结合，建设有中国特色的社会主义。在邓小平看来，新时期中国国家形象的最基本的定位就是有中国特色的社会主义大国。（2）安定团结的政治形象。邓小平把树立这一政治形象作为整个对外形象的基础。他说："中国要实现四个现代化，摆脱落后状态，必须

要有一个安定团结的政治局面"，从历史经验来看，动乱不能前进，稳定才能发展。（3）改革开放的形象。党的十一届三中全会以来，改革开放成为中国最鲜明的特征。邓小平明确地指出：改革开放是中国的第二次革命，是决定中国命运的一招。进行改革开放，维护中国改革开放的形象，是关系到中国特色社会主义事业兴衰成败的具有战略意义的重大问题。（4）树立和平的外交形象。邓小平反复强调，中国对外政策的目标是争取世界和平。在争取和平的前提下，一心一意搞现代化建设，发展自己的国家，建设具有中国特色的社会主义。中国发展起来后，不仅不会对世界产生新的威胁，而且还会对世界和平与发展作出更大的贡献。邓小平指出："中国现在是维护世界和平和稳定的力量，不是破坏力量。中国发展得越强大，世界和平越靠得住。"[①]（5）信守承诺的大国形象。早在 1982 年时，他指出："中国是联合国安全理事会的常任理事国，中国理解自己的责任。有两条大家是信得过的，一条是坚持原则，一条是讲话算数。"[②]

（二）邓小平时期国家形象的塑造

这一时期，中国推行改革开放战略，使国家形象的塑造呈现出一派生机勃勃的局面。

第一，坚持改革开放，提高中国综合实力。1978 年后，中国迈进了改革开放的新时代。中国改变了自己，也改变了世界对中国的印象。改革开放使中国综合实力得到极大提升。1978—1989 年，国民生产总值（GDP）由 3645.2 亿元增至 16992.3 亿元，进出口总额由 206.4 亿美元增至 1116.8 亿美元；[③] 主要工农业产品成倍增加，产量居世界前列。改革开放充分调动了中国人民的积极性，生产力得到迅速发展，人民生活显著改善，政治安定，社会进步，人民团结，到处是一片兴旺发达、充满活力的景象。中国向世界展现了一个全新的社会主义大国形象，赢得了世界的惊叹。1980 年英国《波士顿环球报》题为"邓小平推动中国经济向前进"的文章中说："改革与开放已使中共在国际间大大改善了形象。"

---

① 邓小平 . 邓小平文选（第三卷）[M].北京：人民出版社，1993.104.

② 邓小平 . 邓小平文选（第二卷）[M].北京：人民出版社，1994.415.

③ 李小军 . 数读中国 60 年（1949-2009）[M].北京：社会科学文献出版社，2009.232-245.

第二，奉行独立自主的全方位和平外交政策。1982 年中共十二大前后，中国确立了独立自主的全方位和平外交政策。中国的外交和国家形象出现了新的气象。中国全方位的发展同世界各类国家的友好合作关系。中国奉行不结盟战略，与美苏两个超级大国的关系有了新的发展。中国摒弃了以美苏划线的做法，主张同一切发展中国家合作。除了继续提供力所能及的援助外，中国加强了与发展中国家的团结与合作，积极倡导、支持"南南合作"与"南北对话"，探索双边平等互利合作的新途径。与西方国家关系也得到了不同程度发展。在党际交往四原则的基础上，中国积极恢复和发展了同东欧国家的关系。

第三，调整对外援助，树立中国国际形象。邓小平指出："从战略上说，我们真正发展起来了，就要用相当的财力来援助第三世界。那时，就真正把社会主义中国的国际形象树立起来了。"[1]改革开放后，根据国内外局势的变化，以及对过去对外援助的经验教训的总结，中国在坚持对外援助的同时，在对外援助的原则、方式、内容、管理上都进行了调整。这一时期，中国对外援助面进一步增大。1983 年中国的受援国总数达到了 95 个[2]，到 1994 年受援国已达到 102 个[3]。中国更加注重通过其他方式和渠道来提供援助，积极参与多边援助；对外援助中军事援助比例明显减少，经济援助的比例加大。

第四，恢复和发展对外宣传。改革开放后，中国更加重视对外宣传工作。为了加强对外宣传工作的力度，1980 年 4 月，中共中央成立对外宣传小组负责管理协调整个对外宣传工作。这一时期，我国对外新闻报道业务得以全面恢复，一批新的对外传播媒体也相继创办起来，从而使外宣工作整体上呈现出蓬勃发展的局面。中国的对外宣传媒体承担起"让世界了解中国，让中国走向世界"的历史重任，在对外传播中国形象方面发挥了重大作用。

总之，这一时期中国国家形象得到明显提升。邓小平同志的国家形象思想继承和发展了毛泽东同志关于中国形象问题的论述。关于国家形象目标，邓小平继承了毛泽东、周恩来提出的建设社会主义现代化国家的目标，并创造性提出了中国特色社会主义国家形象定位。在实践方面，这一时期中国国

---

① 中共中央文献研究室 . 邓小平年谱（1975—1997）[M]. 北京：中央文献出版社 ,2004,532.

② 宋效峰 . 新中国对非洲援助评析 [J]. 亚洲论坛 ,2002,(l):65.

③ 李争平 , 张翠微 . 走出新的援外之路 [N]. 经济日报 ,1995-11-14(5).

家形象的塑造将国内建设与对外传播有机结合起来：一方面对内改革，加快发展；另一方面，加大对外交流的力度，积极参与国际事务。中国对外合作和参与程度得到大大提升。

三、冷战后时期

20 世纪 80 年代末社会主义国家的政治风波和苏东剧变，使中国所处的国际舆论环境大大恶化，中国在国际社会的形象急剧下降。进入 20 世纪 90 年代后，西方掀起了一波又一波的丑化和妖魔化中国的浪潮。在新的形势下，中国更加重视国家形象的塑造，使国家形象战略有了新的发展，并呈现出新的特点。

（一）冷战后中国国家形象思想的发展

进入新时期，江泽民、胡锦涛等中国领导人根据世界形势和中国的新变化，不断丰富和发展着国家形象思想。

第一，冷战后国家形象外部环境的判断。冷战后，中国国际环境发生了积极的变化。中国领导人指出，全球化和多极化的加速发展，和平、发展、合作的时代潮流构成了新时期国际形势的特点。但国际环境也存在一些消极的因素，特别是国际舆论环境中"中国威胁论"的蔓延。进入 20 世纪 90 年代后，西方掀起了一波又一波的丑化和妖魔化中国的浪潮，对中国形象造成了很大的损害，也给中国的和平发展道路制造了重大的障碍。这种情况引起了中国领导人的关注，江泽民、胡锦涛都曾明确指示，应加强对外宣传，塑造良好的国家形象，为社会主义现代化建设创造良好的舆论环境。2003 年 12 月，胡锦涛同志在全国宣传思想工作会议上指出："全面客观地向世界介绍我国社会主义物质文明、政治文明和精神文明不断发展的情况，及时准确地宣传我国对国际事务的主张，着力维护国家利益和形象，……为全面建设小康社会营造良好的国际舆论环境。"①2013 年习近平在全国宣传工作会议上强调，要精心做好对外宣传工作，创新对外宣传方式，着力打造融通中外的新概念新范畴新表述，讲好中国故事，传播好中国声音。

---

① 胡锦涛在全国宣传思想工作会议上发表重要讲话 [N]. 人民日报 ,2003-12-8(1).

第二，国家形象定位发展。新时期的国家形象定位有了进一步发展，反映了这一时期中国内政外交的新理念、新目标和新特点，也是中国对国际社会关于中国国家形象误读和歪曲的主动回应。（1）法治国家。"依法治国，建立社会主义法治国家"是江泽民对社会主义现代化建设理论的重大发展，也成为新时期国家形象塑造的一个具体目标和定位。（2）负责任大国形象。1997 年金融危机发生之后，中国正式提出"做国际社会负责任的大国"的理念。从此，"负责任大国"成为中国新的形象定位，体现在政治、经济、外交等诸多领域。（3）和平发展的国家形象。为了消除世界疑虑，维护良好的发展环境，树立良好的国家形象，中国主动地向国际社会阐明自己的战略取向——和平发展。"这是中国政府和人民根据时代发展潮流和自身根本利益作出的战略抉择"。① （4）追求和谐的国家形象。和谐的国家形象是和谐社会与和谐世界的统一。2004 年，中国共产党领导层在十六届四中全会上首次提出构建社会主义和谐社会。以和谐理想为核心，中国提出了和谐世界、和谐亚洲等主张。

（二）冷战后国家形象的实践

新时期中国按照既定的现代化战略部署继续推进中国社会主义建设和改革开放事业，不断完善和提高国家形象。并且根据形势的变化，国家形象实践有了新的突破，特别是在推进党的建设、国家统一和政府危机管理方面有了新进展。

第一，加强执政党的建设。党的建设是社会主义现代化建设、改革开放事业的关键和重要内容。在新的时期，面对新的国内外局势，中国共产党必须加强自身的建设。20 世纪 90 年代特别是进入新时代以来，我党将全面从严治党纳入"四个全面"战略布局，党的建设在国家治理中的关键定位更加明确；明确习近平总书记核心地位，坚持党的领导、保持党的团结统一有了更加可靠的政治保证；把思想建党放在全面从严治党的首位，全党不忘初心、继续前进的思想基础更加牢固；大力培养选拔党和人民需要的好干部，高素

---

① 胡锦涛.高举中国特色社会主义伟大旗帜　为夺取全面建设小康社会新胜利而奋斗——在中国共产党第十七次全国代表大会上的报告.十七大报告 [EB/OL].http://news.xinhuanet.com/newscenter/2007-10/24/content_6938568_10.htm.

质执政骨干队伍建设迈出新步伐；推动全面从严治党向基层延伸，党执政的组织基础更加坚实；严肃党内政治生活，净化党内政治生态，党内政治生活的政治性、时代性、原则性、战斗性显著增强；驰而不息抓作风建设，党风政风得到端正，党群关系更加密切；坚持有腐必反、有贪必肃，反腐败斗争压倒性态势已经形成；扎实推进党的建设制度改革，制度治党、依规治党水平进一步提升；全面落实管党治党责任，形成一级抓一级、层层抓落实的党建工作新格局。①

第二，对外传播进一步加强。进入新时期，中国对外传播得到了突飞猛进的发展。传播体制不断完善，传播媒体种类不断增加，传播技术日趋成熟，传播的数量和质量都得到了很大提升。1991 年 6 月，中国国务院新闻办公室成立，负责组织协调政府部门的对外传播，实现了对外传播体制领域中的党政分开。新闻发布会、白皮书等信息发布制度日益完善。目前国务院新闻办、中央和国家有关部门、各省区市三个层次的新闻发布会每年达 2000 次以上，成为影响国际舆论的有效形式。② 面对新的形势，从 20 世纪 90 年代起，中国每年都要召开全国对外宣传工作会议，探讨每个时期对外传播的中心任务。这一时期，中国对外传播的实力进一步增强。经过四十年，特别是近二十年的发展，中国逐步建成了全方位、宽领域、多层次的大外宣格局。对外宣传战线不断提高影响国际舆论的能力，着力维护了国家利益和形象，为我国改革开放创造了良好的国际舆论环境。

第三，国家危机管理机制和应对能力进一步提升。以 2003 年的"非典"为转折点，中国的危机管理机制和应对能力进一步提升。2003 年"非典"爆发初期，由于管理体制和理念的缺失，中国政府采取了封锁消息，拒绝国际合作的应对措施，一时国际舆论对中国的猜测和批评不断，大大损害了中国形象。"非典"后，中国政府加快突发公共事件应急机制建设，危机管理机制和应对能力得到提升。例如中国政府在 2008 年汶川地震救灾中的出色表现得到了世界的盛誉。新加坡《联合早报》报道："中国政府建国以来最成功的一

---

① 全国党建研究会召开 2017 年党建高端智库论坛，深入总结党的十八大以来党的建设新创造新成就新经验 [N]. 中国组织人事报，2017-07-14(1).

② 蔡名照. 我国逐步建成了全方位宽领域多层次的大外宣格局 [EB/OL].http://www.scio.gov.cn/gzdt/ldhd/zyjhyls/200812/t243100.htm.

次危机管理。……中国政府此次的表现可以说是令人'耳目一新'。"

总之，由于国际形势的变化和中国实力的提升，以及中国内政外交理念的调整，这一时期中国国家形象思想和实践也呈现出新的特点。（1）中国更加主动地塑造国家形象，国家形象建设取得重大成果。开放、民主、法治、市场的身份要素进一步确立和内化。综合国力快速上升，中国对世界经济发展作出了积极贡献，国际地位大幅提高，国际影响显著增强。中国积极承担相应的国际责任，更加主动参与国际制度，融入世界。（2）合作成为国家形象建设的新特点。（3）国家形象多样化。中国与世界的互动日益频繁，中国更加多样地展现在世界面前，中国塑造国家形象的手段和方式也日益多样化。

第二节　建国七十多年来中国家形象塑造经验

新中国 70 多年国家形象战略演进过程，是一个不断继承和发展的过程。期间沉淀和积累下一些经验教训，也凝结形成了一些中国国家形象的特质，成为中国未来国家形象战略设计的重要借鉴和宝贵财富。

一、坚持和丰富了现代化国家的国家形象目标

国家形象目标是对国家形象塑造和建设的未来预期。"中国人民所以要进行百年不屈不挠的斗争，所以要实行一次又一次的伟大变革、实现国家的繁荣富强，所以要加强民族团结、完成祖国统一大业，所以要促进世界和平与发展的崇高事业，归根到底就是为了一个目标：实现中华民族的伟大复兴，争取对人类作出新的贡献"。[①] 近百年来，中国社会追求中华民族伟大复兴的过程就是不断塑造和提升中国国家形象的过程。新中国的成立，使中华民族获得了自由和解放，实现了民族独立和自主，在实现中华民族的复兴上迈出了坚实的步伐。但中国人面临的另一个迫切和长期的任务，就是实现国家和民族的富强。实现国家和民族的富强、民主和文明，建设现代化国家就成为建国后中国历届领导人肩负的历史使命，也成为中国国家形象建设和塑造的长期目标。新中国成立的 70 年是中国不懈努力探索和建设现代化的过程，也

---

① 江泽民 . 江泽民文选 (第二卷)[M]. 北京：人民出版社 ,2006.63.

是国家形象塑造的过程。在这个过程中，中国领导人和政府树立和形成了建设现代化国家形象的目标，并结合时代特征和实践的发展，不断丰富这个目标的内涵。在毛泽东时期，现代化的内涵具体表现为工业、农业、国防和科技的四个现代化；邓小平时期现代化的目标是富强、民主、文明；到了20世纪90年代后，这一目标就发展为：富强、民主、文明、进步、和谐。中国现代化建设任务还未完成，它仍是将来中国国家形象塑造的目标。

二、社会主义、大国、和平是中国国家形象定位不可或缺的特质

尽管不同时期，对国家形象的具体定位有所变化，但社会主义、大国、和平是贯穿建国后中国国家形象不变的特色。社会主义是新中国的一个鲜明特色，中国建立了社会主义政治、经济、文化制度，在其指导下进行社会主义政治、经济、文化活动和建设。但这一社会主义是有中国特色的社会主义。"中国特色社会主义道路，就是在中国共产党领导下，立足基本国情，以经济建设为中心，坚持四项基本原则，坚持改革开放，解放和发展社会生产力，巩固和完善社会主义制度，建设社会主义市场经济、社会主义民主政治、社会主义先进文化、社会主义和谐社会，建设富强民主文明和谐的社会主义现代化国家"。① 大国的定位来自对中国历史传统、众多人口和广袤的疆域以及国际影响的认知，同时这种认知也引申出中国的大国意识。这种大国意识表现为建国后中国一直坚持和强调独立自主、自力更生以及自身的大国责任。毛泽东、邓小平、江泽民、胡锦涛无不强调独立自主，自力更生，无论过去、现在和将来，这都是中国的立足点和根本基点；强调中国作为一个大国应该为世界和平与发展作出贡献。和平的特性来自中国的文化传统和社会主义内在要求，也是中国现代化建设和中国大国责任的要求。即使在毛泽东对国际形势作出"世界大战不可避免"论断的时期，和平仍是中国的追求，只是在追求和平的目标时，中国采取了进攻的姿态和斗争的方式，以挑战者和革命者的面貌出现在世界舞台上。改革开放后，和平不仅成为中国的目标，也成为中国的对外行为方式。

---

① 胡锦涛.高举中国特色社会主义伟大旗帜，为夺取全面建设小康社会新胜利而奋斗——在中国共产党第十七次全国代表大会上的报告[M].北京：人民出版社,2007.11.

三、综合国力的发展为国家形象塑造和提升奠定了坚实基础

改变自己是中国力量的主要来源，改变自己也是中国影响世界的主要方式。[①] 建国以来，自身实力的变化是中国国际形象和中国塑造国家形象的基础。1952 年，我国国内生产总值（GDP）300 亿美元，1960 年达到 614 亿美元，2019 年我国 GDP 为 90.03 万亿美元。中国 GDP 占世界的比重不断上升，从 1960 年的 4.6% 提高到 2018 年的 15.9%，比 2012 年提高 4.4 个百分点。70 年来，我国经济总量与主要发达国家之间的差距不断缩小。[②]

在 2008 年，据美国发布《第十次全球综合国力排名》，中国综合国力在美、日、德之后，位居世界第四，其中经济实力世界第三，军事实力世界第三，科技实力世界第八，教育实力世界第十。中国的综合国力相当于美国的 48%，其中政治力相当于美国的 92%，外交力相当于美国的 89%，资源力相当于美国的 88%，军事实力相当于美国的 36%，经济实力相当于美国的 25%，科技实力相当于美国的 20%，教育实力相当于美国的 12%。[③] 综合实力的发展使中国的面貌和形象发生了翻天覆地的变化。

四、对外宣传和外交是塑造国家形象的重要途径。

中国共产党和中国政府历来重视对外宣传，新中国成立伊始就建立了有关对外宣传机构，随着国力的增强，中国对外宣传的实力、效果和影响也得以加强。对外传播在宣传中国共产党和中国政府的内政外交、社会主义现代化建设成就，服务对外战略，加强世界对中国的了解和认同方面发挥了巨大作用，成为外部世界认知中国的重要渠道。因此，对外宣传成为中国国家形象塑造的重要途径。

70 年来，外交是塑造国家形象的主要途径。政党外交、首脑外交、经济外交、文化外交、军事外交、多边外交、公共外交等不同形式外交共同塑造和传播着中国的国家形象。在不同时期，受国家战略以及国际环境的

[①] 章百家.改变自己，影响世界——20 世纪中国外交基本线索刍议 [J]. 中国社会科学，2002,(1):17.

[②] 国家统计局综合司.国际地位明显提高，国际影响力显著增强 [EB/OL].http://www.stats.gov.cn/tjfx/ztfx/qzxzgcl60zn/t20090929_402591155.htm.

[③] 中国综合国力排名 [EB/OL].http://zhidao.baidu.com/question/95573726.html.

影响，不同的外交发挥着不同的作用。其中民间外交一直是中国整体外交的重要组成部分。"中国政府一贯高度重视民间外交，始终把民间外交作为国家总体外交的有机组成部分，始终注重发挥民间外交的重要作用"。[①] 改革开放前，中国外交空间有限，民间外交在促进中国与世界交流，增进与其他国家人民友谊、了解，推动官方关系的发展方面起着巨大作用；改革开放后，中国与世界大多数国家建立了外交关系，但民间外交仍是中国官方外交的重要补充。

小结

由于受国外环境、国内政策以及领导者个人因素的影响，不同时期中国对国家形象战略环境、目标和定位等战略要素的判断与认识，以及在建构和传播国家形象方面的实践呈现出阶段性特征。（1）在毛泽东时期，中国国家形象建设是在复杂的国内外环境中进行的。国家形象塑造既取得了一系列成就，也存在一些失误。这一时期，中国国家形象战略带有十分明显的时代特征和领导者个人的印记。国家形象战略主要服务于政治利益和安全利益，国家形象思想和实践具有强烈的斗争色彩。毛泽东、周恩来等领导人的形象是中国国家形象的重要体现。（2）在邓小平时期，关于国家形象目标，邓小平继承了毛泽东、周恩来提出的建设社会主义现代化国家的目标，并创造性提出了中国特色社会主义国家形象定位。在实践方面，这一时期中国国家形象的塑造将国内建设与对外传播结合有机起来：一方面对内改革，加快发展；另一方面，加大对外交流的力度，积极参与国际事务。（3）冷战后，中国国家形象思想和实践呈现出新的特点：中国更加主动地塑造国家形象，国家形象建设取得重大成果；合作成为国家形象建设的新特点；中国与世界的互动日益频繁，中国更加多样地展现在世界面前，中国塑造国家形象的手段和方式也日益多样化

新中国 70 年国家形象战略演进过程，是一个不断继承和发展的过程。期间沉淀和积累下了一些经验教训，也凝结形成了一些中国国家形象的特质，成为中国未来国家形象战略设计的重要借鉴和宝贵财富：现代化是中国国家

---

① 胡锦涛 . 在对外友协成立 50 周年大会上的致词 [N]. 人民日报 ,2004-05-21(1).

形象塑造的目标；社会主义、大国、和平是中国国家形象定位不可或缺的特质；综合国力的发展为国家形象塑造和提升奠定了坚实基础；对外宣传和外交是塑造国家形象的重要途径。

第三部分　中国国家形象塑造的战略设想

历史、现在、未来是事物发展的一般时间逻辑。本部分是对未来中国国家形象战略的谋划，需要以历史和现实的分析为基础。在前述历史经验分析基础上，本部分首先要对中国国家形象的现状进行定性和定量的评估，然后以国家形象战略理论为指导，分析未来中国国家形象塑造的国际环境、战略资源，提出中国国家形象塑造的战略目标、战略定位以及实施的方式。

第十章 中国国家形象现状

对国家形象现状的分析是制定国家形象战略，塑造国家形象的第一步和起点。只有清楚地认识和把握了自身的国际形象，才能有的放矢地开展对外交流和传播，有效提升本国国际形象。中国学界显然认识到了这个问题的重要性，越来越多的机构和学者从不同个角度来描绘和解读中国当前的国家形象。这里我们将借助国内外已有的调研成果，梳理中国在国际社会上的形象，分析原因，为下一步的对策研究奠定基础。

第一节 当前国际社会中的中国形象

2000 年后，中国越发重视自身在国际上的形象。国家领导人曾多次在不同场合对中国国家形象的塑造作出指示。2003 年 12 月，胡锦涛在全国宣传思想工作会议上指出，要全面客观地向世界介绍我国发展的情况，及时准确地宣传我国对国际事务的主张，着力维护国家利益和形象。[①]2013 年 8 月，习近平在全国宣传思想工作会议上强调，要精心做好对外宣传工作，创新对外宣传方式，着力打造融通中外的新概念新范畴新表述，讲好中国故事，传播好中国声音。十多年来，中国投入大量资源，传播和塑造自己的国际形象：从在世界各地设立孔子学院，到举办北京奥运会、上海世博会等重大项目，在国际主流媒体投放"中国制造"广告和国家形象宣传片，再到组织"中法文化年""俄罗斯中国年"等国际文化交流活动。经过这十多年的发展和塑

---

① 胡锦涛 . 在全国宣传思想工作会议上发表重要讲话 [N]. 人民日报 ,2003-12-08(1).

造，当前中国的国际形象如何？目前学界普遍采取文本分析和民意测验的方法来分析一国的国际形象现状。

一、当前中国在国际社会中的国家形象

国家在国际社会中的形象就是一国的国际形象。目前，关于中国国际形象的这类调查项目数量少，调查范围与对象也少，且主要由西方几大调查公司或媒体主导，难免偏颇，而国内进行这类调查研究的不多。[①] 笔者认为，在现有国内研究中最具代表性的成果有两个：一是刘继南等完成的"中国国家形象国际传播现状及对策研究"课题研究报告；二是中国外文局对外传播研究中心、察哈尔学会和华通明略从 2012 年起联合发布的年度"中国国家形象全球调查报告"。前者的研究成果——《中国形象》，通过对世界八大主流印刷媒体在 2000 年 12 月 20 日—2003 年 12 月 20 日这段时间 5600 篇对中国报道的方式、数量和总体倾向性分析，勾勒出中国在世界媒介的形象。当然这种抽样调查方法也存在偏差，因为分析的文本来自西方主流媒体。但是直到今天，这种分析的结果仍是有参考价值的。"中国国家形象全球调查报告"由国内知名智库和国际专业调研机构共同完成，在全球范围通过对欧洲、美洲、非洲、亚洲等不同区域、不同发展水平和不同年龄的数千名居民进行在线调查。从 2012 年起，该平台每年发布一次，至今发布了 2012 年年度报告、2013 年年度报告、2014 年年度报告。下面主要参考这两类研究成果，大致描绘出当今中国的国际形象。

（一）蓬勃发展，影响力不断提升的经济大国

中国经济是影响中国国际形象的关键因素。2013 年度报告显示，三成海外受访者对中国经济有所了解，六成认为经济发展是中国步入大国行列的主要动因。无论是发达国家还是发展中国家对中国经济形象的描述和评价总体都是积极和正面的：快速发展、增长态势明显，对其他国家和世界经济发展

---

① 关于具体研究成果，参见：刘继南 . 中国形象 [M]. 北京：中国传媒大学出版社，2006.49-110；明安香 . 传媒全球化与中国崛起 [M]. 北京：社会科学出版社，2008.101-105；段鹏 . 国家形象建构中的传播策略 [M]. 北京：中国传媒大学出版社，2007.34-39；2012 年起，中国外文局对外传播研究中心、察哈尔学会和华通明略联合发布 "年度中国国家形象全球调查报告"。

带来积极影响的经济大国。国际社会对中国未来发展普遍持乐观态度，近一半海外民众认为中国会稳定发展甚至成为世界第一大国，发展中国家对此认同率达到53%。具体来看，三成海外民众认为中国会保持稳定发展，俄罗斯、印度达到四成。17%的国际民众认为中国会成为世界一流大国，巴西（24%）、南非（22%）、印度（19%）、俄罗斯（18%）、英国（14%）的信心指数均超过中国本国（13%）。中国"发展停滞、衰退"的说法基本没有市场。中国经济的国际影响力不断提升，获得国际社会认可。海外受访者认同"中国经济发展推动了全球经济发展""本国从中国经济发展中获得了利益"以及"中国乐于在经贸方面与本国开展合作，共享中国经济发展成果"。中国产品和品牌在海外市场已建立起一定的知名度。联想和海尔是海外消费者最熟悉的中国品牌。超过半数的受访者愿意考虑购买中国品牌商品，该比例与韩国品牌的接受度不相上下。中国品牌接受度最高的5个品类为：电脑和IT产品、家电、零售商、服饰和游戏机，接受度为超过60%。中国企业"走出去"给当地带来了机遇。在2014年的调查中，36%的受访者认为中国企业进入本国可以带来新的资金技术，32%的人认为可以增加就业机会，25%的人认为增加政府税收，还有18%的人认为可以推动产业结构升级改造。但中国还不是经济强国，还存在一些问题。中国经济给世界经济带来冲击和挑战，与其他国家的贸易纠纷和摩擦频繁；中国经济发展存在一些不确定因素，金融领域问题众多，产品和品牌还需要继续提高产品品质和售后服务等。

（二）有所提升但明显分裂的政治形象

整体来看，国际民众对中国政治缺乏了解。传统的中国政治形象在西方主流媒体的塑造下，整体呈现负面形象。西方主流印刷媒体对中国政治的负面报道超过了正面报道，负面倾向明显。对中国政治关注最集中的是人权问题、中国政局，其次是台湾问题、"不同政见者"。在中国的腐败问题、民族问题、政府和领导人形象方面，关注度不高，但通常持批评和指责的态度。但近些年有些变化，中国政治形象有所提升。2014年年度报告显示中国国家主席习近平拥有较高的国际认知度。在9个国家的领导人中，习近平以70%的认知度位列第四。中国领导人治国理政的能力受到广泛的认可。中国领导人习近平处理国内外事务的能力得到了很高的评价。在9个调查的国家领导人中，位列第二。不论发达国家还是发展中国家，对中国执政党的共同印象是：权力集中、有超强的组织动员能力。

排名	理念/主张	%
1	和平共处五项原则	76
2	亲、诚、惠、容的周边外交理念	76
3	全面深化改革	70
4	丝绸之路经济带	68
5	21世纪海上丝绸之路	68
6	中美新型大国关系	66
7	依法治国	66
8	中国梦	63
9	命运共同体	63
10	真、实、亲、诚的对非工作方针	60

您是否认同以下中国理念？

图 6 海外受访者对中国理念的认可程度

组织严密。中国提出的一系列发展理念和国际倡议在国际社会有较高的认知度和认可度。其中"中美新型大国关系"和"依法治国"是海外受访者最为熟知的内容。在认可度方面，"和平共处五项原则"和"亲、诚、惠、容的周边外交理念"被海外受访者接受的比例最高。（见图 6）发达国家与发展中国家对中国政治的认知存在较大分歧，发展中国家对中国政治正面评价较多。2013 年年度报告显示，三成发展中国家民众认为中国政府执政能力很强、具有高超的外交能力，发达国家则下降至一成。一成发展中国家认为中国腐败问题严重，发达国家上升至三成；三成发展中国家认为中国政府"严肃、不可亲近"，发达国家则达到半数以上。发达国家对中国的执政理念和主张了解程度较低，美国、英国均有 73% 的人声称对此不了解；发展中国家对中国的执政理念和主张了解程度较高，只有 37% 的人表示不了解。发达国家和发展中国家对中国道路和模式的评价有所不同。2014 年年度报告显示发展中国家对中国模式持积极态度，认为中国模式是"融合了中国历史文化和现实国情需要的一种创新"（34%），"能够解决一些国家发展中的共同问题"（28%），"是中国取得惊人发展成就的主要原因"（31%），"中国发展道路对本国的发展有借鉴意义"（29%）。发达国家受访者对此评价偏向负面，认为中国发展道路和中国模式"是中共领导的中央集权模式"（31%），该模式的"核心是国有经济占主体"（23%）。（见图 7）

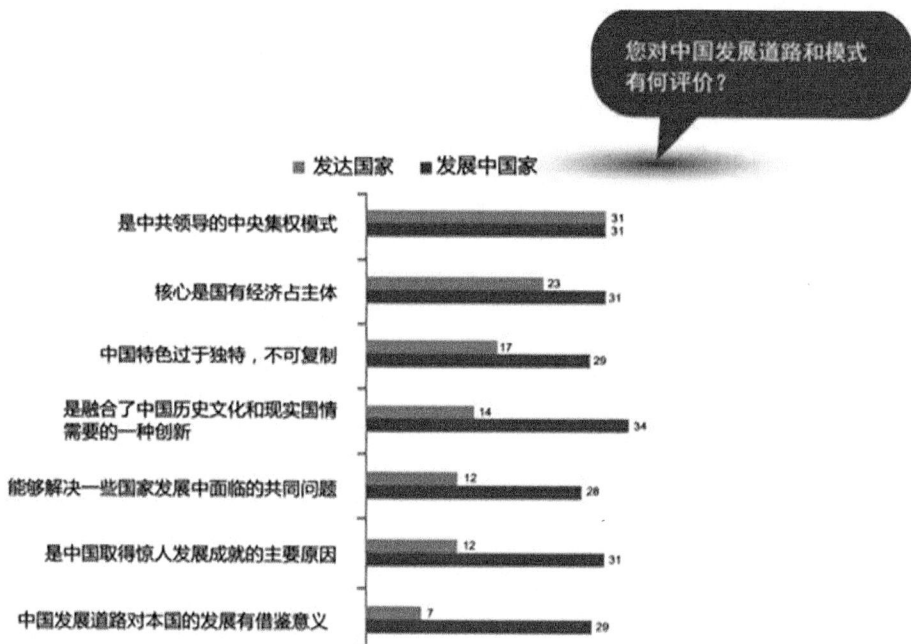

图 7 海外受访者对中国发展道路和模式的评价

（二）问题较多的社会形象

"社会问题"是世界主流媒体报道中国的一个重点，报道数量多，在政治、经济、外交等 16 个指标中出现的频率，处于前 5 位（《时代》周刊对中国社会问题的报道数量甚至占到第一位）社会问题的报道具体、深入，涉及种类多，大到中国法律制度不健全，中国环境污染严重，小到中国中小学生不该做眼保健操。大多数报道选材上以负面消息为主，在报道手法上以讽刺和揭露中国的阴暗面为主。对中国"社会问题"的报道主要集中在以下几个方面：恶性犯罪事件、性交易、偷渡客和毒品走私、知识产权问题、死刑以及中国人口政策和状况，艾滋病和流行疾病等医疗卫生状况方面。在大段对中国社会"黑暗面"报道后，很少涉及中国政府的态度、政策以及所做的努力，即使涉及中国政府的行为也是负面评价远远大于正面评价。在这样的报道下，中国在国际受众中的形象就是：社会问题丛生，政府对此漠不关心。这种情况在"中国国家形象全球调查报告"中得到印证。2013 年度报告显示，国际民众认为中国存在着一些问题，如贫富差距大（41%）、封闭守旧（33%）、社会冲突剧烈（26%）等。2014年度报告表明，国内治理被认为是中国面临的最大挑战。发达国家受访者认为排在首位的是打击国内腐败、社会不公正等问题（35%），其次是提高国内人民生活水平（26%）；发展中国家则把提高国内人民生活水平（29%）和推动国内经济继续高速发展（29%）看作中国未来发展道路上的最大问题。25%左右的海外受访者认为中国民族、宗教矛盾尖锐，政治混乱社会动荡。

（四）有待提升的外交形象

中国与美国、日本、欧洲等的关系在世界主流媒体关注度较高，与这些国家和地区的关系构成了世界媒体关于中国的一般外交形象。由于中国自身的努力和国际影响力的提升，近些年国际社会对中国的国际地位和国际作用认可程度有所提高，但"中国威胁论"依然存在，对中国责任提出了更高的期待和要求。越来越多的海外民众认为中国已经成为世界大国。各国普遍看重与中国的外交关系且期待更好的发展。2014年度报告指出，平均有65%的海外受访者很看重与中国的外交关系并对此抱有更好的期待。例如，俄罗斯民众对中俄关系继续发展的期待最大，92%的受访者认为中俄关系应进一步加强。（见图8）

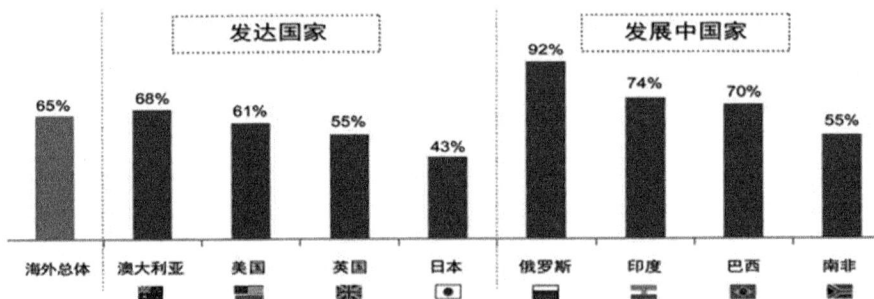

图8 不同国家受访者对发展与中国外交关系的态度

多数民众认为中国应承担更多的国际责任。对于中国的国际责任，平均37%的海外受访者认为中国只在与自身利益相关的国际事务中表现积极，承担的国际责任还不够多。这一观点在发达国家和发展中国家都占较大的比例。（见图9）关于海外受访者对中国军事力量的评价，平均35%的受访者认为中国军力的发展会对别国国土产生威胁，"中国威胁论"仍占有一定市场。西方主流媒体对中国军事关注普遍较少，从这些主流印刷媒体上显示出来的中国军事形象都是力量强大，且"令人担忧""不透明""战略意图不明确"，对国际均势和安全形成威胁。围绕着"钓鱼岛问题""东海油田开发问题"……日本不断炮制着"军事威胁论"，强调对"中国膨胀"的担忧；美国则围绕着"军费不透明"和中国"没有明确意图地发展现代化武器装备"等问题，散布"军事威胁论"。另一方面，中国军力的正面形象也在提升。2014年度中国形象全球调查的受访者认为中国军力是稳定国际秩序的重要力量（28%）和维护世界和平的重要力量（17%）。

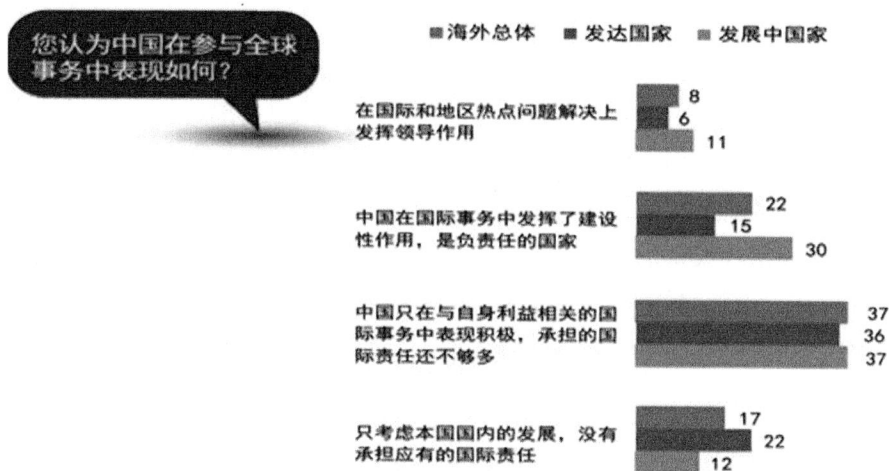

图 9　不同国家受访者对中国在全球事务中表现的评价

（五）正负相当的中国人形象

中国人的形象是中国国家形象生动又直接的体现。2013年年度报告表明，在海外民众的印象中，"幸福""温顺""理性""神秘"是中国国民的主要特征，半数以上外国人乐于和中国人交往。中国青年人获得普遍认可：勤奋、有活力是中国未来的希望。整体来讲，海外民众对中国青年人的态度非常积极，认为他们是中国未来的希望、热爱自己的国家，最显著的特点依次是勤奋、富有活力、有独立主见和行动能力、有个性、充满爱心。

世界主流媒体对中国人的报道涉及中国政府领导人、商界或企业界名人、文化演艺界名人、体育名人、专家学者、其他名人、普通人和华裔。（笔者认为可以用"国家形象值"来衡量不同中国人群体对中国人整体形象影响的大小。国家形象值与知名度、美誉度有关。知名度可以用对象在媒体中出现的频率来衡量，美誉度可以用媒体对对象评价的倾向性来衡量；二者正相关，最终决定某一对象的形象影响力大小。正负形象评价之和可作为衡量某一对象的美誉度，与其知名度的乘积，可以作为形象影响力的指标。) 通过表2，我们可以看到：华裔对中国人形象的影响最直接，被报道次数最多，达到总数的39.07%，美誉度为 –21.5，是对中国国家和中国人形象影响最大的因素，影响力绝对值为 8.40，但为负面影响。文化演艺界名人在世界主流媒体中的形象最好，不仅在知名度上比例较高，达到10%，而且评价也是以正面为主，美誉度最高，达到了 +48.53，影响值为 +4.85，是中国人正面形象的最主要组成部分。中国领导人在世界主流媒体的报道次数较多，达到了18.77%，居第二位，但对中国领导人的负面评价最为严重，占到对领导人报道数量的38.6%，大于正面评价21.1%，整体影响力居第三位，为 –3.29。对中国领导人的负面报道主要集中在：政府管理不合理、腐败、缺乏诚信等。对普通人和专家学者关注度低于10%，但二者评价以正面评价为主，美誉度较高分别达到了 +35.47 和 +30.84，影响值分别为 +2.65、+1.51。从总体上来看，中国人的形象影响力值为 –1.22，为负面影响，但正负面影响力差别不大。

表 2 不同中国人群形象

指标 不同群体	知名度 （%）	美誉度			形象值
		正面	负面	综合	
华裔	39.07	16.1	37.6	–21.5	–8.40
政府领导人	18.77	21.1	38.6	–17.5	–3.29
文化演艺界名人	10	64.86	16.33	+48.53	+4.85
普通人	7.46	43.81	8.34	+35.47	+2.65
商界企业界名人	6.68	31.76	22.81	+8.95	+0.60
体育名人	6.68	28.05	20.33	+7.72	+0.52
专家学者	4.48	56.9	51.67	+30.84	+1.51
其他名人	6.43	53.34	22.5	+5.23	+0.34
小计					–1.22

注：知名度、美誉度（正面、负面）数值来源于：刘继南. 中国形象 [M]. 中国传媒大学出版社，2006.102-103.

（六）富有魅力的传统文化形象和实力雄厚的现代科技形象并存

"历史悠久的文明古国"是中国最受国际民众认可的属性。各主流媒体对中国文化的关注度不高，报道量一般在百分之十以下，但报道内容丰富广泛，涉及京剧、中国画、音乐、影视、陶器、建筑、杂技、历史、地理等诸多方面。许多主流媒体在谈到中国文化时，都不忘提及中国武术。京剧、武术等传统文化成为中国在西方的形象符号。根据调查排名，各国受访者最喜欢的中国元素排名趋于一致，排在前5名的依次是熊猫、长城、成龙、中国美食和故宫。中国文化具有较大的国际吸引力，61%的海外民众乐于了解中国文化，1/3表示对学习汉语有兴趣。来中国旅游成为富有吸引力的文化活动，59%的海外民众表示"了解中国传统文化"是吸引其来华旅游的最主要因素。对中国文化的倾向主要以客观和正面的褒扬为主，表现出中国传统文化是具有深厚底蕴、有魅力的，美好、伟大的。但对中国现代文化报道甚少，中国的电影、音乐和其他现代文化还没有一个享誉世界的文化品牌，尚未获得西方主流的认同。孔子学院和中国文化中心的认知度较低，但美誉度较高。在调查中，高等学府和大众传媒作品则影响力最低。

"中国科技实力雄厚创新能力强"的观点获得国际认可。2013年度调查证实，六国受访者在10分制体系下给中国科技实力打分平均7.92分，在11个被评价国家中位列第四，并且与前三名差距甚微：落后于排名第一的日本0.75分，落后第二名美国0.71分，与第三名英国仅差0.04分。领先第五名俄罗斯0.62分，领先最后一名印度尼西亚2.29分。中国科技的国际认可度高出中国人的自我评价。中国的科技创新能力也享有较高的国际认可度。2014年度调查显示，平均64%的海外受访者对中国科技创新力做出了正面的评价。发展中国家对中国科技创新力的认同的比例都在77%以上；英国、澳大利亚、美国等发达国家对中国科技创新力的认同比例也在54%以上。（见图10）

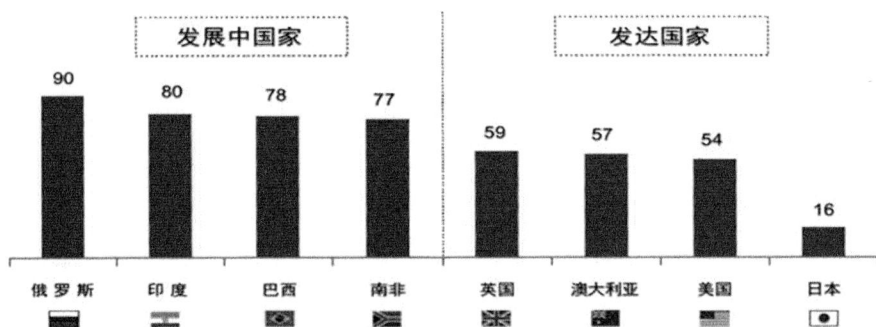

图 10 不同国家受访者对中国科技创新能力认同比例

总之，从当今世界主流媒体（主要是西方主流媒体）涉华报道和中国国家形象全球调查报告的综合分析来看，近些年中国在世界的知名度和美誉度都有所提升，中国的整体形象越来越受到国际社会的认可，但认可度有待提升，并且发达国家和发展中国家民众对中国形象认知存在较大差异。世界对中国的印象还是复杂和充满矛盾的：中国是一个文明古国，科技实力雄厚，经济发展迅速、人民生活水平较高，未来发展前景乐观，是具有世界影响的大国中国，但仍然贫穷落后、政治不民主、环境污染严重、贫富差距悬殊、社会问题突出；中国的发展给世界带来机遇，但对外部世界也带来了"威胁"。

二、当前中国在国际社会中国家形象的特征：以 BBC 的各国国际影响调查为例分析[①]

一些海外机构长期跟踪调查中国的国际形象，其中包括 BBC 的各国国际影响调查。下面以 BBC 在 2005—2013 年做的调查[②]为例分析世界对中国国际形象的认知和评价。从 2005 年开始，英国广播公司世界服务部（BBC World Service）委托世界知名调查公司全球视野（Globescan）与马里兰大学的"国际政策态度项目"（PIPA）对相关国家的国际影响（积极、消极、中立或不清楚或不回答）进行调查。该项目从上一年度的年底到当年年初，在北美、南

---

① 相关内容已发表于：陈世阳 . 从英国广播公司的调查看中国国际形象的塑造——以 2005—2013 年数据为例 [J]. 人民论坛 ,2014(5).

② 本文采用的 BBC 年度国家影响调查报告的文本资料来源于：world public opinion.org[EB/OL].http://worldpublicopinion.org/pipa/articles/views_on_countriesregions_bt/717.php?lb=btvoc&pnt=717&nid=&id=.

美、欧洲、中东北非、非洲和亚太地区的不同国家进行抽样调查，到 2013 年已经连续 9 年发布各国国际影响年度报告，积累了大量数据，为分析有关国家的国际影响和国际形象奠定了基础。（具体情况见表 3）该项目避开了对国家具体要素的考察，对国家整体影响进行"积极"或"消极"或"不清楚"的调查分析，简单易行；长期的调查使它成为了一个品牌，成为国际社会观察国家国际影响和国际形象的重要依据，已在国际舆论界产生了广泛的影响。我们可以利用这些基本的调查数据来分析中国国际形象的一些特征和趋势。[①]

表 3 2005—2013 年 BBC 国家国际影响调查情况表（单位：个）

年度 类别	2005	2006	2007	2008	2009	2010	2011	2012	2013
参与调查 的国家	23	33	27	34	21	28	27	22	25
参与调查 的人数	23, 518	39, 435	28, 000	17, 457	13, 575	29, 977	28, 619	24, 090	26, 299

为了便于研究，我们需要对国家国际形象的评价进行量化。国际形象整体值的大小与知名度、美誉度有关。知名度可以用对象国在媒体出现的频率或对象国被明确评价的数量来衡量，美誉度可以用对象国被评价的倾向性来衡量；二者正相关，最终决定某一对象的国际形象整体值的大小。BBC 的国家国际影响调查问卷统计出不同国家居民对调查对象国的"积极评价"和"消极评价"的百分比。在利用这些数据时，我们对每一个百分点进行赋值，"积极评价"一个百分点对应 1 分，"消极评价"一个百分点对应 –1 分。积极评价值与消极评价值之和是对象国的美誉度值；二者的绝对值之和是参与调查的人口中明确给予对象国评价的数量，代表了对象国的知名度值；积极评价值与其知名度权重（即给出积极评价的百分比）乘积加上消极评价值与其知名度权重（即给出消极评价的百分比）乘积，就是对象国国际形象的整体评估值。对象国国际形象的年度评估值是当年度除了对象国之外所有参与调查的国家给予对象国评估的平均值。为了更清晰全面地把握中国国际形象的

---

① BBC 的调查报告也存在缺陷：一是调查对象来源国的分布不合理，欧洲、北美西方国家占得比重过高；二是对数据的引用是有选择性的，前后标准不一致。为了减少以上不足，本文的许多数据是在基本调查数据基础上重新计算形成的。

特征，我们需要从纵向和横向两个角度来考察。一是从时间的角度来考察中国国际形象的变迁；二是把中国的国际形象与同时期的美国、俄罗斯、英国、法国、日本、印度的国际形象进行对比（之所以选择这几个国家，因为它们都是大国，并且作为调查对象国参与了8年以上的调查，数据完整）。

（一）2005—2013年中国国际形象的整体评价以正面为主，但波动较大

在BBC调查的基本数据之上，根据上面的国家国际形象评价办法，可以分别统计出中国、美国、俄罗斯、英国、法国、日本、印度自2005年以来的年度国际形象值（如下表4，图11）。从中我们可以看出：

表4 2005—2013年世界主要大国国际形象值

国别 年度	中国	美国	俄罗斯	英国	法国	日本	印度
2005	14.0	−7.7	−3.8	16.6	29.6	——	——
2006	11.5	−0.8	−1.9	15.8	17.7	27.0	6
2007	7.4	−17.0	−8.2	12.4	20.6	25.2	6.9
2008	12.5	−5.8	0.7	20.7	20.6	28.5	8.2
2009	−0.8	−2.5	−8.6	30.0	22.6	28.5	4.3
2010	2.4	9.6	−4.7	23.0	20.4	23.7	3.4
2011	7.7	15.0	−2.9	29.6	22.4	28.5	8.4
2012	15.4	11.2	−3.4	22.0	18.2	29.2	8.7
2013	0	7.1	−6.2	25.6	18.2	20.1	−1.4
平均值	7.8	1.0	−4.3	21.7	21.1	26.3	5.6

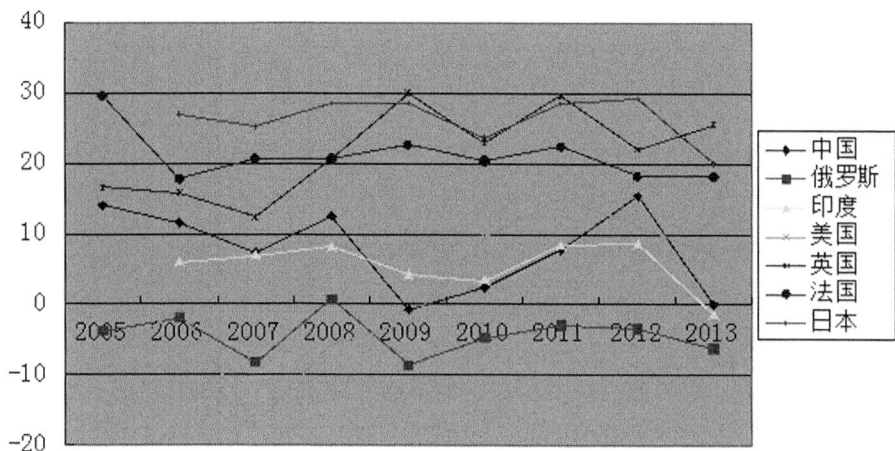

图 11　2005—2013 年世界主要大国国际形象走势

1. 中国国际形象整体评价为正面，与英、法、日等国相比差距较大，但优于俄、印。在 9 年的调查中，2013 年世界对中国的积极—消极评价比例各占 40%，本年度中国国际形象整体值为 0；2009 年对中国的积极—消极评价为 39%：40%，本年度的中国国际形象值为 −0.8；在其他 7 年中，中国的国际形象整体评价都为正数。9 年的中国国际形象整体值平均为 +7.8，这表明：在此时间段，世界对中国的整体印象是正面的，对中国的积极评价超过了负面评价。这个评价超过了同期的另外两个发展中大国——印度和俄罗斯的表现。但与英国、法国和日本这些发达国家相比，中国国际形象的评价要低很多，不在同一层级，每一年度和 9 年来的总体评价都弱于这三个国家。中国国际形象在 9 年中的平均值仅相当于同期英国的 35.9%、法国的 37%、日本的 29.7%。虽然中国 9 年间的国际形象平均值超过美国，但随着驻伊美军的撤离，美国的国际形象评价从 2010 年开始迅速反弹，整体表现反超中国。2010—2013 年，中国的国际形象平均值是 6.4，而美国是 10.7。

2. 中国国际形象整体评价波动较大，而英国、法国、日本等发达国家的整体评价保持相对的稳定。2012 年中国的国际形象评价高达 15.4，2013 则降为 0，2008 年的评价为 12.5，2009 年则为 −0.8。9 年间中国国际形象整体评价波动幅度很大。以平均值 7.8 为基线，中国国际形象从最高点的 15.4 到最低点的 −0.8，波动幅度高达 207%。而英国、法国、日本等发达国家的国际形象评价保持了相对的稳定性。法国 2007 年与 2008 年的国际形象评估值一致，2012 年与 2013 年的国际形象评估值相同，而日本 2008 年、2009 年、2011 年三年的国际形象评估值都是 28.5。而三国的国际形象波动幅度相对较小，分别为 81%、56.4%、34.6%。这说明世界对中国的认知和评价并不稳定。之所以出现这种局面，一方面，客观上，中国正处于快速发展和变化阶段，世界对中国的认知也在变化中，未能形成稳定的印象。一个偶发的事件都会对中国的国家形象造成重大冲击，改变外部世界对中国的认知；另一方面，中国的快速崛起不可避免地在经济、安全、能源、环境等方面对世界产生越来越明显的影响，不同地区和国家对这种影响的感知是不同的。例如，西方世界从现实的需求出发，对中国的认知在两个刻板形象（乐园般光明的中国与地狱般黑暗的中国）之间摇摆。美国学者伊萨克斯指出，"这两种形象时起时落……任何一种形象从未完全取代过另外一种形象。它们总是共存于我们的心目中"[1]。因此，导致西方对中国形象评价的起伏不定。2012 年北美地区对中国的整体评价为 7，2013 年急剧下降到 –37；欧洲地区从 1 下降到 –23。

（二）2005—2013 年中国国际形象的知名度较高，在大国中名列前茅

在大国中，中国的知名度较高，9 年的知名度平均值是 78.4，仅次于美国的 81.2，排名第二。2011—2013 年，中国的知名度超过美国，其中 2011 年达到 85，比美国高出 6 个点。在大多数年份中，中国的知名度比英国、法国、日本、俄罗斯和印度都要高。（见表 5）这表明中国在世界的传播范围和被认知的程度较高，尽管有积极的评价也有消极的评价。这得益于国力增强和国际影响力的提高，中国越来越受到世界的关注，有关中国的话题成为世界舆论的热点。此外，中国与世界的联系日益密切，大量的中国企业和中国人走出国门，在世界各地旅游、投资，直接传递着中国形象。例如，2013 年中国非金融领域对外直接投资 902 亿美元，比上年增长 16.8%；对外承包工程业务完成营业额 1371 亿美元，比上年增长 17.6%；对外劳务合作派出各类劳务人员 52.7 万人，增长 2.9%。国内居民出境 9819 万人次，增长 18.0%。[2]

---

① [美]哈罗德·伊萨克斯.美国的中国形象 [M].于殿利、陆日宇译，时事出版社,1999.77-78.
② 国家统计局.中华人民共和国 2013 年国民经济和社会发展统计公报 [EB/OL].http://www.stats.gov.cn/tjsj/zxfb/201402/t20140224_514970.html.

最后，中国政府近些年也加大了公共外交和对外人文交流的力度，主动传播
和塑造多彩的中国。

表5　2005—2013年世界主要大国知名度表

年度＼国别	中国	美国	俄罗斯	英国	法国	日本	印度
2005	78	85	75	79	78	—	—
2006	72	81	63	72	68	73	60
2007	74	81	68	73	71	74	63
2008	78	83	69	74	71	77	68
2009	79	83	72	77	73	77	72
2010	79	80	67	72	68	74	67
2011	85	79	72	74	70	77	70
2012	81	80	67	71	70	79	67
2013	80	79	69	73	70	78	68
平均值	78.4	81.2	69.1	73.9	71	76.1	66.9

（三）2005—2013年国际社会对中国的积极评价、美誉度与中国国际形
象关联度更高

美誉度和知名度是影响国家形象整体评价的核心要素，而美誉度、知名
度与积极评价、消极评价相关。从2005—2013年中国形象的变化趋势可以发
现，世界对中国的积极评价和消极评价围绕数值40作反向波动，此消彼长。
积极评价在40—50左右波动，消极评价在30—40左右波动，导致对中国的
美誉度评价在0—20左右大幅波动，知名度在72—85间波动。从总体上来
看，对中国的积极评价值大于消极评价值，其对美誉度影响更高，美誉度与
其波动走向一致。由于中国知名度较高，且保持了一定稳定性，与国际形象
整体评价关联度不高。而美誉度变化对中国国际形象的整体影响更大，二者
的关联度更高。国际形象整体评价的变化趋势与美誉度的变化趋势保持了高
度一致，前者随着后者的起伏而波动。因此积极评价、美誉度对中国国际形
象的影响更大、关联度更高。（见图12）

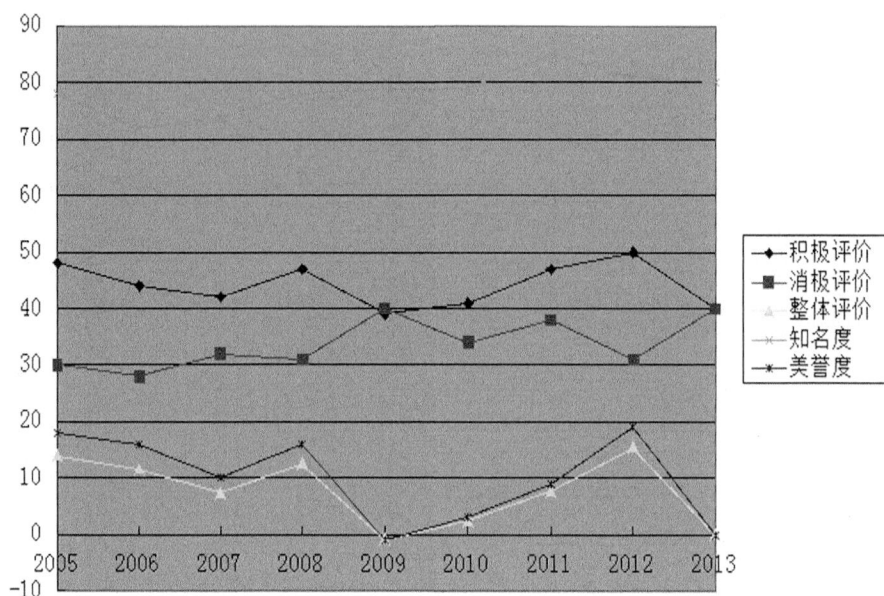

图 12 2005—2013 年中国国际形象主要指标趋势图

（四）2005—2013 年世界不同区域对中国国际形象的评价明显不同

BBC 的调查每年都在全球 6 个地区进行调查，我们把同一地区不同国家对中国整体评价的平均值作为该地区对中国国际形象评价指标。由此，可以分析中国在不同地区的形象以及之间的差异。（见表 6）在 6 个地区中，欧洲、北美对中国的形象评价整体为负面。在 9 年的调查中，北美地区仅在 2005 年、2012 年两年对中国的评价为正面，且美誉度不高，分值仅为 2、7，其余 7 年的评价均为负值，其中 2013 年的美誉度极低，为 –37。欧洲对中国的评价与美国相似。这两个地区对中国的评价在 –10 左右波动，大致走势相同。发展中国家集中的南美洲、非洲、中东北非地区对中国的整体评价一直为正面，其中南美地区对中国的评价比较稳定，中东北非的评价则起伏较大。非洲地区对中国的认可度最高，是中国在国际上获得美誉度最高的地区；9 年来对中国的整体评价平均值为 53，其中 2009 年甚至高达 72。这一时期，亚太地区对中国的评价均值为正数，但较低，仅为 9，其中 2009 年、2013 年的评价为负；该地区对中国评价的趋势总体上呈现明显的下降趋势。在 9 年的跟踪调查中，印尼、印度、菲律宾、韩国、日本和澳大利亚参与了 7 年以上的调查。其中，印尼对中国的评价较高，平均值为 25.0；日本对中国的评价最低，平均值为 -23.2，其中 2013 年低至 -38.5；韩国次之，对中国的国际形象评价平均值为 -17.4，其中 2010 年、2012 年对中国的评价比日本还低。6 国对中国的评价都不稳定，波动起伏较大。（见表 7）

表 6　2005—2013 年世界不同地区对中国国际形象评价表

区域\年度	北美	欧洲	南美	非洲	中东北非	亚太
2005	2	4	21	37	32	28
2006	-13	-12	15	41	31	23
2007	-3	-13	18	53	32	12
2008	-8	-3	23	50	39	5
2009	-24	-26	32	72	3	-8
2010	-14	-28	22	54	9	3
2011	-15	-17	23	57	32	7
2012	7	1	21	65	25	9
2013	-37	-23	19	50	13	-1
均值	-12	13	22	53	24	9

表 7　2005—2013 亚太地区主要国家对中国形象评价表

国别\年度	印尼	印度	菲律宾	韩国	日本	澳大利亚
2005	42.2	39.6	43.7	1.9	-1.4	23.5
2006	30.7	17.1	20.2	-17.6	—	4.1
2007	31.2	7.4	15.4	-12.8	—	3.3
2008	27.4	1.6	14.0	-9	-33.4	28.2
2009	4.8	3.2	-11.8	—	-28.4	8.4
2010	10.1	-5.4	20.6	-25.7	-11.2	-5.5
2011	36.5	-20.8	28.8	-13.7	-25.6	0
2012	19.3	-0.6	—	-30.1	-24	28.8
2013	23.0	5.7	—	-31.9	-38.5	-17.3
平均值	25.0	5.3	18.7	-17.4	-23.2	8.2

第二节 当前中国国际形象现状分析

经过 70 多年建设，国家形象塑造取得重大进步，但中国在世界的国际形象有待提升，对中国的误读和错误认知依然普遍存在。造成这一状态的原因很多，有外部原因，也有中国自身的内部原因。

一、外部原因

正如前面分析，影响国家形象的因素中包括传播环境、受众，它们是影响国家形象的外部原因。就当前中国国家形象误读的外部原因，具体表现为：东西方文化的差异、西方对中国的刻板印象、现实利益的驱使以及中国在国际传播格局和国际传播秩序中处于劣势。

1. 东西方文化差异是中国国家形象对外传播的重大文化障碍。

国家形象的对外传播是一种跨文化信息传播的过程，不同的文化造成信息传播者和接受者形成独特的价值判断标准和思维模式，在国家形象的传播、塑造过程中发挥着选择和过滤的作用，因此，不同的文化容易导致理解与表达的偏差，产生国家形象的误读。这种差异成为中国国家形象对外传播和外部理解中国的重大障碍，也成为外部对中国国家形象误读和歪曲的基本原因。

此外，与中国不同的西方媒体文化加剧了这种局面。在媒体新闻选择原则上，美国等西方媒体往往遵循商业原则，主动迎合受众的口味，考虑新闻在受众中的欢迎程度以及为媒体带来的利润和影响力，忽略报道的整体性和全面性。在这种情况下，媒体对某一事件的有侧重的报道可能在读者或观众中形成并不准确和有失客观立场的判断，误导公众舆论。另外，西方媒体具有批评性的历史传统，批评与自身社会和政治价值观念相异的事务，对任何事件持怀疑态度。因此，揭露、批判中国的阴暗面和负面消息，制造轰动效应，就成为西方媒体报道中国的基本原则。正如一名英国资深记者在互联网上发出的一封公开信中披露说，英国广播公司 BBC "只对诬蔑中国感兴趣……BBC 的路线就是除非我们能够给中国抹黑，否则就别提中国"[①]。

2. 社会刻板印象是造成中国国家形象认知偏差的重要原因。

---

① 李希光. 妖魔化中国的背后 [M]. 北京：中国社会科学出版社，1996.135.

社会刻板印象与国家形象直接相关，是指认知者对认识对象所产生的比较固定、概括而笼统的看法。国家形象作为一种易于形成刻板印象的社会认知往往发生偏差。① 在西方的想象中始终存在两个刻板的中国形象：一个是乐园般光明的中国，另一个是地狱般黑暗的中国。至今，西方对中国形象的认识仍在这二者之间摇摆。美国学者伊萨克斯指出，"这两种形象时起时落……任何一种形象从未完全取代过另外一种形象。它们总是共存于我们的心目中，……还随时出现在大量文献的字里行间，每个历史时期均因循环往复的感受而变得充实和独特"②。

对中国的刻板印象成为西方认知中国的固定模式，限定着西方对中国的认知。来自中国的信息自动经过它的过滤和重新组织，以便与固有的认知吻合，实现心理认知的一致。当中国实际情况与刻板印象重合时，就进一步充实和证明了固有的印象。或出于现实的需要，刻板印象充当了解释中国现象和西方对华政策的合理依据。"冷战"后，中国成为西方"和平演变"的主要目标，西方刻板印象中的中国"邪恶形象"的原型开始突出。中国的政策和对外行为，中国人的言行都被纳入这个解释框架下，似乎中国的一切都成为这个刻板印象的证明。90 年代中期以后，中国的巨大经济进步带来了中国的崭新形象，但同时这一经济进步也在不知不觉间被置换成邪恶的基础，形形色色的"中国威胁论"在西方不断地被制造、传播、演绎，一时间西方文化传统中积淀的所有"邪恶中国"的论说全被复活了。中国的经济增长与政治道德的邪恶形象被统一到一个否定性的基点上，在现代传媒的推波助澜下，"否定中国"几乎成为一种意识形态。③

3. 利益驱使是国际社会歪曲中国形象的现实原因。

西方国家对中国形象的歪曲，甚至妖魔化，除了上面谈到的文化和认知方面的原因外，现实利益的考量也驱使西方社会组织、媒体、政党和政府炮制"中国威胁论"，鼓噪中国负面信息。"中国威胁论"这种论调形成于 20世纪 90 年代初，此后便在国际上泛滥起来，从"中国军事威胁论""中国经

---

① 王钰. 权力与声誉——对中国在美国国家形象及其构建的研究 [D]. 博士论文，复旦大学，2006.32.

② [美] 哈罗德·伊萨克斯. 美国的中国形象 [M]. 于殿利、陆日宇译，时事出版社，1999.77-78.

③ 周宁. 龙的幻象 [M]. 北京：学苑出版社，2004.260-322.

济威胁论""中国资源威胁论""中国粮食危机威胁论"等衍生出十余种版本，甚至在非洲、俄罗斯也出现了"中国威胁论"。西方国家鼓吹"中国威胁论"主要是因为中国的崛起影响了旧的地区和国际政治经济格局，触动了一些国家的利益，这些国家企图借助其强大的全球传媒优势，妖魔化中国，损害中国形象和发展环境，压制或延缓中国崛起的进程，维护自身利益，尤其以美国为代表。"冷战"后，美国力图维持其唯一超级大国地位，建立全球霸权，将防范地区大国作为重要战略目标。迅速崛起的中国被视为潜在威胁和对手，中国是"最有可能成为美国全球性对手的候选人"。这是美国政府在"冷战"后不遗余力掀起一轮又一轮"中国威胁论"的重要原因。此外，西方各利益集团出于不同考虑，往往打"中国牌"，以实现自身利益。在美国，当面临选举时，各候选人竞相攻击中国，炒作中国话题，以迎合选民；在军方和军工集团要增加军费和对台军售时，智库和媒体开始炒作中国"军事威胁论"；在面临国内失业和中国竞争时，企业界炒作"能源威胁"和"经济威胁论"等。抹黑中国成为美国等西方国家利益集团实现利益的有效手段。近年来，在美国还出现了各利益集团抛开原有分歧与"恩怨"，围绕"中国威胁论"，合流从舆论上造势，从政治、经济、军事、外交、能源、环境等多个领域批评中国的局面。

最后，在全球传播格局和传播秩序中，西方仍占据主导地位，掌握世界舆论导向和话语权，在资金、技术、语言上处于优势地位，而中国的国际传播实力较弱，中国的声音淹没在海量的信息中，对国际舆论影响微弱。中国与西方传播实力的巨大差距使中国在对外传播中居于不利地位，中国的国家形象实际是西方媒体按照自己的标准和意图塑造出来的，存在误解和误读已是不可避免的了。

二、内部原因

除了外部原因，作为国家形象战略的主体，中国自身在国家形象战略的谋划、实践方面也存在不足，这是导致中国国家形象现状的内部原因。

1.中国对国家形象认识存在偏差，缺乏对国家形象的统一的战略规划和体系。

1990年代后，中国日益关注国家形象，党和国家领导人多次在对外宣传会议和驻外使节会议上，对国家形象塑造作出指示。2009 年在中国第十一次驻外使节会议上，国家主席胡锦涛强调，要不断提高外交工作能力和水平，努力使我国形象上更有亲和力、道义上更有感召力，为全面建设小康社会、加快推进社会主义现代化营造良好的国际环境和外部条件。但目前来看，国内对国家形象的认识还存在不足：对国家形象的战略作用和地位认识不够，认为形象是可有可无的虚无的东西，甚至认为中国应按自己的意图行事，不要理会外界的评价和印象；认为国家形象是国家实力提升和外交工作的结果，不是一个单独的领域，没必要上升到战略层面。认识上的不足严重制约了对国家形象的研究：国家形象的研究主要集中在传播学领域，还未形成国际政治学、战略学、形象学、社会心理学等多学科的综合研究；国家形象战略作为一个流行词汇常被使用，但关于国家形象战略的内涵、地位、战略要素、战略手段和策略等研究还十分欠缺；在理论缺失的情况下，众多研究者投入到对中国国家形象战略的谋划中，各说自话，在中国国家形象战略资源、环境、目标、定位、手段、策略等问题上至今未形成共识。而在实践中，人们的国家形象意识普遍不足，国家层面缺乏统一的战略规划和领导机构，涉外各部门在塑造国家形象上还处于分散的、被动的状态，中国给国际社会展示的是杂乱复杂的形象。这严重制约了中国国家形象的建设和对外传播。

2. 中国现代化建设任务依然十分艰巨，综合实力、国际竞争力有待进一步提高。

新中国成立 70 年来，中华民族取得了伟大的成就，但中国仍处在社会主义初级阶段，现代化建设任务依然艰巨而繁重，面临着一系列重大困难和不利因素 [1]，使国家形象存在不足和缺陷。（1）经济发展质量和国际竞争力有待提高。尽管中国的经济总量位居世界前列，但人均经济占有量低，劳动生产率不高，生产力水平总体上还不高，自主创新能力还不强，长期形成的结构性矛盾和粗放型增长方式尚未根本改变，经济增长的资源环境代价过大；城乡、区域、经济社会发展仍然不平衡；农业稳定发展和农民持续增收难度加

---

[1] 主要参考了十七大报告和十七届四中全会通过的《中共中央关于加强和改进新形势下党的建设若干重大问题的决定》；陈述 . 中华人民共和国史 [M]. 北京：人民出版社，2009.789-790；赵彦云 . 中国国际竞争力最新分析报告 [N]. 经济日报，2003-9-2；[德] 赫尔穆特斯密特 . 理解中国 [M]. 梅兆荣等译，海南出版社，2009.

大；社会主义市场经济体制初步建立，但影响发展的体制机制障碍依然存在，改革面临深层次矛盾和问题。（2）社会转型加快，不稳定因素增加，社会处于矛盾突发期。体制改革、社会转型带来了社会结构、组织形式、利益格局的深刻变化，产生了一些不稳定因素，社会建设和管理面临严峻挑战；劳动就业、社会保障、教育卫生、居民住房、安全生产、司法和社会治安等方面关系群众切身利益的问题仍然较多，城乡贫困人口和低收入人口还有相当数量，部分低收入群众生活比较困难；同时收入分配差距拉大趋势还未根本扭转。（3）民主法制和思想文化建设有待加强。民主法制建设与扩大人民民主和经济社会发展的要求还不完全适应，政治体制改革需要继续深化；人们思想活动的独立性、选择性、多变性、差异性明显增强，对发展社会文化提出了更高要求，而思想道德文化发展滞后，不能满足现代化建设和人民日趋旺盛的精神文化需求。（4）中国共产党的执政能力同新形势新任务不完全适应。当前，党内存在一些不适应新形势新任务要求、不符合党的性质和宗旨的问题，主要是：一些党员、干部忽视理论学习、学用脱节，理想信念动摇，对中国特色社会主义缺乏信心；一些党组织贯彻民主集中制不力，一些党员干部法治意识、纪律观念淡薄；少数党员干部作风不正，形式主义、官僚主义问题比较突出，奢侈浪费、消极腐败现象仍然比较严重；一些领导班子整体作用发挥不够，推动科学发展、处理复杂问题能力不够，对改革发展稳定一些重大实际问题的调查研究不够深入；一些基层党组织软弱涣散。（5）外部环境不稳定不确定因素增多，给中国带来新的挑战。当今世界正处在大发展大变革大调整时期，国际政治、国际经济、国际安全形势更加复杂多变。综合国力竞争和各种力量较量更趋激烈，发达国家在经济、科技等方面仍占优势；敌对势力继续推行对中国的西化和分化、弱化战略；全球化的深入发展，中国与世界的依赖加深，经济危机、非传统安全等外部因素对中国的影响加大。

3. 国家形象外交的作用有待提升，尤其是公共外交和民间外交。

中国外交中虽然没有关于公共外交概念和思想的系统表述，但公共外交的实践由来已久，主要表现为对外宣传、国际交流和传播活动。自20世纪90年代以来，中国的公共外交事业取得了很大进步，中国开始建设自己的公共外交体系。但与欧美一些国家相比，中国在公共外交工作方面还有很大差距。中国公共外交在观念和实践上都还存在不足。在观念上：第一，中国公众外交的研究刚刚起步，还没有形成完善的国家公共外交理论体系；第二，对公共外交还存在不恰当的认识：缺乏公共关系意识，重硬实力，轻软实力，认为经济搞上去了，国力提升了，国际形象就自然改变了；受"言胜于行""敏于行慎于言"思维定式影响，中国在开展公共外交时往往显得姿态"内向"，甚至闪避；"目的"意识和针对性不强；① 第三，公共外交在中国的外交体系中地位有限，对公共外交重视不够。在实践上，首先，中国还未形成统一的公共外交体制。目前，我国公共外交虽已基本形成了"中央—省—市"三级甚至更多层级的对外交流机制，但从总体上看，各机构内部和各级机构之间，却缺乏应有的协调，公共外交资源整合度较差，远未形成合力。负责对外交流的各个部门和机构之间职能重叠、协调不力和资源浪费的现象时有发生，加强公共外交的组织管理和体制建设已势在必行。其次，公共外交资源不足。公共外交资源投入不足，也是现阶段我国公共外交发展过程中存在的突出问题。对外传播的实力和影响力仍然弱小；文化实力不强大，在国际竞争中处于劣势。我国文化产业在全球的地位现状是：复制能力强大，但原创能力不高，在文化贸易中处于严重入超地位。当前我国文化产业领域普遍呈"小、弱、散"状况，大量呈现"为他人做嫁衣"的现象。此外，民间组织发展不充分，民间精英以及 NGO 对公共外交参与不足。最后，策略上不完善、不成熟，对外公共外交的形式和渠道单一，艺术性有待提高。

进入 21 世纪，越来越多的中国企业、组织、个人走向世界，进行着旅游、商业活动、文艺表演、留学、学术交流等活动。他们在国外的言行直接展示和代表了中国形象，对国家形象塑造发挥着独特作用。而少数中国旅游者在海外的不文明表现，一些经营者不尊重当地法律和风俗，一些海外企业忽视自身的社会责任等已对中国国际形象造成了恶劣影响，极大削弱了政府长期的外交努力。如何更有效地加强对民间力量和民间交流的引导，更好地服务于国家形象建设，成了中国的一个重大挑战。增强国民的素质和国家形象意识就成为中国政府的一个长期任务。此外，全球公民社会的兴起，作用的增强，要求中国重视这个新兴的领域和力量，而中国民间组织发展的滞后和参

---

① 唐小松.中国公共外交的发展及其体系构建 [J].现代国际关系，2006,(2):44-45.

与国际活动能力弱，影响了中国在这个网络中的作用。

外部形势的发展和中国自身的迅速变化，使中国政府外交在塑造良好的国家形象上也面临着诸多挑战：如何更好地协调国家利益与国际责任间的关系，如何充分发挥政府其他机构如政协、人大、司法机关的对外交往，如何协调民间外交、公共外交和政府外交的关系，如何加强文化外交、军事外交、多边外交，如何平衡中国身份认知的内在冲突，平衡中外认知差异，以及平衡国内与国际的互动。这些挑战考验着中国政府的智慧，也直接影响着国家形象的塑造。

4. 中国国际传播事业取得很大发展，但国际传播力亟需提高。

经过 70 年的发展，特别是改革开放 40 年来，中国逐步成长为一个全球媒介大国，但中国还远远不是一个全球传播强国。中国的大众媒介和媒体机构在全球的影响面和影响力还很小，中国的声音在全球舆论传播格局中还比较弱，中国的国家形象在国际上还主要是由西方主流媒体来描绘的……。[①] 这样的一个传播地位与中国在国际舞台上的硬实力是极为不符的，同时这样的一个传播境况对于培育和提升国家软实力也是极其不利的。中国媒体的国际传播力不足已严重影响了中国的国际舆论环境和国家形象塑造。而中国媒体传播力不足的内部原因在于：（1）宏观层面：对外传播媒体运营管理体制不合理；资金投入不够；总体规模偏小，信息收集、调查研究不足；人才流失严重，从业人员素质有待提高。（2）微观层面：对外传播语言的单一和本地化程度不够；新闻时效性差；对外传播艺术和手段有待改进；危机传播不到位等。[②]

小结

无论这些形象我们是否喜欢，但这就是中国国际形象的缩影。造成这种结果有多种原因，一味地批判西方的"文化中心主义"和西方的意识形态偏见，并不能导致西方放弃他们的价值观念和思维定式；明智而理性的做法是，中国应客观、科学地剖析导致中国国家形象现状的原因，将中国国际形象与国内形象、中国自身情况进行对比，与中国塑造国家形象的思想和实践进行

---

① 明安香 . 传媒全球化与中国崛起 [M]. 北京：社会科学出版社，2008.88.
② 段鹏 . 国家形象建构中的传播策略 [M]. 北京：中国传媒大学出版社，2007.48-72.

比较，发现其中的制约因素，以进一步采取措施改变或削弱这种情况，从而提升中国国际形象。

第十一章　中国国家形象塑造的国际环境

——大有可为的战略机遇期

2012 年党的十八大报告指出，中国的发展仍处于可以大有作为的重要战略机遇期。本阶段"战略机遇期"的提出，是中国对未来一段时间国际局势的重大战略判断和历史性选择，是对中国国家形象塑造面临的国际环境的预判。与前一个 10 年相比，中国的内外环境都发生了深刻的变化。进入 21 世纪第二个 10 年，随着综合实力的上升，中国在国际事务中作用增大，无论在政治、安全、经济、大国关系、周边关系和全球治理上，中国都面临新的机遇和挑战，但中国所处的国际环境中有利因素依然存在：全球化、多极化、和平与发展总趋势的持续，世界科技革命孕育新的突破，这都为中国利用有利外部环境和资源，发挥比较优势、后发优势，实现进一步发展创造了条件，我国仍处于大有可为的战略机遇期。

一、和平、发展、合作的趋势仍将持续

和平与发展仍是当今时代的主题。总体和平、局部战争，总体缓和、局部紧张，总体稳定、局部动荡，仍然是当前和今后一段时间里国际局势发展的基本态势。一方面和平与发展仍是当今时代的主题；另一方面影响和平与发展的不稳定因素也在增加，局部战争和冲突不断，南北差距拉大，恐怖主义、网络安全、环境污染、严重传染性疾病等全球性问题热点频发。国际间相互依赖进一步加深，共同利益增多，合作成为国际社会应对国际挑战和维护利益的普遍选择。十八大报告指出："和平与发展仍然是时代主题。世界多

极化、经济全球化深入发展，文化多样化、社会信息化持续推进，科技革命
孕育新突破，全球合作向多层次全方位拓展，新兴市场国家和发展中国家整
体实力增强，国际力量对比朝着有利于维护世界和平方向发展，保持国际形
势总体稳定具备更多有利条件。"在形势下，中国更加积极主动地参与国际秩
序的建设，维护和推动和平、发展、合作的世界潮流，发挥"负责任大国"
作用。

（一）大国关系合作与竞争并存，中国积极建构新型大国关系

大国关系是影响国际形势发展的重要因素。"冷战"后，合作与竞争并存
的大国关系模式一直延续。中国与国际上主要大国都建立和保持了各种伙伴
关系。这种伙伴关系网的建立为中国创造了良好的外部环境，同时也塑造了
中国和平发展的国家形象。进入 21 世纪第二个 10 年，中国积极推动构建 21
世纪新型大国关系和国际关系。

1. 中美新型大国关系

中美关系是当今世界上最重要的双边关系。这对崛起中的大国和守成大
国之间的关系不仅关系到两国人民的福祉，还关系到世界局势的和平与稳定。
随着中国国家实力的迅速增长和国际地位的提高，中美之间的战略互疑逐渐
加重。为了避免陷入"崛起中大国和守成大国之间必然冲突"的历史魔咒，
在中国的积极倡导下，中美两国开始探索建立面向 21 世纪的新型大国关系。
2012 年 2 月，时任国家副主席习近平访美时提出构建中美新型大国关系的倡
议。对于"新型大国关系"，尽管中美双方在概念上没有达成完全一致，两国
政界与学界尚有争论，但存在着普遍共识：21 世纪的中美关系必须避免大国
对抗与零和博弈的历史覆辙，携手走出一条大国关系的新路。2013 年 5 月，
习近平与奥巴马在美国加州安纳伯格庄园举行首脑会晤时，双方决定共同努
力构建新型大国关系，明确了未来中美关系的方向。2016 年后中美关系进入
新的变动期，这既有中美关系内在规律，也有中美力量接近的结构性因素。
中美关系已经不可能回到过去，既不可能回到以前的中美关系，也不可能回
到美苏冷战时期的关系。对中美关系既不能悲观，也不能乐观，始终要从历
史、文化、战略角度来把握。

2. 中俄新型大国关系

中俄关系是当今世界上最重要的双边关系之一，目前处于历史上最好时期，受到两国高层的重视和人民的支持，而且具有巨大的潜力和广阔的前景。对于中国来说，俄罗斯既是中国的周边大国，是国际社会中的重要一极，也是国际组织中不可或缺的重要伙伴，因此发展中俄关系对中国具有重要的现实和长远意义。不管是出于共同的战略需要，还是为了两国人民的共同福祉，目前中俄之间的"新型大国关系"是建立在一种平等、互利、互惠、双赢、互相尊重、互不干涉内政的基础之上的，为新型大国关系的构建提供了一个可供借鉴的范式，也为中国处理与其他大国关系提供了一个很好的样板。

3. 中欧全面战略伙伴关系

欧盟是最大的发达国家集团和最大的经济体，是世界政治舞台上重要一极。中欧之间不存在地缘政治矛盾，没有根本利害冲突。保持中欧关系长期稳定发展，符合各自根本利益，有利于世界的和平发展。中国一直支持欧洲一体化，欧盟也尊重中国自主选择发展道路。双方都主张世界多极化和文明多样性，都坚持通过对话协商解决彼此分歧。2014 年是中国外交的"欧洲年"，习近平在访问荷兰、法国、德国、比利时和欧盟总部时提出要从战略高度看待中欧关系，明确了中欧关系的新定位：共同努力打造和平、增长、改革、文明的伙伴关系。[①]2015 年是中欧建交 40 周年，中欧关系总体保持全面稳定健康发展。中欧关系已成为世界上最重要、最稳定和最富建设性的伙伴关系之一。[②]

（二）周边环境总体可控，中国积极推动周边外交升级

近年来，中国周边安全形势虽然热点频发，但总体处于可控状态。在处理与周边国家关系上，中国主张睦邻友好，坚持与邻为善、以邻为伴，加强区域合作，推动与周边国家的交流和合作走向更高水平。2013 年 10 月，中国召开了建国以来首次周边外交工作座谈会，确定了今后 5—10 年中国周边

---

① 2013 年 11 月，习近平在会见来华参加第 16 届中欧领导人会晤的欧盟领导人时，首次提出中欧为"三个两大"的判断，即中欧是维护世界和平的两大力量、推动共同发展的两大市场以及促进人类进步的两大文明。见冯仲平. 中国大力引导中欧关系发展 [J]. 世界知识,2015,(1):23.

② 李克强. 携手开创中欧关系新局面 [N]. 人民日报,2015-6-30(2).

外交的战略目标、基本方针和总体布局。习近平主席在原来"睦邻、安邻、富邻"的基础上提出了"亲、诚、惠、容"的新理念，打造中国与周边国家的命运共同体。2014年中国用实际行动践行周边外交的新理念和战略目标。

1. 中国与朝鲜半岛国家保持友好合作关系。进入21世纪以来，中韩两国在维护地区和平与稳定开展密切合作。目前，中国是韩国第一大贸易伙伴和最大的投资对象国，韩国是中国的第四大贸易伙伴和第三大进口来源地。中朝两国一直保持着传统的友好合作关系。2011年12月，金正恩成为新一代朝鲜最高领导人后，由于在朝核问题、导弹试射、发展道路上和中国存在分歧，但中朝关系在整体上保持友好关系。

2. 中日关系"政冷经热"。中日两国的经贸关系自实现邦交正常化以后迅速发展。根据中华人民共和国商务部亚洲司的统计，2019年，中日贸易总额3150.0亿美元，较上年下降3.9%。其中，我国对日出口1432.3亿美元，下降2.6%；我国自日进口1717.6亿美元，下降4.9%。在投资领域，2019年，日本在华新设企业1000家，同比增加20.8%，实际使用金额37.2亿美元，下降2.0%。然而近年来，由于日本政府和人民整体上出现了"向右转"的趋势，日本部分政客积极推动修改"和平宪法"、参拜靖国神社、否认殖民历史等，中日关系一直处于"政冷经热"的状态，中日关系处于建交以来历史上的最低点。

3. 中国与东盟国家整体上合作加深，与个别国家争端加剧。中国—东盟关系根基扎实，领域广泛，富有活力，双方战略伙伴关系已成为地区和平稳定的支柱。中国—东盟经贸合作不断深化，目前正在推动"区域全面经济伙伴关系"（RCEP）谈判，实现中国—东盟自贸区的升级。东盟国家积极参与中方提出的"亚投行"以及共建"21世纪海上丝绸之路"的倡议。与政治经济合作形成鲜明对比的是，东盟部分国家在域外国家支持下在南海划界问题上屡次挑起争端，破坏了该地区和平与稳定。

4. 中国与南亚和中亚国家关系日益密切。在南亚，中国把中巴关系置于中国外交优先方向，巴基斯坦珍视同中国的关系。2015年中巴战略合作伙伴关系正式提升为全天候战略合作伙伴关系。中印关系发展虽然存在一些障碍，尤其是战略互信方面需要加强；但两国关系发展的基础雄厚，改善空间依然广阔。在中亚，中国与中亚国家相互关系发展稳定，近10年双边、多边在政治互信、经贸往来、安全合作与人文交流等领域不断增强，彼此都视对方为亲密的朋友和伙伴。展望未来，"一带一路"倡议将为中国与南亚、中亚国家关系开辟广阔的空间。

（三）局部地区动荡和热点频发，中国加强与相关国家合作

在 21 世纪前 15 年，世界各地发生的局部动荡和地区热点问题不断，如伊拉克战争、阿富汗战争、朝鲜问题、伊核问题、叙利亚危机、颜色革命、中东北非持续动荡，以及乌克兰危机、ISIS 极端恐怖组织活动等。中国作为一个亚洲强国和未来的全球性大国，在维护亚洲及世界各地的安全与稳定上发挥着重要作用。随着国家实力的不断增强，中国的这种作用越来越明显，进而促进相关国家加强同中国的合作。中国也积极关注地区热点问题，利用上海合作组织、东盟地区论坛、东亚峰会、朝核六方会谈等各种合作机制和平台发表立场观点，展开合作行动。

（四）全球性问题不断增多，中国积极参与全球治理

随着经济全球化的发展，全球性问题不断增多，需要世界各国携手努力来应对，中国实力的提升有助于各国增强同中国合作的愿望，同时国际社会也普遍希望中国发挥负责任的大国作用。近些年来，从防止核扩散到亚丁湾打击海盗，从应对气候变化到联合国维和行动，中国的积极参与越来越受瞩目。[①] 中国越来越注重利用发展多边合作关系，通过广泛参与多边机制积极发挥负责任大国的作用。目前中国参与的主要多边合作机制和组织包括联合国、20 国集团、APEC、上海合作组织、东盟地区论坛、东亚峰会、朝核六方会谈、金砖五国合作机制[②]、世界银行、国际货币基金组织、亚洲开发银行等。其中，中国主导的上海合作组织秉承"互信、互利、平等、协商、尊重多样文明、谋求共同发展"的"上海精神"，务实推动合作，在安全、经济和人文等领域取得辉煌成就，已经成为颇具影响力和威望的国际组织。为了积

---

① 刘建飞. 辩证认识中国发展战略机遇期的新特征 [J]. 齐齐哈尔大学学报(哲社版),2012,(8):2.

② 2010 年 12 月，中国作为"金砖国家"合作机制轮值主席国，与俄罗斯、印度、巴西一致商定，吸收南非作为正式成员加入"金砖国家"合作机制，"金砖四国"即将变成"金砖五国"，并更名为"金砖国家"（BRICS）。

极践行"一带一路"发展战略，促进亚洲区域的建设互联互通化和经济一体化的进程，并且加强与其他亚洲国家和地区的合作，中国积极主导建立亚洲基础设施投资银行，不仅受到了亚洲各国的积极响应和参与，也吸引了西方大国参与其中。

二、世界多极化、国际关系民主化继续向前发展

21 世纪后，世界多极化、国际关系民主化持续向前发展。欧洲和俄罗斯是推动国际多极化的积极力量，以新兴国家为代表的发展中国家成为国际中重要力量。国际政治、经济民主化取得新进展。

（一）世界多极化的发展趋势不断加强

由于美国的相对衰落，欧洲独立性增强以及中国等新兴国家的群体性崛起推动了多极化趋势的发展。

1. 美国实力和国际影响力相对下降。

21 世纪前十年，由于美国过度扩张，再加上国际金融危机的影响，美国经济增长势头减弱，困难加重，美国军事霸权萎缩并且重创了其国际影响力；在此期间以中国为代表的新兴国家迅速崛起，美国实力地位相对下降。再加上，在处理国际事务时，美国凌驾于联合国之上，无视公认的国际关系准则和他国利益，导致其形象和声望下降，严重损坏了自己的国际公信力和软实力。美国建立单极世界的图谋遭到世界人民的反对，与其他国家的主张相悖，遭到了国际社会的一致反对和抵制。这在客观上抑制了美国的霸权主义和推行单极霸权的努力，促进了世界多极化。

2. 欧盟是维护世界多极化的重要力量。

欧盟是当今世界联系最紧密的国家集团。随着欧盟的不断扩大，其整体经济实力已经超过美国。进入 21 世纪，欧盟实现了第五次东扩之后，疆域面积增加了 37.8%，人口增加 19.8%，GDP 总值和贸易总额也有所增加。2013年克罗地亚正式成为欧盟第 28 个成员国之后，欧盟的 GDP 总额达到 17.371万亿美元，连续数年超越美国成为世界第一大经济体。随着经济—政治—社会一体化程度的加深，欧盟独立性增强，成为在国际格局中的一极。欧盟的发展强化了世界多样化发展的趋势，有利于抑制美国单极世界的图谋。

3. 新兴国家群体性崛起特别是中国影响力的提升是促进世界多极化的重要因素。

进入 21 世纪，以中国为代表的新兴国家的群体性崛起成为推动世界多极化的重要推动力量。在 2008 年金融危机中，与西方国家经济相对衰落形成鲜明对比的是，在这次金融危机中新兴国家经济总体发展速度高于发达国家。新兴国家不仅包括实力迅速上升的"金砖国家"，还有在各自地区有一定影响力的"展望五国"①"金钻十一国"②，这些国家经济的高速发展预示着以新兴市场为代表的新势力的崛起，冲击着发达国家主导的国际政治经济格局。其中尤其引人注目的是，以中国为代表的"金砖国家"在世界政治经济格局中地位的提升。2017 年金砖国家五国人口共计 30.8102 亿，占世界人口 41%；国土面积 3976 万平方公里，占全球的 29.4%。2017 年五国 GDP 总额为 185065 亿美元，GDP 平均增长率为 2.39%。事实上，金砖国家仍然是不容小觑的经济力量，它们贡献了世界 GDP 的 25%、人口的 40.9%、贸易总量的 16.7%。它们吸引着全球外国投资总量的 18%，持有外汇储备总量的 40% 和美国国债海外持有总量的 30%。此外，金砖国家消费市场价值超过 4 万亿美元，与欧元区等量齐观。而根据高盛的数据，到 2030 年，大约 85% 的全球中产阶级将生活在金砖国家和其他发展中国家。③ 金砖国家除了加强了经济领域的合作外，还在全球经济秩序改革、联合国改革、气候变化谈判、减贫等重大全球和地区性问题上协调立场，更好地推动国际新秩序建设。新兴国家已成为推动世界多极化、国际关系民主化的主要力量。

---

① "展望五国"（VISTA）是指越南（Viet Nam）、印度尼西亚（Indonesia）、南非（South Africa）、土耳其（Turkey）和阿根廷（Argentina）这五国新兴经济体国家。其英文首字母组成英文单词 Vista，有展望、远景的意思。2007 年，日本《经济学人》周刊发表题为"VISTA 为何能成为有潜力的国家"的文章，认为"展望五国"是继"金砖四国"之后，将成为下一批有潜力的新兴市场国家。

② 继"金砖四国"之后，国际著名投行高盛又创造了投资新概念"金钻十一国"（Next-11），是指墨西哥、印尼、尼日利亚、韩国、越南、土耳其、菲律宾、埃及、巴基斯坦、伊朗和孟加拉这十一个国家，伴随全球经济的持续增长，正在逐步成为最具活力的经济体。

③ 赵明昊. 中国的金砖国家平衡法 [EB/OL].http://comments.caijing.com.cn/20150730/3937103. shtml.

（二）国际关系民主化在曲折中前进

"冷战"后，全球化和多极化成为世界经济政治发展的大趋势。一方面，经济全球化的发展使国家间的相互依赖、相互影响日益加深，国际社会需要建立起某种民主化的国际治理和协调机制，以解决共同面临的发展问题。另一方面，国际政治格局"一超多强"的结构，也使各种国际问题往往需要通过协商、合作的方式才能予以解决。因此，大多数国家主张实现国际关系民主化，并在此基础上建立国际政治经济新秩序。

根据世界格局的新变化，江泽民同志在 2000 年 10 月召开的中非合作论坛开幕式讲话中，首次提出国际关系民主化思想，主张"世界发展的主体是各国人民，世界的管理必须由各国人民共同参与，应该推进国际关系民主化，协商解决国际问题，共同应对人类面临的挑战"[①]。此后，国际关系民主化成为中国外交工作的一个重要战略目标。国际关系民主化的基本精神是反对强权政治和单边主义，由世界各国通过平等协商共同解决国际问题，共同治理世界事务。具体来讲，国际关系民主化应包括以下几个方面：政治上相互尊重，平等相待；经济上互利合作，共同发展；文化上相互借鉴，共同繁荣；安全上相互信任，和平协商。[②]

1. 政治上：相互尊重，平等相待

国家仍然是国际社会的主体，主权原则仍是国际社会的基石。这一原则要求各国相互尊重，平等相待。各国不分大小、强弱、贫富，都应当作为国际社会的平等成员，参与国际事务的讨论与解决，国际事务应由各国共同参与解决，不能由一个或少数几个大国操纵和垄断；各国有权根据各自的国情，独立自主地选择本国的社会、政治、经济制度和发展道路；互相尊重国家领土完整和边界不可侵犯的原则；对国际争端应由有关国家平等协商、互谅互让，通过和平谈判解决。

多极化的发展是时代发展的必然趋势，也是国际关系民主化的必要前提。世界多极化只有经过充分的发展，才能抵制少数国家凭借自身优势实施霸权

---

① 江泽民. 中非携手合作共迎新的世纪——在"中非合作论坛——北京 2000 年部长级会议"开幕式上的讲话 [N]. 人民日报，2010-10-11.

② 陈世阳. 试析国际关系民主化 [J]. 湖北省社会主义学院学报，2005,(2):55-56.

主义、强权政治的图谋和行径，才能促进国际关系民主化的发展。[①] 因此，中国一直积极倡导和推动国际格局多极化，并得到俄罗斯、欧盟等的认同，共同反对霸权主义、强权政治，促进国际关系民主化进程。而建立国际政治新秩序是国际关系民主化的体现和保障，因为旧的国际政治秩序是大国特别是西方大国意志和利益的体现，不能反映国际社会发展变化和公平正义的诉求。

2、经济上：互利合作，共同发展

国际关系的民主化要求所有国家应在平等的基础上，独立自主地参与国际经济事务，在经济关系中维护公平合理原则；各国应相互促进，在互利合作中谋求共同的发展，反对将一国的繁荣建立在他国贫穷的基础之上。国际经济新秩序应体现这一原则：各国有权选择符合本国国情的社会制度、经济模式和发展道路；各国有权对本国资源及其开发实行有效控制；各国有权参与处理国际经济事务；发达国家应尊重和照顾发展中国家的利益和需要，在提供援助时不应附加任何政治条件；加强南北对话与合作，在商品、贸易、资金、债务、货币、金融等主要领域做出必要的调整和改革。

在中国等国家努力下，21 世纪来国际经济新秩序的建设取得了一系列成就，以新兴经济体为代表的发展中国家在国际经济秩序中的话语权和地位得到提升。例如，中国和俄罗斯分别于 2001 年和 2011 年加入世界贸易组织，使世贸组织更具代表性。为了应对国际金融危机，扩大各个国家的发言权，有众多新型国家代表参加的二十国集团首脑峰会开始举行，取代之前的发达国家组成的八国首脑会议。2010 年世界银行通过了世行新一阶段投票权改革方案，中国在世界银行的投票权从 2.77% 提高到 4.42%，成为世界银行第三大股东国。未来发展中国家在世界银行整体投票权提高，新兴经济体影响力提高。由中国倡导成立的亚洲基础设施投资银行筹建工作进展顺利，将于 2015 年成立。亚投行的成立是中国等发展中国家建立国际经济新秩序中取得的一项重要成果。

3. 安全上：相互信任，平等协商

"冷战"后，人类相互依赖的加深，共同利益的增多以及非传统安全突出，综合安全、共同安全与合作安全应成为人类共同的安全观。面对复杂多

---

① 任晶晶. 新世纪以来中国推动国际关系民主化的理论与实践 [J]. 当代中国史研究，2011,(6):55-56.

样的安全挑战，任何一个国家都难以置身事外而独善其身，也不可能靠单打独斗来实现所谓的绝对安全。各国要相互尊重彼此主权和领土完整，尊重彼此合理的发展、安全诉求；一个国家要谋求自身发展，必须也让别人发展；要谋求自身安全，必须也让别人安全；要谋求自身过得好，必须也让别人过得好。各国必须坚持以合作的胸怀、创新的精神、负责任的态度，同舟共济、合作共赢，共同应对各种问题和挑战，携手营造和谐稳定的国际和地区安全环境。[①] 面对彼此的分歧，各国应坚持平等协商原则，通过和平方式解决；要充分尊重和发挥联合国在维护世界和平、安全与稳定方面的中心作用，建立公平有效的共同安全机制。

4. 文化上：相互借鉴，共同繁荣

对文明多样性和发展模式多样化的尊重是国际关系民主化的重要体现。世界文明的多样性是人类发展产物和人类社会发展的动力。世界上的各种文明、不同的社会制度和发展道路理应彼此尊重，在竞争中取长补短，在求同存异中共同发展，共同繁荣。在国际关系民主化的进程中，上海合作组织和中非合作论坛成为不同文明和谐共生的典范。上合组织的宗旨是：加强成员国之间的互相信任与睦邻友好；鼓励成员国在政治、经济、科技、文化、教育、能源、交通、环保和其他领域的有效合作；联合致力于维护和保障地区的和平、安全与稳定；建立民主、公正、合理的国际政治经济新秩序。目前，上海合作组织成员国元首理事会第十五次会议在俄罗斯乌法举行，乌法峰会将通过关于启动接收印度、巴基斯坦加入上合组织程序的决议，上合组织扩大成员的大门正式打开。中非合作论坛是中国和非洲国家在南南合作范畴内的集体对话机制。2000 年 10 月中国政府提出召开"中非合作论坛—北京2000 年部长级会议"的倡议，得到非洲国家的热烈响应和广泛支持。中非关系的快速发展成为新时期发展中国家不同文明之间合作的典范。

三、经济全球化继续深化，中国处于比较有利的发展机遇期

2008 年金融危机后，世界经济持续动荡，不确定性因素增多，经济全球化在曲折中向前发展。在科技和产业浪潮的推动下，全球化出现一些新的趋

---

① 习近平 . 携手合作 共同维护世界和平与安全——在"世界和平论坛"开幕式上的致辞 [N].人民日报 , 2012-7-8(2).

势和特点，充满了挑战和机遇。"对于中国来说，这是一个机遇大于挑战的历史时期"。[①]

（一）全球治理格局出现新变化，中国成为全球经济新秩序的重要推动力量

近 20 年来，新兴经济体一直保持高速发展，经济增长率超过发达经济体，成为世界经济贸易发展的重要引擎。特别是 2008 年金融危机的爆发，发达经济体的相对衰落和新兴经济体的逆势发展，打破了西方主导全球经济的局面。按照购买力平价测算，2011 年，新兴经济体占全球 GDP 的份额由 2008 年的 48% 升至 51.87%，首次超越发达经济体。新兴经济体成为全球经济事务中的重要力量，全球治理格局发生调整。自匹兹堡峰会以后，包含新兴经济体的二十国集团取代八国集团成为国际经济合作和协调的首要平台。新兴经济体在全球经济治理中的话语权增强，成为引领全球经济秩序变革的重要力量。

中国作为最大的新兴经济体将在国际经济新秩序变革中处于更加有利地位。经过 40 多年的改革开放，我国开放程度显著提高，在全球经济格局中的地位和作用不断提升。我国平均关税从 2001 年的 15.3 % 降到 2019 年的 4.33%，关税总水平在发展中国家中最低。开放领域与地域不断扩大，形成了全方位多层次的开放格局。1992—2018 年，中国已连续 27 年居发展中国家吸引外资之首位，2018 年吸收外资规模占全球外商直接投资流入总量的比重达 10.7%。我国已成为跨国公司全球投资战略布局的重要区域，在华投资的世界 500 强企业超过 480 家。中国已与全世界 150 多个国家和经济体建立了双边经贸关系，参与二十国集团、亚太经济合作组织、东盟与中国"10+1"机制、多哈回合等多边机制，在国际经济中的地位和影响力不断提高。2018 年我国进出口总额达到 30.51 万亿元，占全球贸易总额的 11.75%，成为世界第一贸易国。我国对世界经济增长的贡献率达到 33.2%，成为带动全球经济增长的强劲引擎。

（二）全球性跨国公司主导着全球化进程，中国参与全球竞争实力增强

跨国公司是经济全球化的主要推动者。跨国公司作为经济全球化的主要

---

① 国资委研究中心课题组 . 经济全球化与深化改革开放 [J]. 经济研究参考，2012,(31):6.

载体，凭借自身强大的实力和影响力进行全球的生产、投资和研发，主导着世界经济贸易体系的运行和规则制定。当今世界国与国之间的竞争主要体现在大企业之间的竞争，跨国公司已经成为在全球范围内优化配置资源、推动产业调整和转型升级的主要力量。[①]经过 40 多年的改革发展，我国大型企业经济规模和整体实力明显提升。根据《财富》杂志公布的名单来看，2019 年世界最大的 500 家企业中，有 129 家来自中国，历史上首次超过美国（121家）。即使不计算台湾地区企业，中国大陆企业（包括香港企业）也达到 119家，与美国数量旗鼓相当。这是一个历史性的变化。这为我国深入参与全球经济竞争奠定了基础。金融危机后，发达国家的全球性跨国企业正在进行全球生产布局和贸易安排的调整，这将影响下一轮经济全球化的广度和深度。这为我国做强做优一批跨国公司提供了难得的发展机遇。我国企业趁机收购了一批国外企业，例如吉利收购 Volvo，从而获得技术、资源和品牌。我国企业与跨国公司开展合作，可以给我国带来投资、先进技术和管理理念，提升我国企业全球经营和竞争力，提高中国在全球范围内配置资源的能力；另外，未来十年，中国的成本优势、市场优势继续存在，这为中国企业做大做强，走向全球，参与全球竞争提供了条件。

（三）世界处于多种产业和技术浪潮并存发展的阶段，中国处于比较有利的发展机遇期

2008 年金融危机后，各国在着手恢复经济增长的同时，加快了新一轮产业结构调整的步伐，加紧在新兴科技领域布局，抢占未来科技和产业发展制高点。全球产业发展出现新的趋势：（1）实体经济的战略地位重新得到重视。金融危机爆发的一个原因在于虚拟经济的过度发展，导致虚拟经济与实体经济失衡。因此危机以来，各国都在调整发展思路，回归实体经济，重视重振制造业。实体经济再次成为国际竞争的新焦点。（2）科技创新带动的发展速度越来越快。信息技术、生物技术、新能源与新材料等技术孕育新的突破。美、欧、日等发达国家和主要新兴市场国家纷纷加大对科技创新的投入，新能源和节能环保等领域的技术研发和产业化进程加快。例如，2011 年，全球

---

① 国资委研究中心课题组 . 经济全球化与深化改革开放 [J]. 经济研究参考，2012,(31):8.

可再生能源投资规模为 2570 亿美元，是 2004 年的 6. 6 倍。（3）产业转移的形式呈现多样化。伴随着世界各国产业结构的调整与新兴产业的崛起，国际产业转移进入劳动密集型、资本密集型、技术密集型产业和研究能力转移并存的新阶段。

实体经济的回归和新兴产业的兴起，为我国产业的转型升级和实力提升提供了历史机遇。中国是世界制造业大国，目前正在推动《中国制造 2025》行动纲领，全力打造"制造强国"。以制造业为主体的实体经济在我国拥有雄厚的基础，完整的配套体系和发达的基础设施；中国仍处在全球产业链条的中段，处于承上启下的相对有利地位。[①]并且中国处于工业化中后期和信息化共同发展的阶段，中国参与全球分工和全球竞争的比较优势和后发优势明显。此外，面对新的技术和新兴产业浪潮，我国与发达国家站在相近的起跑线上，为我国新兴产业实现赶超发展提供了难得机遇。

小结

未来外部环境尽管机遇与挑战并存，但对中国来说，这是一个机遇大于挑战的历史时期。和平、发展、合作的国际趋势仍将持续，世界多极化、国际关系民主化继续向前发展，经济全球化继续深化，世界处于多种产业和技术浪潮并存发展的阶段。中国将更加积极主动地参与国际秩序的建设，维护和推动和平、发展、合作的世界潮流，发挥"负责任大国"作用。在未来的国际格局中，中国将处于更加有利的位置。总之，未来一段时期，我国仍处于大有可为的战略机遇期。这为中国国家形象塑造提供了良好的外部环境。

---

① 王在邦 . 试论战略机遇期新阶段内涵与条件的变化 [J]. 现代国际关系，2013,(2):3.

第十二章　中国国家形象塑造的战略资源

新中国成立以来，特别是改革开放 40 多年来，中国的综合实力发生了巨大变化，这为当前中国国家形象的塑造提供了坚实的基础；而中国的发展潜力为未来国家形象的塑造进一步提供了支撑。本章将对影响国家形象的主要因素进行分析，并对未来中国实力进行展望。

一、中国国家形象战略资源分析

国家实力作为国家形象塑造的战略资源，为制定国家形象塑造战略提供基础和支撑。影响国家形象的主要因素有：自然、经济、军事、政治、教育、科技、文化、传媒、体育、社会、国民等。下面将对中国具备的这些因素展开分析。

（一）自然因素

作为国家发展的重要物质基础，自然因素是国家实力和国家形象战略资源中的最基本要素。中国地大物博、物产丰富，素有"能源大国"之称，雄厚的资源禀赋为中国经济发展、文化繁荣、国防建设和外交互动提供了物质保障。中国国土面积 959.7 万平方公里，居世界第四位 [1]，有高山、森林、湖泊、草原、沙漠、平原和海洋等多样地貌；拥有大量珍稀物种、资源能源储备丰富。2018 年中国可再生能源年增长 28.8%，占全球总量的 25.6%；中国的能源生产占全球供应量的 19.1%，位居世界能源生产大国之首。其中核能

---

[1] CIA，the World Factbook. *https://www.cia.gov/library/publications/the-world-factbook.*

增长 18.6%，水电增长 3.2%，占中国发电总量的 28.7%。[①]

由表 8 可知，中国石油天然气资源整体实力位居世界第三，仅次于俄罗斯和美国。2018 年中国探明石油储量 35 亿吨，居俄罗斯和美国之后，占世界总量的 1.5%；2018 年产量为 1.891 亿吨，居美国和俄罗斯之后。中国天然气 2017 至 2018 年产量增长 8.3%，稍低于美国的 11.5%，高于俄罗斯的 5.3%。

在生态环境方面，初步核算，全年能源消费总量共计 48.6 亿吨标准煤，比上年增长 3.3%。煤炭消费量增长 1.0%，原油消费量增长 6.8%，天然气消费量增长 8.6%，电力消费量增长 4.5%。煤炭消费量占能源消费总量的 57.7%，比上年下降 1.5 个百分点；天然气、水电、核电、风电等清洁能源消费量占能源消费总量的 23.4%，上升 1.3 个百分点。重点耗能工业企业单位电石综合能耗下降 2.1%，单位合成氨综合能耗下降 2.4%，吨钢综合能耗下降 1.3%，单位电解铝综合能耗下降 2.2%，每千瓦时火力发电标准煤耗下降 0.3%。全国万元国内生产总值二氧化碳排放下降 4.1%。[②]

表 8 2018 年世界主要国家石油天然气资源情况

指标\国家	2018 年探明储量		占世界总量比例（%）		2018 年产量		2018 年占世界总量比例（%）		2017-2018 年产量变化（%）		储产比	
	石油（十亿吨）	天然气（万亿立方米）	石油	天然气	石油（百万吨）	天然气（十亿立方米）	石油	天然气	石油	天然气	石油	天然气
美国	7.3	11.9	3.5%	6.0%	669.4	831.8	15.0%	21.5%	16.6%	11.5%	11.0	14.3
巴西	2.0	0.4	0.8%	0.2%	140.3	25.2	3.1%	0.7%	−1.4%	−7.4%	13.7	15.1
英国	0.3	0.2	0.1%	0.1%	50.8	40.6	1.1%	1.0%	8.6%	−3.1%	6.3	4.6
中国	3.5	6.1	1.5%	3.1%	189.1	161.5	4.2%	4.2%	−1.3%	8.3%	18.7	37.6
俄罗斯	14.6	38.9	6.1%	19.8%	563.3	669.5	12.6%	17.3%	1.6%	5.3%	25.4	58.2
印度	0.6	1.3	0.3%	0.7%	39.5	27.5	0.9%	0.7%	−1.7%	−0.7%	14.1	46.9

注：储产比 = 某年年底所剩储量 / 本年度产量，结果体现以该产量增长水平为参考，剩余储量可供开采的年限。来源：根据《BP 世界能源统计年鉴（2019 年中文版）》整理，http://news.bjx.

[①] 世界能源统计年鉴（2019 中文版）[EB/OL].https://www.bp.com/zh_cn/china/home.html.

[②] 中华人民共和国 2019 年国民经济和社会发展统计公报 [EB/OL].http://www.xinhuanet.com/fortune/2020-02/28/c_1125637788.htm.

com.cn/html/20190730/996432-2.shtml

（二）经济因素

经济因素是影响一国实力和国家形象塑造的重要因素。2012 年中国赶超日本，跃居为世界第二大经济体，展现了中国雄厚的经济实力。尽管目前全球经济疲软，但中国仍保持基本平稳的经济发展态势。

从表 9 可知，2011 年至 2019 年中国国民总收入呈递增态势，从 2011 年的 479576 亿元增至 2019 年的 988458 亿元，增加了 206.1%。2019 年国内生产总值为 990865 亿元，其增长率在 2011—2019 年间增长趋势逐渐放缓；人均国内生产总值从 2011 年的 36018 亿元增至 2019 年的 70892 亿元，增加了 196.8%；财政收入呈逐年递增态势，从 2011 年的 103874.43 亿元增至 2019 年的 190382 亿元。2011 年至 2019 年居民消费水平增加两倍多。同时，各行业涌现出具有国际影响力的本土企业和品牌：华为、中兴、联想、阿里巴巴等。尤其是以阿里巴巴、腾讯为代表的 IT 企业，2019 年市值分别位居全球第七位和第八位。

表 9　2011—2019 年中国经济发展情况

指标 ＼ 年份	2011 年	2012 年	2013 年	2014 年	2015 年	2016 年	2017 年	2018 年	2019 年
国民总收入（亿元）	479576	532872	583197	634367	673021	742352	825016	896915	988458
国内生产总值（亿元）	484124	534123	588019	636463	676708	744127	832036	919281	990865
国内生产总值增长率（%）	9.5	7.8	7.7	7.4	6.9	6.7	6.9	6.7	6.1
人均国内生产总值（亿元）	36018	39544	43320	46652	49351	53980	59660	64644	70892
财政收入（亿元）	103874.43	117253.52	129210	140350	152269	159552	172567	183352	190382
财政收入增长速度（%）	25.0	12.9	10.2	8.6%	5.8%	4.5%	7.4	6.2	3.8

续表

指标 年份	2011 年	2012 年	2013 年	2014 年	2015 年	2016 年	2017 年	2018 年	2019 年
居民消费水平（元）	13134	14699	16190	17705	21966	23821	25974	28228	30733
对外直接投资净额（万美元）	7465404	8780353	10784371	12312000	14567000	17011000	15829000	14304000	

来源：根据中华人民共和国国家统计局数据整理，对数据进行四舍五入。

中国的全球经济影响力，主要体现在进出口及对外经济合作上。近些年，中国对外直接投资发展迅速，2018 年中国对外直接投资 1430.4 亿美元，略低于日本（1431.6 亿美元），成为第二大对外投资国，2019 年达到 1701 亿美元，同比增长 18.9%。在对外贸易方面，2012 年中国跃居世界第一大货物出口国，2013 年中国成为世界第一大货物进口国。[①]2014 年中国成为全球最大的出口国和世界第二大进口国。[②] 自加入世界贸易组织以来，中国国际贸易年均增长速度为 18.2%。目前，全球一共有 124 个国家和地区的最大贸易伙伴是中国，中国已经成为全球最重要的贸易伙伴。根据国际贸易中心的最新统计数据，中国已经是全球最大的出口国，2018 年向全球出口了将近价值 2.3 万亿美元的产品。

"一带一路"与亚投行倡议是提升中国国际经济影响力的催化剂。据统计，2019 年，我国企业在"一带一路"沿线对 56 个国家非金融类直接投资 150.4 亿美元，同比下降 3.84%，占同期总额的 13.6%。[③]亚投行将筹集 500 亿美元基金，该项目将汇集 65 个国家的 44 亿人口，中国与参与国贸易量有望在 10 年内达到 2.5 万亿美元。[④] 鉴于对中国经济态势的乐观评估，世界主要经济体纷纷要求加入亚投行。经济实力影响中国经济形象的塑造，世界主流媒体

① Takatoshi ITO,Kazumasa IWATA,Colin MCKENZIE, Marcus NOLAND, Shujiro URATA. "China's Impact on the Rest of the World:Editors' Overview", *Asian Economic Policy Review*,2014(9),pp.1.

② Hongying WANG,Erik FRENCH. China in Global Economic Governance, *Asian Economic Policy Review*,2014(9),pp.254–271.

③ 商务部综合司．"落实'一带一路'倡议助推外贸增长"[EB/OL].http://zhs.mofcom.gov.cn/article/Nocategory/201505/20150500961696.shtml.

④ Jacob Stokes. China's Road Rules Beijing Looks West Toward Eurasian Integration, *https://www.foreignaffairs.com/articles/asia/2015-04-19/chinas-road-rules*.

BBC 塑造的中国正面经济形象为：经济迅速发展、出口增长快、制造业前景广阔、经济态势乐观。

（三）军事因素

早期的国家实力概念多将军事因素作为唯一的衡量指标，尽管目前国家实力的衡量指标已不局限于军事因素，但其作用仍不可小觑。军事实力主要体现在一国的军费开支及其占 GDP 比重、军队规模、武器装备等方面。

在军事战略方面，中国提倡武装力量的多样化运用，实行新形势下积极防御军事战略方针，优化军事战略布局。① 在人员配备方面，截至 2013 年 4 月，我国陆军机动作战部队有 85 万人，海军有 23.5 万人，空军有 39.8 万人。②

表 10 2008—2019 年世界主要国家军费情况（单位：百万美元）

指标 国别		2008 年	2009 年	2010 年	2011 年	2012 年	2013 年	2014 年	2015 年	2016 年	2017 年	2018 年	2019 年
中国①	总额	91658	111778	123333	147258	169604	191228	216371	214093	225713	151700	168200	261082
	占 GDP 的比重	2.02%	2.19%	2.07%	2.01%	2.02%	2.02%	2.06%	1.9%	1.9%		1.9%	1.9%
美国	总额	621131	668567	698180	711338	684780	639704	84462	596010	611186	582700	649000	731751
	占 GDP 的比重	4.2%	4.6%	4.7%	4.6%	4.2%	3.8%	3.5%	3.3%	3.3%		3.2%	3.4%
印度	总额	33002	38722	46090	49634	47217	47403	49968	51259	55631	53500	57900	71125
	占 GDP 的比重	2.6%	2.9%	2.7%	2.6%	2.5%	2.5%	2.4%	2.4%	2.5%		2.4%	2.4%
日本	总额	46755	51464	53796	60452	60010	48728	45776	41103	41569	46400	47300	47609
	占 GDP 的比重	1.0%	1.0%	1.0%	1.0%	1.0%	1.0%	1.0%	1.0%	1.0%			
韩国	总额	26072	24409	27573	30884	31661	33940	36677	36433	37265		39200	
	占 GDP 的比重	2.6%	2.7%	2.5%	2.6%	2.6%	2.6%	2.6%	2.6%	2.6%			
俄罗斯	总额	56184	51532	58720	70237	81079	87831		66419	70345	49100	63100	65103
	占 GDP 的比重	3.3%	4.1%	3.8%	3.7%	4.0%	4.2%	4.5%	4.5%	4.9%			3.88%

① 中华人民共和国国务院新闻办公室.中国的军事战略白皮书 [EB/OL].http://www.scio.gov.cn/zfbps/32832/Document/1435515/1435515.htm.

② 中华人民共和国国务院新闻办公室.中国武装力量的多样化运用 [EB/OL].http://www.scio.gov.cn/zfbps/gfbps/Document/1435338/1435338.htm.(2013-4-16).

注：①不包括台湾地区数据。

来源：SIPRI Military Expenditure Database，http://www.sipri.org/research/armaments/milex/milex_database

从全球角度分析，尽管中国同美国等军事大国仍存在一定差距，但从军费、军费占 GDP 比重、武器数量方面展现了巨大军事潜力。从表 10 可知，中国军费从 2008 年至 2019 年保持连续增长。中国军费保持适度平稳增长，由 2008 年的 91658 百万美元增至 2019 年的 261082 百万美元，增加 184%。中美两国军费差距在 2008 至 2011 年基本保持在 550000 百万美元左右，但从 2011 年后差距进一步缩小，2015 年末缩小为 470699 百万美元。

表 11 世界主要国家武器数量统计

核武器（枚）			主战坦克（辆）			战斗机数量（架）		
排序	国家	数量	排序	国家	数量	排序	国家	数量
1	俄罗斯	8500	1	俄罗斯	15398	1	美国	3318
2	美国	7700	2	中国	9150	2	俄罗斯	1900
3	法国	300	3	美国	8848	3	中国	1500
4	中国	240	4	印度	2086	4	印度	1080
5	英国	225	5	德国	408	5	德国	423
6	印度	110	6	日本	678	6	日本	374
7	日本	0	7	巴西	486	7	法国	306
7	德国	0	8	法国	423	8	巴西	223
7	巴西	0	9	英国	407	9	英国	222

来源：张宇燕、李东燕等 . 国际形势黄皮书——全球政治与安全报告（2017）[M]. 北京：社会科学文献出版社，2017:43-47.

表 12 世界主要国家潜艇数量统计

航空母舰（艘）			核潜艇（艘）			其他常规动力潜艇（艘）		
排序	国家	数量	排序	国家	数量	排序	国家	数量
1	美国	19	1	美国	71	1	美国	114
2	印度	2	2	俄罗斯	33	2	俄罗斯	111

续表

3	俄罗斯	1	3	英国	11	3	中国	93
4	中国	1	4	法国	10	4	日本	86
5	法国	4	5	中国	8	5	印度	62
6	巴西	1	6	印度	2	6	法国	38
7	日本	3	7	日本	0	7	德国	24
8	英国	1	7	巴西	0	8	英国	23
9	德国	0	7	德国	0	9	巴西	21

来源：张宇燕、李东燕等. 国际形势黄皮书——全球政治与安全报告（2017）[M]. 北京：社会科学文献出版社，2017：43-47.

由表 11、表 12 可知，中国作为联合国安理会常任理事国和《不扩散核武器条约》核武器缔约国之一，在国际法允许范围内拥有约 240 枚核武器，而俄、美分别拥有 8500 枚和 7700 枚，约为中国的 35 倍和 32 倍；中国有 8 艘核潜艇，美、俄拥有量约为中国的 9 倍和 4 倍；中国拥有主战坦克 9150 辆，多于美国的 8848 辆，少于俄罗斯的 15398 辆；中国拥有战斗机 1500 架，居世界第三位；中国有航空母舰 1 艘，居世界第四位。美国拥有航空母舰 19 艘，位居世界第一；在其他常规动力潜艇方面，中方有 93 艘，美方有 114 艘，俄罗斯有 111 艘。从整体军事实力看，中国在常规武器方面具有明显的军事优势，是世界上无可争议的军事强国。

（四）政治因素

政治因素是制定国家形象战略、增强国家实力的重要基础。世界主流媒体 BBC 指出，中国的正面政治形象是负责任大国、新一届领导人执政能力强、走向发展和进步。从 2014 年起，世界主流媒体中关于中国的国际政治形象的报道更多出现了"友好的""合作的"、散发"正能量"等正面描述。

从国内政治角度看，自党的十六大以来，中国坚持本国特色社会主义政治发展道路。针对中国的政治制度，国外学者予以肯定。学者马丁·雅克指出，中国政治制度具有明显的优越性。改革开放 40 年后的中国赢得了外界更多的尊重。反观中国，走出了一条区别于西方式民主的道路，中国领导层的合法性获得高度认可 ①；欧洲研究学者乔治·佐戈普鲁斯指出，中国的政治制度有自身特色，是符合中国发展的历史必然。尤其是 2014 年中国政府以刮骨疗伤力度惩治腐败，"老虎""苍蝇"一起打，给全世界留下了深刻印象。中国不仅用言语，而且用行动展现了一个"善治""有光明未来"的中国。② 在发展模式上，自 1978 年以来，在改革开放政策的引导下，中国探索出了一条具有本国特色的发展道路和模式，被西方学者乔舒亚·库伯·雷默（Joshua Cooper Ramo）总结为"北京共识"。各界学者、政界人士对该发展模式予以肯定。英国伦敦政治经济学院学者指出，改革开放 30 年的中国发展模式是历史上从未出现过的模式，具有中国特色的社会主义模式兼具"四小龙"、美欧等国家经济模式特点。③ 新加坡国立大学研究员郑永年指出，中国模式的优越之处是努力建设符合自身特点的经济政治制度，中国模式成功地证明了中国价值的普世性质，而中国模式的普世性也反过来促进其可持续性。④ 在转变政府职能方面，中共十八届三中全会强调，要把政府和市场关系的良好处理作为经济体制改革的核心，在发挥市场在资源配置中决定性作用的同时，也应该更好地发挥政府职能。新一届政府工作的首要任务是推进行政体制改革、转变政府职能、把简政放权、放管结合作为"先手棋"。⑤ 在民主方面，中国根据本国国情，实行民主集中制，逐步建立了中国特色社会主义民主制度，确立了人民代表大会制度。将"民主"纳入社会主义核心价值观，并进一步丰富中国特色社会主义民主的表现形式。

中国的国际政治影响力主要体现在提出外交、国际关系新理念和参与国际事务解决上。（1）中国提出开展特色大国外交，坚持底线思维，搞好战略运筹，积极塑造负责任大国形象，中国已构建了全面外交布局框架，对周边国家采取"亲、诚、惠、容"的理念；树立正确的义利观，贯彻睦邻、富邻、互利共赢的精神，推进利益共同体和命运共同体建设，坚持在和平共处五项

① 马丁·雅克. 中国政治制度有明显的优越性 [N]. 人民日报，2015-3-12(3).

② 乔治·佐戈普鲁斯. 适合中国发展的历史必然 [N]. 人民日报，2015-3-17(21).

③《人民论坛》调查组. 关于"中国模式"的问卷调查——74.55% 民众认可"中国模式"[A]. 邹东涛、欧阳日辉. 发展和改革蓝皮书——中国经济发展和体制改革报告 No.2[C]. 北京：社会科学文献出版社，2009.500-512.

④ 本刊编辑部. 全球盛赞"中国模式"[J]. 决策与信息，2009,(11):5-8.

⑤ 李克强. 简政放权　放管结合　优化服务　深化行政体制改革　切实转变政府职能 [N]. 人民日报，2015-5-15(2).

原则基础上，构建"不冲突、不对抗、相互尊重、互利共赢"的新型大国关系，倡导"互信、互利、平等、协作"的新安全观。（2）在提出国际关系新理念方面，首先，和平崛起理念。为打破西方世界"中国威胁论"和在中国国家形象塑造及宣传上的"妖魔化"现象，2005 年 9 月 15 日，在联合国成立 60 周年首脑会议上，中国提出建立"和谐世界"。[1]同年 12 月 22 日，国务院新闻办公室发布了《中国的和平发展道路》白皮书，对"和平发展道路"的表述予以官方正式确认。其次，命运共同体理念。习近平顺应时代潮流，在 2015 年博鳌亚洲论坛年会上发表的题目为《迈向命运共同体，开创亚洲新未来》演讲中指出，面对命运共同体，必须坚持合作共赢、共同发展。应树立双赢、共赢的新理念，该理念不仅适用于经济领域，也适用于政治、安全、文化等领域；中国将坚持和平发展、共同发展、合作发展政策绝不动摇。[2]（3）在参与国际事务解决方面：首先，积极参与地区和全球事务，树立负责任大国形象。中国一贯主张和平解决争端，在积极推进六方会谈、实现朝鲜半岛无核化、解决伊朗核问题、稳定南亚局势等方面发挥重要作用。2014 年在乌克兰问题上，中国声明始终坚持尊重各国主权和领土完整的外交基本方针，秉承公正、客观态度，并提出劝和促谈三点意见[3]；2014 年 1 月 20 日，中方就叙利亚问题解决提出五点"坚持"[4]；李克强在阿富汗问题伊斯坦布尔进程第四次外长会开幕式上，就阿富汗争端提出解决该问题五点主张[5]；2014 年非洲爆发"埃博拉"疫情后，中国政府立即施以人道主义援助[6]。其次，积极加入政府间和非政府间国际组织，从"旁观者"转变为"参与者"。目前，中国已参加 G20、亚太经合组织、上海合作组织、金砖国家、联合国等组织机构。

---

① 胡锦涛．努力建设持久和平、共同繁荣的和谐世界 [N]．人民日报，2005-9-16(1)．

② 习近平．迈向命运共同体　开创亚洲新未来 [N]．人民日报，2015-3-29(2)．

③ 吴云、李秉新、丁小希、张晓东．中方提出政治解决乌克兰危机三点建议 [N]．人民日报，2014-3-16(2)．

④ 焦翔、宦翔．中方就政治解决叙利亚问题提出五点主张 [N]．人民日报，2014-1-21(21)．

⑤ 李克强．携手促进阿富汗及地区的安全与繁荣 [N]．人民日报，2014-11-1(2)．

⑥ 倪光辉、花晓．中国军队援非"征战"埃博拉 [N]．人民日报，2015-4-26(6)．

（五）教育、科技因素

教育与科技因素是国家形象的重要资源，也是衡量国家综合国力强弱的重要因素，对促进经济发展、推动现代化建设具有重要战略意义。

在教育方面，中国政府实行以"继续促进教育公平"为一条主线、配合一套"政策组合拳"的政策，进一步推动教育系统"阳光财务"规范化和制度化，加大教育投入，并不断提高教育经费保障与管理水平。据官方数据显示，2019 年中国教育支出总计 47268047.43 万元，与 2018 年相比增加 754.54 万元，增长 7.4%。[①]

由表 13 可知，中国教育支出整体呈递增趋势，从 2011 年的 1649.73 亿元增至 2019 年的 3227.79 亿元，增加了 195.7%。研究生招生数、在校生数、毕业生数逐年增加，2019 年研究生毕业人数达到 64.0 万人。为提高师资队伍质量，中国政府先后实行了一系列准备项目和专业发展项目，在以下四个方面进行创新：建立教师教育国家课程标准（NCSTE）和进行国家教师资格证考试、开展临床实践"双发展"计划（实习职教）、建立全国在职教师发展训练计划、设立教师职业阶梯。2011 年教育部首次发布了中国教师项目的全面综合标准。有学者指出，该标准将深化从小学到高中学习课程改革，促使未来教育专业化。[②] 同时为实现严格监管和灵活性、传统和创新的平衡，中国政府还对教育系统进行大胆试验，推行网络学院。世界主流媒体 BBC 在中国教育方面多次对"全球学生评价"（PISA，Programme for International Student Assessment）中位于榜首的上海学校进行报道，在肯定中国教育成果的同时，也提出引人深省的问题。

在科技方面，2019 年全国共投入研究与试验发展（R&D）经费 22143.6 亿元，比上年增加 2465.7 亿元，同比增长 12.5%。[③] 据官方数据显示，2019 年重点实验室及相关设施预算为 255410.76 万元，专项基础科研支出决算为

① 中华人民共和国教育部. 教育部 2019 年部门决算 [EB/OL]. http://www.moe.gov.cn/srcsite/ A05/s7499/202007/t20200717_473333.html.

② Xue Han. Big Moves to Improve the Quality of Teacher Education in China, *On the Horizon*. Vol.20，Issue4，pp.325.

③ 中华人民共和国国家统计局 .2013 年全国科技经费投入统计公报 [EB/OL].http://www.stats. gov.cn/tjsj/tjgb/rdpcgb/qgkjjftrtjgb/201410/t20141023_628330.html.

13806.46 万元。① 由表 14 可知，中国科学技术支出从 2011—2019 年之间，呈逐年增加趋势，由 2011 年的 4902.6 亿元增至 2019 年的 10717.4 亿元，增加一倍多；研究与试验发展经费从 2011 年的 8687.00 亿元增至 2019 年的 21737 亿元；发表科技论文篇数、科技成果登记数逐年递增；出版科技著作数量出现小幅度波动，2015 年出现峰值 52207 种；专利申请授权数从 2008 年至 2019 年呈逐年递增态势。

表 13 2011—2019 年中国教育情况

指标 年份	2011 年	2012 年	2013 年	2014 年	2015 年	2016 年	2017 年	2018 年	2019 年
教育支出 （亿元）	1649.73	2124.21	2200.18	2110.81	2097.91	2240.83	2729.33	2989.08	3227.79
教育支出增长 （亿元）	211.25	474.48	75.97	−89.73	−12.9	142.92	488.5	259.75	238.71
研究生招生数 （万人）	56.0168	58.9673	61.1381	62.1323	64.5055	66.7	80.5	85.8	91.7
研究生在校人数 （万人）	164.5845	171.9818	179.3953	184.7689	191.1406	198.1	263.9	273.1	286.4
研究生毕业生数 （万人）	34.4825	37.1273	38.3600	42.9994	48.6455	51.3626	57.8	60.4	64.0

来源：根据中华人民共和国国家统计局数据整理。

表 14 2011—2019 年中国科技情况

指标 年份	2011 年	2012 年	2013 年	2014 年	2015 年	2016 年	2017 年	2018 年	2019 年
科学技术 支出 （亿元）	4902.6	5600.1	6184.9	6454.5	7005.8	7760.7	8383.6	9518.2	10717.4
研究与试验 发展经费支 出（亿元）	8687.0	10298.4	11847.0	13312.0	14169.9	15676.7	17606.1	19677.9	21737.0
发表科技论 文（万篇）	150.00	151.78	154.46	157	164				
出版科技著 作（种）	45472	46751	45730	47470	52207				

① 中华人民共和国教育部 . 教育部 2016 年部门决算 [EB/OL]. http://www.moe.edu.cn/jyb_xxgk/xxgk_cwxx/cwxx_jfgl/201707/t20170721_309859.html.

指标 年份	2011年	2012年	2013年	2014年	2015年	2016年	2017年	2018年	2019年
科技成果登记数（项）	44208	51723	52477	53140	55284	58779	59792	65720	
专利申请授权数（项）	960513	1255138	1313000	1302687	1718192	1754000	1836000	2447000	2592000

来源：根据中华人民共和国国家统计局和中国互联网络信息中心数据整理。

中国科技国际影响力主要体现在高科技产品的生产和进出口、商标及专利申请、科技论文发表和引用等方面。（1）研发占 GDP 比重方面，尽管同日本、韩国、美国、新加坡等国存在一定差距，但中国是唯一研发费用占 GDP 比重持续上升、增加幅度逐年上升的国家。1991 年为 0.73%，2007 年达 1.44%，2012 年为 1.98%，高于俄罗斯的 1.12%，但同美国的 2.79% 和新加坡的 2.10% 仍有一定差距。2014 年中国研发支出预算为 1.33 万亿人民币，占 GDP 的 2.2%，2019 年研发支出是 2014 年的 1.63 倍。（2）在专利合作协议申请方面，全球 2/3 的申请者位于中国境内，华为科技公司成为中国最大的专利合作协议申请者，同时同一年在同一领域内申请专利合作协议超过 3000 项的公司行列中，位居世界第三。[1]（3）在科技论文发表方面，据中国科技信息研究所公布的统计结果显示，2018 年，中国卓越科技论文数共计 31.59 万篇，比 2017 年增加 12.4%。中国科技论文中的高被引论文和热点论文数量位居世界第二。[2]

（六）文化因素

文化因素是国家软实力的基础，是国家形象的重要内容和载体。文化实力主要体现在文学艺术、历史文化遗产、民俗习惯等方面。

在文学艺术方面，中国拥有雄厚的文学艺术底蕴，涌现出一批艺术创作者，在文学创作、绘画、电影、音乐、戏剧、民间艺术等方面取得一定成绩。中国文坛上活跃着巴金、冰心、毕淑敏、季羡林、郭沫若、钱钟书等当代作家，以及金庸、韩寒、郭敬明等为代表的通俗流行作家。其中，莫言是

---

[1] World Intellectual Property Organization, *Patent Cooperation Treaty Yearly Review*, pp.4.
[2] 李大庆. 中国科技论文影响力位居世界第四 [N]. 科技日报，2019-11-19(1).

诸多代表之一，2012 年获得诺贝尔文学奖，此奖项不仅体现了中国文学的进步，也体现了中国综合国力和国际影响力的不断提升。① 在国务院公布的 1372 项非物质文化遗产名录中，民间文学类总计 155 项，占国家级非遗总数 11.3%。②

在历史文化遗产方面，中国陈列着大量的古迹、遗迹和文物，历史人物的英雄事迹也被传为佳话。据官方数据统计，截至 2019 年末，共有国家级非遗代表性传承人 3068 人，国家级非遗代表性项目 1372 项。③ 中国博物馆机构数量逐年增加，2019 年为 5132 个，2016 和 2017 年分别为 4109 个和 4721 个，2018 年为 4918 个，四年间增加 24.9%。2019 年文物藏品有 5130.19 万件，比上年年末增加 166.57 万件 / 套，增长 3.4%。④ 截至 2019 年末，共有国家级非遗代表性传承人 3068 人，国家级非遗代表性项目 1372 项。根据第三次全国文物普查及第一次全国可移动文物普查数据，全国共有可移动文物 1.08 亿件 / 套，不可移动文物 76.7 万处。⑤

在民俗习惯方面，中国有 55 个少数民族，每个民族都具有特色的语言文字和传统节日。其中，鄂伦春族的节日有黑灰日（农历正月十六）、春祭（农历四月间）、祭月亮（农历八月十五日）、米特尔节（农历十一月十三日）等；回族有开斋节（伊斯兰教历十月一日）、阿木拉节（伊斯兰教历一月十日）等；满族有索伦杆祭（每年秋季或腊月择日）、填仓节（农历正月二十五）等；蒙古族有敖包会（农历六月初三或七月十三）、那达慕大会（农历七八月间）等。在价值观念方面，强调诚信、正义、仁爱、民本等时代价值。其中，儒家思想提倡尊崇"五常""四维八德"、与人为善、天人合一、和而不同、民贵君轻、厚德载物、知行合一、俭以养德等。⑥

---

① 李长春致信中国作家协会祝贺莫言获得 2012 年诺贝尔文学奖 [N]. 人民日报，2012-10-13(1).

② 肖远平、王小艳、柴立 . 2006—2014 年中国少数民族民间文学类非物质文化遗产发展报告 [A]. 肖远平、王伟杰、柴立 . 中国少数民族非物质文化遗产发展报告（2015）[C]. 北京：社会科学文献出版社，2015.44-60.

③ 詹一虹、周雨城 . 2006—2014 年中国少数民族民间音乐类非物质文化遗产发展报告 [A]. 肖远平、王伟杰、柴立 . 中国少数民族非物质文化遗产发展报告（2015）[C]. 北京：社会科学文献出版社，2015.29-43.

④ 根据中华人民共和国国家统计局数据整理 [EB/OL].http://www.stats.gov.cn/.

⑤ 文化部 . 中华人民共和国文化部 2019 年文化发展统计公报 [EB/OL].http://www.mcprc.gov.cn/.

⑥ 郭齐勇 . 传承文化基因 彰显精神标识 [N]. 人民日报，2014-8-14(7).

在对外文化交流方面，2019 年"欢乐春节"在 133 个国家和地区的 396 座城市开展近 1500 场活动，与芬兰签署设立中国文化中心协定，在马来西亚、罗马尼亚、卢森堡新设 3 家中国文化中心。截至年末海外中国文化中心数量达到 40 家，驻外旅游办事处 20 家。全年经文化系统审批的对外文化交流项目 2292 起，46060 人次参加；对港澳文化交流项目 326 项，7290 人次参加；对台文化交流项目 197 项，6457 人次参加。[①] 同时，孔子学院是中国文化和汉语的一张"名片"，在增强世界各国文化交流、增进各国人民的相互了解上起着重要推动作用。截至 2018 年底，中国已在全球 154 个国家（地区）建立 548 所孔子学院和 1193 个孔子课堂。[②] 世界主流媒体 BBC 多次对孔子学院进行报道，塑造的中国正面文化形象为：传统文化博大精深、儒家文化广受关注、少数民族文化分布其中。

（七）传媒、体育因素

信息化的发展使信息的加工、传播日益重要，也由此带动了传媒发展，使其成为影响一国实力和形象的重要因素。体育作为一种"世界"性语言，在一定程度上代表着国家实力，并且也是塑造、传播国家形象的重要舞台。

大众传媒是塑造和传播国家形象的重要渠道，本书讨论的传媒因素主要分为电视媒体、广播媒体、通讯社、纸质媒介和互联网五类。具体来讲，我国有以中央电视台等为代表的本土电视媒体、以中国国家广播电台等为代表的广播媒体、以新华社等为代表的通讯社、以《人民日报》等为代表的纸质媒介。2014 年为中国"新媒体融合年"，其突出亮点是"建设网络强国背景下的中国广播电视"，电视传统媒体与新媒体实现良好融合，互联网电视的普及刺激了数字媒体的进一步发展。[③] 据官方数据统计，2018 年广播节目综合人口覆盖率 98.9%，2019 年广播节目综合人口覆盖率 99.1%，比上年末增长 0.2 个百分点。[④] 全国有线电视广播用户 2018 年达 2.18 亿万户，占全国家庭总户数的 49.0%，而 1998 年有线广播电视实际用户数只有 0.28 亿户。在有线

① 根据中华人民共和国国家统计局数据整理 [EB/OL].http://www.stats.gov.cn/.

② 国家汉办官网 [EB/OL].http://www.hanban.edu.cn/.

③ 黄辉 . 2014 中国电视媒体发展年度观察与分析 [A]. 强萤、焦雨虹 . 上海蓝皮书——上海传媒发展报告（2015）[C]. 北京：社会科学文献出版社，2015.189-202.

④ 中国产业信息网 [EB/OL].http://www.chyxx.com/industry/202007/878893.html.

广播电视实际用户中，数字电视用户数 2.01 亿户，占 92.3%，数字用户数比 2012 年增长 40.8%，占比提高 25.8 个百分点。随着互联网的普及，广播影视新媒体蓬勃发展，2018 年全国网络视听注册用户已达到 65.7 亿个，节目播放次数接近 2.7 万亿次。[①] 同时，中国积极推进本土媒体"走出去"，打造国际传播媒介。1998 年，中国国际广播电台互联网站正式开通，并扩展为英、法、德、韩、西、俄、葡、日等多种语言的集群网站。多家媒体已开设国际互联网网址，中国国际广播电台还创办了全英文官网。

在体育方面，中国政府为发展本国体育事业提供了大力资金支持。2018 年国家体育总局获财政拨款 480493.72 万元，较 2017 年的 370875.76 万元同比增加了 1.30%。[②]2017 年、2018 年、2019 年，我国运动员创世界纪录分别为 2 项、3 项和 16 项。国家统计局数据显示，2018 年我国运动员获世界冠军人数 27 人，2018 年我国运动员获世界冠军项数 27 项，2019 年我国运动员获世界冠军项数 33 项，比上年末增加 6 项，同比增长 22.22%。[③] 世界主流媒体BBC 对中国在奥运会上的良好表现进行报道，整体上对中国体育实力予以肯定，塑造了积极的中国体育形象。2015 年 7 月 31 日，中国获得了 2022 年第二十四届冬季奥运会举办权，进一步向世界展示了蓬勃发展、充满活力的中国体育形象。

（八）社会、国民因素

社会的文明程度是评估国家实力的重要指标，影响国家形象的塑造，国民形象和国民性也构成了国家形象的重要来源，是国家形象的具体体现。

中国当前的社会风气是积极的、向善的、进步的，具体表现为：对公民正当利益和价值的肯定、公民形成自立精神与竞争意识、社会群体日趋和谐、中华民族传统精神与人类世界观达成普遍共识、社会生活方式日益创新和丰富，形成健康快乐、热爱生命、舒适安居的生活情致。社会公德、个人品德、

---

① 根据中华人民共和国国家统计局数据整理 [EB/OL].http://www.stats.gov.cn/.
② 国家体育总局经济司 . 国家体育总局 2014 年部门决算 [EB/OL].http://www.sport.gov.cn/n16/n1077/n1852105/6702559.html；国家体育总局 2013 年部门决算 [EB/OL].http://www.sport.gov.cn/n16/n1077/n1852105/5526142_1.html.
③ 中国产业信息网 [EB/OL].http://www.chyxx.com/industry/202006/878154.html.

家庭美德、职业道德等日益受到关注和重视。[①] 在社会组织方面，据官方数据统计，2019 年末全国共有各类提供住宿的社会服务机构 3.7 万个，其中养老机构 3.4 万个，儿童服务机构 663 个。社会服务床位 790.1 万张，其中养老服务床位 761.4 万张，儿童服务床位 9.7 万张。年末共有社区服务中心 2.6 万个，社区服务站 16.7 万个。[②]

国民因素的构成主要体现在五个层面：健康、智力、人格、道德、角色，它们相互渗透、相互交错。[③] 中国人口在数量和质量上都得到进一步提升。据统计，截至 2019 年年末，中国人口达 140005 万人，比上年年末增加 467 万人，人口自然增长率为 3.34%。世界总人口达 75.85 亿，中国占世界总人口的 18.5%。[④] 同时，中国人的优秀品质也得到西方学者赞扬，该品质为：勤俭，外国人认为中国人具有夜以继日、孜孜不倦的勤劳美德，中国人是节俭的楷模[⑤]。和谐，"和谐是支配中国人行为的基本和主导的思想"，西方人将中国看做世界上最和平安宁的国家[⑥]。孝顺，中国人无论高低贵贱，都以对父母的孝敬为最基本的责任。[⑦]

综上所述，以上因素展示了中国已有的雄厚实力，是国际社会认知和评价中国形象的来源，也是中国国家形象塑造的战略资源和支撑。对此，巴里·布赞（Barry Buzan）客观指出，在过去 20 年中，丰富的战略资源大大提升了中国实力，良好的财务表现为提升军事实力提供了雄厚的资金基础。同时，中国表现得更加自信，在国际组织中发挥的作用日益增大。然而，同美国相比，中国在科技方面和具有影响力的国际组织上发挥的作用仍稍显逊色，因此，目前中国可能尚不具备将资源完全转化为世界威慑力的能力。[⑧]

① 段妍、杨晓慧 . 改革开放以来中国社会风气演变的历程 [J]. 理论探讨，2012,(4):37-39.

② 中国人民共和国国家统计局 [EB/OL]. http://www.stats.gov.cn/tjsj/tjgb/ndtjgb/.

③ 沙莲香 . 论中国人的素质构成与社会发展 [J]. 教学与研究，2000,(7):20-24.

④ 中华人民共和国国家统计局 . 中国统计年鉴 2019[EB/OL]. http://www.stats.gov.cn/tjsj/zxfb/202002/t20200228_1728913.html.

⑤ [美] 明恩溥著 . 中国人的特性 [M]. 匡雁鹏译，北京：光明日报出版社，1998.12-20.

⑥ [美]M·G· 马森著 . 西方的中华帝国观 [M]. 杨德山等译，北京：时事出版社，1999.15-17.

⑦ 俞祖华、赵慧峰 . 近代来华西方人对中国国民性的评析 [J]. 东岳论丛，2002,(1):111-114.

⑧ Ian Tsung-yen Chen. "Balance of Payments And Global And Regional Interdependence Relationship", *International Relations of the Asia-Pacific*, 2014, Vol.14, No.2, pp.288.

二、未来中国综合实力展望

中国的发展引起了国外学者的广泛关注，他们对中国实力进行评估，并对未来实力进行展望。将其观点进行分类可知，国外学者主要关注中国的综合实力、经济实力、科技实力和军事实力四个方面。因此，本节将从该四个方面对未来中国实力发展进行展望。

对于未来的中国综合实力，外国学者普遍达成共识：21世纪的中国将再次成为世界强国。[①]马丁·雅克（Martin Jacques）在（*When China Rules the World*）一书中介绍了中国作为文明大国的一系列具有影响力的观点、朝贡体系、民族、当代竞争规则等，并指出不能用西方视角理解中国，而应该通过中国自身的历史和文化来理解。中国不仅在经济实力上超过美国，而且这种超越也将体现在社会、文化和政治影响力等方面。他预测，中国将取代美国成为世界主导力量。[②]有学者以经济增长、高科技占GDP比重为指标预测未来中国实力。2019至2030年增长速度将降至5%，处于放缓阶段。2030年中国经济增长速度将达3%，2040年中国知识和技术密集型产业占GDP比重将达33%。综上所述，乐观地讲，2020年中国将超过美国成为世界最大的经济体，2030年中国硬实力有望超过美国。但如果在该期间遭遇严重的经济困难，致使中国大陆高科技产业发展不能达到目前中国台湾和韩国水平，中国在硬实力方面将不能超过美国。无论如何，从2020年起中国将具备累积充足高科技财富的能力。[③]

在经济实力方面，国外学者普遍对中国进行积极性预测，认为中国经济在未来几年将超过美国。[④]至于何时超过，部分学者认为是2020年：中国可能是唯一一个在过去25年保持9%增长率的国家。按该发展速度，中国可能

① Barry Buzan. China in International Society:"Is 'Peaceful Rise' Possible?", *Chinese Journal of International Politics*, No.1, 2010,pp.5-36;John G. Ikenberry. "The Rise of China And the Future of the West:Can the Liberal System Survive?", *Foreign Affairs*,No.1, 2008),pp.23–37;David C. Kang. *China Rising: Peace, Power and Order in East Asia*(New York：Columbia University Press,2007),pp.197.

② Martin Jacques. *When China Rules the World*(U.K.:Penguin Books,2009),pp.1-5.

③ Alexander L. Vuving. "The Future of China's Rise：How China's Economic Growth Will Shift the Sino-U.S. Balance of Power，2010–2040", *Asian Politics & Policy*,Vol.4,issue 3,July 2012,pp.419.

④ Goldman Sachs. "The Long-Term Outlook for the BRICs and N-11 Post Crisis", *The Economist,*18 December 2010,pp.129.

在 2020 年成为世界上最大的经济体[①];部分学者认为是 2015 年。[②] 由表 15 可知，2030 年中国将在世界经济中占主导地位，市值 GDP 有望同美持平，购买力 GDP 占世界比重将达 23.5%，远远高于美国的 11.8%。2030 年中国市值 GDP 增长速度几乎达到美国的 2 倍，购买力 GDP 增长速度达美国的 3 倍以上。据 IMF 预测，中国占亚太地区 GDP 比重将从 2010 年的 32% 增至 2019 年的 46%。[③] 表 16 显示，2030 年中国占世界贸易比重将达到 15%，贸易量有望多于美国的 2 倍。中国将成为世界头号贸易大国，而美国在世界货物贸易中比重下降。同时，贸易对 GDP 贡献将保持稳步增长，2030 年将增至 53.4%。中国贸易 2030 年增长速度将达 7.2%，仅次于印度和美国，比全球平均增长速度 5.0% 高出 44%。对于中国经济发展，也有学者对其进行消极预测。在中国发展完成前，以投资促增长、出口导向的发展模式仍会使经济在几年内保持 8% 的增长速度。中国快速发展的重点时段可能为 2015 至 2025 年，极有可能在 2017 和 2020 年。在转折点年份中，中国极端不平衡将使发展速度降至 4% 至 6%。中国仍会以更大规模的投入和强势创新政策来抵抗该趋势，但该措施存在局限性，快速发展的社会不能为投资热潮负担太多代价。[④] 因此，未来中国经济结构的调整和发展方式转型显得尤为重要。

---

① Wei-Wei Zhang. "The implications of the Rise of China", *Foresight*, Vol. 6 Issue 4 2004, pp. 223-226.

② lexander L. Vuving. "The Future of China's Rise: How China's Economic Growth Will Shift the Sino-U.S. Balance of Power, 2010–2040", *Asian Politics & Policy*, Volume 4, Number 3,pp.414.

③ IISS.*the Military balance 2015*, February 11,2015,pp.211.

④ Alexander L. Vuving. "The Future of China's Rise: How China's Economic Growth Will Shift the Sino-U.S. Balance of Power,2010–2040", *Asian Politics & Policy*,July 2012,Vol.4,Issue 3,pp.414.

表 15　2010—2030 年世界主要国家 GDP 情况

年份	2030 年				2010—2030 年变化	
国家	人均 GDP（购买力平价，计美元）	GDP(市值，十亿美元)	占世界 GDP 比重市值，%）	占世界 GDP 比重（购买力平价）	GDP 增长比例（市值，美元）	GDP 增长比例（购买力平价）
美国	66, 519	24, 019	17.2	11.8	12.1	8.0
欧盟	47, 683	24, 195	17.3	11.9	10.2	6.8
日本	32, 980	7, 352	5.3	3.6	2.4	1.6
中国	13, 373	22, 440	16.1	23.5	21.4	28.0
韩国	46, 753	8, 422	6.0	9.8	8.9	13.1
非洲	7, 425	2, 172	1.6	1.1	1.5	1.0
巴西	30, 874	8, 075	5.8	5.0	8.6	6.7
俄罗斯	23, 022	4, 624	3.3	3.3	3.3	2.9

来　源：Aaditya Mattoo, Arvind Subramanian, China And the World Trading System. *The World Economy*, December 2012,Vol.35,Issue12,pp.1741.

表 16　2010—2030 年世界主要国家贸易情况

国家指标	2030 年贸易（十亿美元）	2010—2030 年增长（%）	2030 年占世界贸易比例（%）	2030 年贸易占 GDP 比重（%）
美国	5, 827	3.0	7.3	24.3
日本	2, 586	2.9	3.2	35.2
中国	11, 972	7.2	15.0	53.4
印度	3.907	10.4	4.9	46.4
韩国	2, 617	5.5	3.3	120.5
巴西	991	4.9	1.2	21.4
俄罗斯	890	1.6	1.1	76.0
世界	79, 905	5.0	100.0	57.2

来　源：Aaditya Mattoo, Arvind Subramanian, China And the World Trading System. *The World Economy*, December 2012,Vol.35,Issue12,pp.1741.

在科技方面，对于中国是否会成为下一个超级科技大国，有学者指出，外国在中国科技领域发挥着示范作用，中国正努力学习以提升经济和科技能力。基于中国人的务实精神，未来中国科技发展前景乐观。[①] 有学者预测，2020 年中国研发占 GDP 比重有望达到欧盟的目前水平 2.5%。[②]

在军事方面，早在 2006 年的美国《四年防务评估报告》（Quadrennial Defence Review Report）中就对未来中国军事实力作出预测：目前，中国军费以年均 10% 的速度增长，中国成为世界第二大军费支出国，已危及美国军事霸权地位。中国在同美军事竞争上展示了巨大潜力。[③] 对于中国军费情况，有学者指出：2012 年经济危机席卷全球，各国削减军费。中国的军费支出达得到日本的两倍，按该速度发展，2030 年中国军费将超过美国。[④]

小结

尽管学者对目前及未来中国实力评价不一，但中国在塑造国家形象上拥有雄厚战略资源的事实不可改变。中国实力的增强和国际影响力的提升，也使中国形象得到很大改善。在 2015 年皮尤研究中心对 40 个国家开展的调查中，来自 27 个国家的被调查者认为中国有取代美国、成为全球超级大国的潜力。更多国家的群众认为，中国将取代美国成为全球超级大国。46% 的美国人认为中国已经或最终会代替美国。40% 至 52% 的加拿大民众表示，中国将或已经取代了美国。欧盟民众整体认为中国将成为世界头号大国，38% 亚太地区国家受访者认为，中国将取代美国。55% 的受调查者对中国印象良好。[⑤] 中国仍处于发展的上升期，仍具有较大的发展潜力。中国已有的雄厚战略资源和未来的发展潜力都为中国未来国家形象塑造和战略实施提供了坚实的支撑。当然，中国国家实力和国家形象战略资源还存在不足，未来中国国家形象的塑造应根据战略资源情况做到有的放矢，采取相应的对策和策略。

[①] Richard P.Appelbaum. "Will China Eat Out Lunch?", *Asia Policy*,No.11,January 2011,pp.16.

[②] IISS. *the Military Balance 2015*, February 11,2015,pp.216.

[③] US Department of Defense. *Quadrennial Defence Review Report,February* 6 2006,pp.29.

[④] Joshua R.Itzkowitz Shifrinson，Michael Beckley. "Debating China's Rise And U.S. Decline", *International Security*,Vol.37,No.3,Winter 2012/13,pp.172-181.

[⑤] Richard Wike,Bruce Stokes,Jacob Pouster. "Views of China and the Global Balance of Power", *http://www.pewglobal.org/2015/06/23/2-views-of-china-and-the-global-balance-of-power/*

第十三章　中国国家形象塑造的战略目标与定位

国家形象的塑造是一个复杂的过程，涉及诸多要素和环节。目标和定位是其中的核心要素，指示着国家形象塑造的方向。因此，要探讨中国国家形象的塑造，需要明确国家形象塑造的目标和定位，并且这个问题在当下的中国具有现实的必要性和紧迫性。

第一节　中国国家形象塑造的目标：现代化国家[①]

一、中国明确国家形象塑造目标的必要性

近些年中国游客海外不雅行为的曝光，中国海外经营者屡遭抗议的报道以及中国海外形象并未显著改善的调研报告，凸显了当前中国国家形象塑造的困境。2013 年 5 月 16 日，国务院副总理汪洋在贯彻实施《中华人民共和国旅游法》的电视电话会议上，批评部分中国游客素质和修养还不高，公共场合大声喧哗、旅游景区乱刻字、过马路时闯红灯、随地吐痰等不文明行为，常常遭到非议，有损国人形象，影响比较恶劣。[②] 据英国广播公司（BBC）5 月 23 日报道，英国广播公司旗下的世界广播服务部门委托美国马里兰大学和加拿大著名的民调公司—环球扫描（GlobalScan）最新的年度国家排名调查

---

① 本节内容已发表，具体见：陈世阳.试论中国国家形象塑造的目标：现代化国家 [J]. 晋中学院学报，2014,(1).

② 汪洋副总理呼吁树立"中国游客的良好形象"[EB/OL].http://news.xinhuanet.com/2013-05/20/c_124737296.htm.

显示，在 21 个被调查的国家民众中对中国持积极看法的比例为 42%，比去年下降了 8 个百分点，而对中国持消极看法的比例达到了 39%，比去年上升了 8 个百分点。在连续几年保持上升之后，中国的排名跌至自 2005 年该调查开始以来的最低点，排名第九。①

当前中国国家形象问题依然突出。这显然与国家崛起的现实需求不符。究其原因，一个重要主观因素在于中国国家形象塑造的目标不清晰，未能向国际社会传递统一、明确的国家形象信息。中国领导人对中国国家形象目标从不同角度做出过说明。江泽民总书记 1999 年 2 月 26 日在全国对外宣传工作会议上全面描绘了中国的国家形象目标：继续向世界说明，展示中国人民坚定不移地走自己的路、实现社会主义现代化的形象；继续向全世界说明，展示中国人民坚持实行改革开放的形象；继续向世界说明，展示中国人民爱好和平的形象；继续向世界说明，展示中国人民为维护安定团结和实现繁荣富强而不懈奋斗的形象；继续向世界说明，展示中国人民依法治国，建设社会主义法治国家的形象。②2007 年 3 月 5 日，温家宝总理在政府工作报告中指出："我们要大力开展经贸、科技、文化、教育、体育等领域的对外交往与合作，增进同世界各国人民的了解和友谊，树立中国和平、民主、文明、进步的形象。"③胡锦涛总书记在 2009 年的驻外使节会议上指出，进一步加强公共外交，努力引导国际舆论客观看待我国发展，树立我国负责任大国形象。学界也是众说纷纭，汤光鸿认为，不怕鬼、不信邪，改革开放，立党为公、执政为民，以邻为伴、与邻为善，高举和平、发展、合作旗帜，站在民主、正义、进步一边，就是中国目前的总体形象。④有的研究者将某一特征作为中国国家形象的定位，例如认为"和平崛起"或"负责任大国形象"或"和平、发展、合作"是中国国家形象的定位。⑤

---

① Views of China and India Slide While UK's Ratings Climb: Global Poll,http://www.worldpublicopinion.org/pipa/articles/brglobalmultiregionra/734.php?nid=&id=&pnt=734&lb=.

② 江泽民.江泽民在全国对外宣传工作会议上强调站在更高起点上把外宣工作做得更好 [N]. 人民日报,1999-2-27.

③ 温家宝.政府工作报告 [N].人民日报,2007-3-18.

④ 汤光鸿.论国家形象 [J].国际问题研究,2004,(4):19.

⑤ 具体研究参见：冯霞,尹博.北京奥运文化传播与中国国家形象塑造 [J].北京社会科学,2007,(4):74；王生才.中国的大国外交战略与大国形象塑造 [J].高校社科动态,2007,(1):24-25；董青岭,李爱华.和平·发展·合作——关于中国国家形象建设的几点思考 [J].理论学刊,2006,(4):70-72.

而国家形象的塑造作为一个系统工程，涉及不同的主体、客体、受众以及诸多环节，需要明确一致的目标指引、统领整个过程，以便提高传播的效果。国际社会不同主体通过各种方式接触中国，不断地建构和解构着中国的形象，而中国悠久的历史、多元复杂的民族与文化、快速发展的经济社会面貌增加了国际社会解读中国的难度和偏差。因此，中国有必要明确国家形象塑造的目标，主动向国际社会传递一致的信息，引导国际社会对中国的印象和认知。此外，国内众多主体以不同方式参与到国家形象的建构和传播中，既有政府机构、企业组织、民间团体，还有个人。2009 年 11 月 23 日，中国四个行业协会推出的"中国制造"形象广告投放到 CNN 上播放；2011 年 1 月 17 日开始，国务院新闻办筹划的国家形象宣传片在美国纽约时代广场的大屏幕上滚动展示。2011 年上海成立公共外交协会，聘请姚明为副会长，对外传播上海市形象。遍布世界的孔子学院、中国企业和中国人以不同形式向世界传递着多元甚至冲突的中国形象。而国内并没有统一的国家形象塑造的领导、协调机构，这就非常需要用明晰的国家形象目标引导、规范不同主体的对外行为，减少负面、干扰信息，在国际舆论中树立统一、积极的中国形象。

二、现代化国家作为中国国家形象塑造目标的原因

第一，顺应历史和时代潮流，能最大限度凝聚共识。

现代化是一种世界潮流和趋势。它是一个世界性的变化过程，[①] 发端于欧洲，后扩散到全球，各地自觉或不自觉地卷入到这种潮流中，导致人类在经济、社会、政治、文化、环境和个人行为等领域发生深刻变化。在 18—21 世纪的 400 年里，世界现代化进程可以分为两个阶段，其中，第一次现代化是从农业文明向工业文明的转变，第二个阶段是从工业文明向知识文明的转变。[②] 至今，无论是发达国家还是发展中国家，现代化的进程并未结束，处于现代化的不同阶段。现代化是人类的共同任务与使命；如何克服和超越现代化进程中的文明弊病，实现全球可持续、均衡、和平发展是人类的共同挑战。因此，以现代化作为中国国家形象塑造目标顺应了世界近现代历史发展

---

① 钱乘旦.世界现代化的历程·总论卷 [M].南京：凤凰出版传媒集团，江苏人民出版社，2010.1.

② 何传启.中国现代化报告概要（2001—2010）[M].北京：北京大学出版社，2010.1.

潮流，易为世界认可和接受。

中国现代化的过程也是民族复兴的历程。近代以来，中国社会的最大共识和梦想就是实现中华民族的复兴，实现国富民强。如何实现这个目标，路径在哪里？答案是现代化。通过现代化，实现中国从传统社会向现代社会转型，建立现代的政治、经济、科技、文化、教育制度。百余年来，从魏源的"师夷长技以制夷"、洋务运动、戊戌变法到辛亥革命，再到后来中国共产党领导的革命与建设无不是对中国现代化的探索。建国后，中国共产党更是明确地把社会主义建设的目标确定为四个现代化。改革开放后，这个目标又进一步明确为，到本世纪中叶，中国基本实现现代化，达到中等发达国家发展水平。因此，以现代化作为中国国家形象塑造的目标，是对过去 170 多年中国人追求的目标的写照，也是未来中国人的奋斗目标。它体现了中华民族和中国人民的整体利益，能最大限度获得国内外中国人的共识，凝聚共同的意志和力量。

第二，符合良好国家形象的要求。

在国际上，建立良好的国家形象是各国普遍的目标。那么，何为良好的国家形象？简单地说就是国际公众对一国国家形象的总体认知和评价趋于积极。在当今国际社会，良好的国家形象应具备以下要素：现代身份、综合实力、国际贡献、融入国际社会的程度。（1）现代身份。国际社会对现代国家的身份要求是：开放的、法治的社会，民主的政治体制和市场经济体制，积极参与到国际社会网络中。这种要求实质上反映了国际政治社会化的要求与方向，体现了国际政治文化的核心精神。[①]（2）综合实力。国家形象是对国家实力的反映。国家实力构成了国家形象的客观基础。（3）国际贡献。国际社会中，国家需要承担责任和义务，为国际社会的维系和发展做出贡献。（4）融入国际社会的程度。国际制度、世界秩序成为衡量国家形象的主要指标。一国要在国际社会树立良好的形象，需要遵守国际制度和国际政治文化。

中国进行的现代化建设与这四个要素是一致的。改革开放后，特别是"冷战"后，中国现代化建设成就印证了这一点。开放、民主、法治、市场的身份要素进一步确立和内化。开放成为中国特色社会主义建设的基本经验，也

---

① 郭树勇. 大国成长的逻辑 [M]. 北京：北京大学出版社，2006.94.

成为国家战略和全民共识。社会主义民主是社会主义建设的重要部分，基层民主、党内民主逐步展开；依法治国成为国家战略，法治建设取得重大成就。市场体制成为了中国经济体制的改革目标和基本特征。其次，中国综合国力快速上升，国际地位大幅提高，国际影响显著增强，在地区乃至全球事务中开始发挥越来越大的影响力。最后，中国以一种"负责任"的国际态度对待自身与国际社会的关系，积极承担相应的国际责任，主动参与国际制度，融入世界。迄今为止，我国共参加了130多个政府间国际组织，缔结了300多项多边条约。① 中国在对国际机制的程序性遵守和实质性遵守上，在大多数情况下均表现出良好的记录。② 因此，以现代化作为中国国家形象目标，符合国际社会对良好国家形象的要求，有利于提升中国国家形象，获得国际认同。

第三，体现了国家形象本质。

以现代化国家作为中国形象塑造的目标，是由国家形象的本质决定的。国家形象本质上是一种主观认知，是受众对一国实际情况的总体认识和评价。因此，国家形象目标的确定应反映国家实际情况。改革开放40年来，中国最重大的现实就是建设有中国特色社会主义，即符合中国特色的现代化道路的开辟和实践。40年来中国现代化建设取得了举世瞩目的成就，国家的面貌和形象也发生了巨大变化。当前和今后的中国仍处于现代化建设的关键时期，因此，现在和未来决定中国形象最根本和最重要的客观存在依然是中国现代化建设。

国家形象本质上还是国家的一种软实力，是国家重要的"无形资产"。当前，世界已经进入一个形象制胜的时代，国际形象被视为主权国家最重要的无形资产之一，各主要大国均将国际形象视为软实力的核心要素并加以塑造。③ 中国的真正崛起是包含软实力在内的综合实力的全面提升，中国的现代化建设应是包括国家形象等软实力在内的全面建设。而国家形象是软实力的组成部分，在很大程度上决定着国家在国际舞台上的地位、影响力和发展环境。因此，国家形象塑造作为现代化建设组成部分，自然要服从、服务于

---

① 杨洁篪. 维护世界和平促进共同发展——纪念新中国外交60周年 [J]. 求是，2009,(19):23.

② Ann Kent.*Beyond Compliance:China,International Organizations and Global Security* (Singapore:NUS Press,2009),pp.227.

③ 门洪华. 中国软实力评估与增进方略 [A]. 门洪华主编. 中国软实力方略 [C]. 杭州：浙江人民出版社，2007.13.

中国现代化建设，以现代化作为其目标。

三、现代化国家形象目标的内涵

新中国成立的 70 年是中国不懈努力探索和建设现代化的过程，也是国家形象塑造的过程。在这个过程中，中国树立了建设现代化国家形象的目标，并结合时代特征和实践的发展，不断丰富发展这个目标的内涵。在上个世纪 50—60 年代，现代化的内涵具体表现为工业、农业、国防和科技的四个现代化；在 20 世纪 80 年代，现代化的目标是富强、民主、文明；到了 20 世纪 90 年代后，这一目标就发展为：富强、民主、文明、进步、和谐。

"富强、民主、文明、进步、和谐"是新时期和未来中国国家形象塑造的目标。这个目标涵盖了经济建设、政治建设、文化建设、社会建设、生态文明建设，反映了中国社会主义现代化建设的宏伟目标和总体布局。根据党和政府的文件以及相关研究，这个目标的内涵和要求具体表现为：

富强即国家富强，人民富裕，意味着经济发展，生产力提高，综合国力和国际竞争力明显增强，意味着人民生活更加富裕。十八大报告提出的具体目标是，到 2020 年，我国经济质量明显增强，国内生产总值和城乡居民人均收入比 2010 年翻一番。科技进步对经济增长的贡献率大幅上升，进入创新型国家行列。工业化基本实现，信息化、城镇化、农业现代化和社会主义新农村建设水平大幅提升，区域协调发展机制基本形成，对外开放水平进一步提高，国际竞争力明显增强。据专家预测，到 2050 年，中国经济结构会发生很大变化，农业占比可能在 4% 左右，工业比重不到 40%，服务业应在 60% 左右。主要经济指标进入世界前 40 名，甚至名列前茅。中国的综合国力和国际竞争力进入世界前列。[①]

民主是社会主义政治文明的集中表现与核心价值，是目的与手段的统一。十八大报告提出的民主发展目标是，到 2020 年，社会主义民主和法制更加完备，社会主义民主进一步扩大。民主制度更加完善，民主形式更加丰富，人民积极性、主动性、创造性进一步发挥。依法治国基本方略全面落实，法治政府基本建成，司法公信力不断提高，人权得到切实尊重和保障。有学者展

---

① 何传启 .2050，现代中国什么样 [J]. 时事报告，2013(1):26-27.

望，到 2050 年，中国要建成民主、自由、平等、高效的现代政治文明，实现人人平等，人人享有体面的生活。①

这里所讲的"文明"是指思想文化、社会和生态的进步与先进，包含精神文明、社会文明和生态文明。"先进与进步"是人类文明的普遍特质和价值追求，更是社会主义的核心价值。到 2020 年，中国的文明发展就具体表现为：文化软实力显著增强，全民族文明素质明显提高；社会保障体系比较健全，基本公共服务均等化总体实现；建设生态文明，资源节约型、环境友好型社会建设取得重大进展。何传启认为，到 2050 年中国现代化的文明水平将实现：（1）文化的现代化：文化生活超过世界平均水平，文化创新能力的关键指标进入世界前 20 名；（2）社会现代化：养老和医疗保障覆盖率达到 100%，城市化率和信息化率达到 80% 左右；大学普及率超过 80%，平均预期寿命超过 80 岁，人类发展指数排名进入世界前 20 名；（3）生态现代化：经济增长与环境退化完全脱钩，人居环境质量基本达到主要发达国家水平。②

"和谐"是人类新文明的核心和灵魂，是社会主义社会文明和生态文明建设的目标，是和谐社会与和谐世界的统一。和谐理念一方面体现为对内追求和谐社会，追求人与自然、人与人、人与社会和谐相处。"按照民主法治、公平正义、诚信友爱、充满活力、安定有序、人与自然和谐相处的总要求和共同建设、共同享有的原则，着力解决人民最关心、最直接、最现实的利益问题，努力形成全体人民各尽其能、各得其所而又和谐相处的局面，为发展提供良好社会环境"③。另一方面体现为追求和谐地区、和谐世界。这是和谐社会的自然的对外延伸。"和谐社会"与"和谐世界"的关系反映的正是全球化背景下中国发展与人类社会发展的辩证统一关系。中国政府宣布，中国将始终不渝走和平发展道路。这种道路是科学发展、自主发展、开放发展、和平发展、合作发展、共同发展。中国在追求自身发展的同时，将同各国人民携手努力，推动建设持久和平、共同繁荣的和谐世界。

总之，以"富强、民主、文明、进步、和谐"作为中国国家形象塑造的

---

① 何传启.2050，现代中国什么样 [J].时事报告，2013,(1):27.

② 何传启.中国现代化报告概要（2001—2010）[M].北京：北京大学出版社，2010.202.

③ 胡锦涛.高举中国特色社会主义伟大旗帜 为夺取全面建设小康社会新胜利而奋斗——在中国共产党第十七次全国代表大会上的报告 [EB/OL].http://news.xinhuanet.com/newscenter/2007-10/24/content_6938568_2.htm.

目标，体现了历史、现在和未来，中国和世界的多维统一，有利于凝聚中国人的共识，整合协调不同要素，赢得世界的认同，从而为中国现代化建设营造良好的外部环境。

第二节　中国国家形象战略定位

未来中国国家形象的定位既要尊重国家的历史、现状，还要考虑未来的情况，既要体现国家形象战略的目标，还要突出个性和特色。作为一种战略规划，必须确立一个最能代表中国发展特色和最值得同国际社会推介的国家的形象，这才是国家形象定位的要旨所在。[①] 而中国作为一个具有悠久历史的东方大国而又处于转型期的发展中社会主义大国，其形象复杂且多样，对其进行单一维度的定位，往往都不能反映中国的真实面貌，出现以偏概全的偏差。因此，在坚持原则的同时，应从多个方面对未来中国国家形象进行定位。2013 年 12 月 30 日下午，中共中央总书记习近平在中共中央政治局第十二次集体学习时强调，要注重塑造我国的国家形象，重点展示中国历史底蕴深厚、各民族多元一体、文化多样和谐的文明大国形象，政治清明、经济发展、文化繁荣、社会稳定、人民团结、山河秀美的东方大国形象，坚持和平发展、促进共同发展、维护国际公平正义、为人类作出贡献的负责任大国形象，对外更加开放、更加具有亲和力、充满希望、充满活力的社会主义大国形象。[②] 这是新时期党和国家领导人对国家形象的定位，为国家形象的塑造提供了方向和依据。它是对以往定位的丰富和发展，体现了中国作为一个历史悠久的东方大国的历史特色，体现了社会主义、和平、大国等新中国国家形象的积淀和特质，回应了当前国际社会对中国形象的猜疑和期待，也反映了当前和未来中国国家形象"富强、民主、文明、进步、和谐"的战略目标。

一、文明大国形象

中华文明源远流长，延绵 5000 多年而未断绝。它在历史长河中形成了独特的文化体系，不仅滋养着中华民族，还推动着人类文明的进程。中国的先

---

① 王晨 . 抓住难得历史机遇，塑造良好国家形象 [N]. 人民日报,2010-6-1.
② 习近平：建设社会主义文化强国　着力提高国家文化软实力 [N]. 人民日报,2014-01-01(1).

人创造了璀璨的古代文明，从四大发明到炼铁、丝绸技术，从天文历法到医学建筑，从文字诗词到道德价值。中华文明在世界文明史中长期处于领先的主导地位，对世界发展进程产生了深远的影响。对此，国外学者毫不怜惜赞誉之词。马克思指出，"火药、指南针、印刷术——这是预告资产阶级社会到来的三大发明。火药把骑士阶层炸得粉碎，指南针打开了世界市场并建立了殖民地，而印刷术则变成了新教的工具，总的来说变成了科学复兴的手段，变成对精神发展创造必要前提的最强大的杠杆"①。保罗·肯尼迪指出，"在近代以前的所有文明中，没有一个国家的文明比中国的更发达、更先进"②。直到今天，中华文明深刻影响着世界对中国的认知，成为中国形象的基本标识。"长城""孔子""京剧""功夫""历史文化悠久"等是西方对中国形象认知的基本符号和判断。正如习近平在联合国教科文组织总部演讲时强调，中华文明积淀着中华民族最深层次的精神追求，代表着中华民族独特的精神标识。③在全球化时代，中国要实现民族复兴，要塑造自己的形象，必须继续高举中华文明旗帜，彰显中华文明优秀价值。中国要巩固自己的地位，必须恢复其"文明国家"地位，也就是说，必须把自己的立国之基建立在自己强大的文化凝聚力和文化认同之上。④

中华文明是以汉族为主体的 56 个民族共同创造的"多元一体"的文明。⑤东亚地区相对封闭而多元的生态环境为"多元一体"的中华文明的发源创造了条件。史前时代是中华族群、中华文明的孕育与萌芽阶段。在中国各地出现了多个各具特色独立的文化区，如"满天星斗"。在这些文化区的联系交流中，占尽生态、地理优势的中原地区成为文明的核心。先秦时代是中华族群、中华早期国家、中华文明基本架构形成阶段。夏族、商族、周族相继崛起，同西戎、北狄、东夷、南蛮各族联系日渐频繁，中华族群趋同性、内聚力增强，形成春秋、战国时代的领土相当广大的诸侯国。在它们相互之间广

---

① 马克思. 机器、自然力和科学的应用 [M]. 北京：人民出版社,1978.

② 保罗·肯尼迪. 大国的兴衰 [M]. 北京：求实出版社,1987.17.

③ 习近平. 习近平在联合国教科文组织总部发表演讲 [N]. 人民日报, 2014-03-28(1).

④ 张兴成. 民族国家、民主国家与文明国家——梁启超对现代中国国家形象的构想 [J]. 华文文学, 2012,(1):22.

⑤ 相关研究参见：赵辉. "多元一体"一个关于中华文明特征的根本认识 [J]. 中国文化遗产, 2012（4）:47-51；姜义华. 中华文明多样性十论 [J]. 学术前沿, 2013,(1):6-16.

泛的碰撞、互补与融合过程中，中华文明的基本架构和中华文化的核心观念逐步确立。秦汉时期是中央集权的多民族统一国家与大一统的中华古代文明确立阶段。秦汉王朝时，具有共同地域、共同文字语言、共同经济生活及共同心理文化的汉族已经形成，西域、匈奴、西南夷诸族，与汉族的联系更为广泛而密切。从 3 世纪初至 19 世纪中叶，在新的民族混合与重组基础上，大一统的中华族群、中华国家、中华文明进入发展阶段。这一时期中华民族在王朝的更替、统一分裂中，经历了两次大的民族融合。第一次是魏晋南北朝时期，匈奴、揭、氐、羌、鲜卑等少数民族进入内地；第二次是宋辽金时期，契丹、女真和蒙古相继进入中原。在经过激烈的碰撞之后，这些少数民族均受汉族文化同化。汉族和中华文化在民族融合交流中不断壮大。至清王朝时期，中国作为一个延续至今的以汉族文化为主体的多元文化并存的中华文明格局和多民族统一国家已经稳固确立。总之，历史底蕴深厚、文化悠久、"多元一体"是中华民族和中华文明的基本特征，因此，文明大国是中国的基本特色和定位。

二、东方大国形象

中国百余年来的现代化探索目标就是要实现民族的复兴，重塑中国东方大国的地位与形象。但现在的"东方大国"绝不是西方传统语境中"古代的""专制的""落后的""停滞的"，而是基于自身国情的具有东方特色的现代化国家，是开放、民主、法治、市场等现代性观念和身份要素进一步确立和内化的东方大国。具体来讲，就是中国全面现代化建设布局的目标：政治清明、经济发展、文化繁荣、社会稳定、人民团结、山河秀美。

1. 改革开放的经济形象

事实证明，改革开放是决定当代中国命运的关键抉择。改革开放是 40 多年来中国社会和经济繁荣昌盛的根本动力，也是解决中国经济现存问题和实现未来现代化建设目标的根本途径。进入新阶段，虽然中国社会主义市场经济体制正逐步完善，但影响发展的体制机制障碍依然存在，经济发展面临着深层次的矛盾和问题。为此，中国需要深化改革，坚持和完善基本经济制度，加快完善现代市场体系、宏观调控体系，加快转变经济发展方式，加快建设创新型国家，推动经济更有效率、更加公平、更可持续发展。经过 40 多年的对外开放，中国与世界的联系更加密切，对外开放进入了一个新时期：更大规模和范围的开放，在法律框架下的可预见的开放，与经贸伙伴的相互开放。这也意味着中国经济面临的竞争更激烈、风险更大、政府宏观调控难度加大等问题。为此，中国需要以更加积极开放的状态走向世界，扩大开放领域，优化开放结构，提高开放质量，形成内外联动、互利共赢、安全高效的开放型经济体系。因此，改革开放仍将是当代和未来中国最鲜明的特色。

2. 民主进步的政治形象

民主是国家形象战略目标和定位之一。这里的民主是社会主义民主。人民代表大会制度、政治协商制度、中国共产党领导下的多党合作制度以及人民民主专制制度，是中国的基本政治制度，也是中国社会主义民主的具体体现。这是中国过去、现在和未来的基本特色。但中国民主政治实践还存在不足，需要继续推进民主政治改革，紧紧围绕坚持党的领导、人民当家作主、依法治国有机统一深化政治体制改革，加快推进社会主义民主政治制度化、规范化、程序化，建设社会主义法治国家，发展更加广泛、更加充分、更加健全的人民民主。必须紧紧围绕提高科学执政、民主执政、依法执政水平深化党的建设制度改革，加强民主集中制建设，完善党的领导体制和执政方式，为改革开放和社会主义现代化建设提供坚强政治保证；必须以保证人民当家作主为根本，坚持和完善人民代表大会制度、中国共产党领导的多党合作和政治协商制度、民族区域自治制度以及基层群众自治制度，更加注重健全民主制度、丰富民主形式，从各层次各领域扩大公民有序政治参与，充分发挥我国社会主义政治制度优越性；必须坚持依法治国、依法执政、依法行政共同推进，坚持法治国家、法治政府、法治社会一体建设。

3. 文明有序的社会形象

文明是国家形象战略的目标。随着实践和认识的发展，文明的内涵在不断扩大，从精神文明、物质文明延展到社会文明。当前中国进入了改革发展的关键时期，经济体制和社会结构发生着深刻的变动，利益格局和思想观念发生着深刻的变化，带来了一些社会问题：城乡、区域、经济社会发展不均衡，人口资源环境压力大；就业社会保障、收入分配、教育医疗、住房和社会治安等问题突出；一些社会成员诚信缺失、道德失范，一些领域的腐败问题严重等。针对这种局面，建设文明有序的社会就成为现在和未来社会现代化建设和国家形象建设的必然选择和定位。这需要深化社会体制改革，更好保障和改善民生，促进社会公平正义；改革收入分配制度，促进共同富裕，推进社会领域制度创新，推进基本公共服务均等化，加快形成科学有效的社会治理体制，确保社会既充满活力又和谐有序。

4. 先进繁荣的文化形象

"先进与进步"是人类文明的普遍特质和价值追求，更是社会主义文化的核心价值。文化进步的宗旨在于使人类获得自由。社会主义文化建设的目标就是通过先进文化的建设，通过提高全民族的思想道德文化水平，培养四有新人，促进人的全面自由的发展。社会主义精神文明是社会主义的重要特征，实现物质文明和精神文明的协调发展，实现社会主义人的全面发展是社会主义现代化建设的本质要求。通过社会主义先进文化建设，发展社会主义精神文明，是社会主义现代化建设中的重要组成部分。全面建设小康社会，实现中国现代化建设的目标，必须推动社会主义文化大发展、大繁荣，提高国家文化软实力，发挥文化引领风尚、教育人民、服务社会、推动发展的作用。这需要紧紧围绕建设社会主义核心价值体系和社会主义文化强国目标，深化文化体制改革，加快完善文化管理体制和文化生产经营机制，建立健全现代公共文化服务体系、现代文化市场体系，推动社会主义文化大发展大繁荣。

5. 和谐美丽的生态形象

生态文明是中国社会主义现代化建设的组成部分，是建设和谐社会的基石和本质特征，更是中国现代化持续健康发展的现实需要。生态文明的核心是人与自然的和谐相处。中国的现代化建设必须要把生态文明建设放在突出地位，融入现代化建设的各方面和全过程，努力建设美丽中国，恢复中国山川秀美的面貌，实现经济发展与人口、资源、环境相协调，促进人与自然和谐共处，从而使整个社会走向经济发展、生活富裕、生态良好的文明发展道路，实现中华民族的永续发展。这需要紧紧围绕建设和谐美丽中国目标，深化生态文明体制改革，加快建立生态文明制度，健全国土空间开发、资源节约利用、生态环境保护的体制机制，推动形成人与自然和谐发展的现代化建设新格局。

三、负责任大国形象

负责任大国形象既是国际社会对日益崛起中国的期待，也是中国基于自身实力应当树立的大国形象，即坚持和平发展、促进共同发展、维护国际公平正义，为人类作出贡献的负责任大国形象。

1. 和平发展合作的大国外交形象

这一定位是对新中国成立以来和平、大国外交形象的继承和拓展，是对和平、发展、合作时代趋势的判断和中国外交的长期目标和特点的总结。和平、发展的趋势在可预见未来仍将持续，中国未来的发展仍需要和平的国际环境，追求世界的长久和平与均衡持续发展仍是中国外交的目标追求。和平发展战略将是中国长期的战略选择。在世界相互依赖加深以及中国外交战略的约束下，合作成为中国对外交往和谋求国家利益的主要手段：通过合作实现和平与发展，通过合作解决彼此分歧，通过合作进行全球治理。大国形象体现了中国自古以来的天下情怀和大国意识以及现代的国际主义精神。中国将维护世界和平和推动世界发展，反对霸权主义，建立公正合理的国际新秩序作为自己义不容辞的责任。和谐世界理念的提出是和平发展合作大国形象集中体现，这是中国外交未来长期追求的目标。

2. 和平透明的军事形象

军事形象是国家形象重要组成部分，中国正在走一条与传统大国崛起不同的军事发展道路，以"和平"为突破口走向世界军事舞台。中国军队从非传统安全入手，追求共同安全，主张通过合作方式加强与国际社会的交流与沟通，主张通过联合国、上海合作组织等国际机制走向世界，展示自身和平形象。此外，中国加大与其他国家的军事交流力度，大力宣扬中国军事的防御性和和平性，增加军事的透明度。随着中国实力和军事力量的进一步增强，和平透明应是中国长期的军事形象定位。这不仅仅是驳斥中国威胁的需要，也是根植于中国的历史文化传统和政治制度，还是中国和平发展战略的要求。

四、社会主义大国形象

社会主义形象是现在和未来中国国家形象的基本特征与基本定位。但中国的社会主义大国形象不是冷战时期前苏联在国际社会中留下的刻板印象：

封闭、僵化且充满了咄咄逼人的霸权色彩，而是融入世界，对外更加开放、更加具有亲和力、充满希望、充满活力的具有中国特色社会主义大国形象。

1. 融入世界的社会主义大国形象

40 多年的对外开放使中国形成了全方位的对外开放格局，也使中国与世界密切联系在一起。中国的进一步发展离不开世界，必须更加全面地融入世界，树立更加开放、更加具有亲和力的国际形象。在外交理念上，中国继续倡导弘扬平等互信、包容互鉴、合作共赢的精神，共同维护国际公平正义。中国主张遵循联合国宪章宗旨和原则，坚持国家平等，推动国际关系民主化；主张尊重世界文明多样性、发展道路多样化，尊重和维护各国人民自主选择社会制度和发展道路的权利；倡导人类命运共同体意识，在追求本国利益时兼顾他国合理关切，在谋求本国发展中促进各国共同发展，建立更加平等均衡的新型全球发展伙伴关系，增进人类共同利益。在对外战略上，中国将坚持走和平发展道路，坚定奉行独立自主的和平外交政策，反对各种形式的霸权主义和强权政治，不干涉别国内政，不称霸，不扩张；中国将坚持把中国人民利益同各国人民共同利益结合起来，以更加积极的姿态参与国际事务，发挥负责任大国作用。中国将坚持奉行互利共赢的开放战略，积极参与全球经济治理，推动世界经济强劲、可持续、平衡增长。在对外政策上，中国坚持在和平共处五项原则基础上全面发展同各国的友好合作。与资本主义国家的关系上，中国坚持两种制度的和平共处，改善和发展同发达国家关系，推动建立长期稳定健康发展的新型大国关系；在周边外交中，中国坚持与邻为善、以邻为伴，坚持睦邻、安邻、富邻，突出体现亲、诚、惠、容的理念，使周边国家对中国更友善、更亲近、更认同、更支持，增强中国的亲和力、感召力、影响力；中国将加强同广大发展中国家的团结合作，共同维护发展中国家正当权益，支持扩大发展中国家在国际事务中的代表性和发言权；中国将积极参与多边事务，完善和创立国际规则，推动国际秩序和国际体系向公正合理的方向发展。

2. 具有中国特色的社会主义大国形象

在长期的探索中，中国形成了具有鲜明自身特色的社会主义大国形象，整个国家和社会充满活力和希望，"中国模式"也引起了世界的普遍关注。在未来的社会主义现代化和中华民族伟大复兴中，中国将坚持和完善业已形成的中国特色社会主义理论体系，坚持和完善中国特色社会主义道路，立足基本国情，以经济建设为中心，坚持四项基本原则，坚持改革开放，解放和发展社会生产力，进行社会主义经济、政治、文化、社会、生态五位一体的建设，逐步实现全体人民共同富裕，建设富强民主文明和谐的社会主义现代化国家；坚持和完善中国特色社会主义制度，坚持人民代表大会制度的根本政治制度，中国共产党领导的多党合作和政治协商制度、民族区域自治制度以及基层群众自治制度等基本政治制度，坚持中国特色社会主义法律体系，公有制为主体、多种所有制经济共同发展的基本经济制度，以及建立在这些制度基础上的经济体制、政治体制、文化体制、社会体制等各项具体制度。坚持和完善中国特色社会主义目的在于，解放和发展生产力，促进人的全面发展，使社会主义制度的优越性和活力充分发挥和体现出来，向世界展示社会主义的光明前景。

小结

"富强、民主、文明、进步、和谐"现代化国家是中国国家形象塑造的战略目标。它体现了历史、现在和未来，中国和世界的多维统一，有利于凝聚中国人的共识，整合协调不同要素，赢得世界的认同。这种目标在当下的具体体现就是，文明大国形象、东方大国形象、负责任大国形象、社会主义大国形象。这是新时期中国国家形象的定位，为国家形象的塑造提供了方向和依据。它体现了中国作为一个历史悠久的东方大国的历史特色，体现了社会主义、和平、大国等新中国国家形象的积淀和特质，回应了当前国际社会对中国形象的猜疑和期待，也反映了"富强、民主、文明、进步、和谐"的中国国家形象战略目标。

第十四章　中国国家形象战略实施的路径

　　中国未来国家形象战略实践应坚持过去行之有效的措施，借鉴国际经验和同行做法，针对当前国家形象存在的不足和薄弱环节，有针对性地采取对策，更有效推动国家形象战略目标的实现，服务于国家对外战略和整体战略。

第一节　推进现代化建设

　　发展仍是中国的第一要务，通过发展，提高国家综合实力仍是塑造良好国家形象的基础。根据十六大的规划，社会主义现代化建设的目标是，到2020年全面建设惠及十几亿人口的更高水平的小康社会，使经济更加发展、民主更加健全、科教更加进步、文化更加繁荣、社会更加和谐、人民生活更加殷实。要实现这一目标，需要进一步加强改革开放。在经济方面，大力实施科教兴国战略和可持续发展战略，提高自主创新能力，建设创新型国家，加快转变经济发展方式，推动产业结构优化升级；加强能源资源节约和生态环境保护，增强可持续发展能力；统筹城乡发展，推动区域协调发展；完善基本经济制度，健全现代市场体系，加强和完善宏观调控；拓展对外开放广度和深度，提高开放型经济水平。在政治方面，不断发展社会主义民主政治，坚持和完善社会主义民主制度。扩大人民民主，发展基层民主，保障人民享有更多更切实的民主权利；全面落实依法治国基本方略，加强社会主义法制建设；改革和完善党的领导方式和执政方式；改革和完善决策机制，深化行政体制改革，建设服务型政府；推进司法体制改革，完善制约和监督机制。在社会方面，加快推进社会建设和改革，着力保障和改善民生，扩大公共服务，完善社会管理，促进社会公平正义；深化收入分配制度改革，增加城乡居民收入；加快建立覆盖城乡居民的社会保障体系，保障人民基本生活；建立基本医疗卫生制度，提高全民健康水平；完善社会管理，维护社会安定团结。在文化方面，加强文化建设和文化体制改革。要牢牢把握先进文化的前进方向，坚持弘扬和培育民族精神，切实加强思想道德建设，大力发展教育和科学事业；要继续深化文化体制改革，积极发展文化事业和文化产业。尤其要注意的几个关键领域是：

一、加强执政党自身建设

加强和改进党的自身思想建设、组织建设和作风建设，提升党的形象，树立"立党为公、执政为民，求真务实、改革创新，艰苦奋斗、清正廉洁，富有活力、团结和谐的马克思主义执政党"形象。为此需要提高全党的马克思主义理论水平；加强党的执政能力建设，提高党的领导水平和执政水平；坚持和健全民主集中制，推进党内民主建设，增强党的活力和团结统一；不断深化干部人事制度改革，建设高素质的领导干部队伍，形成朝气蓬勃、奋发有为的领导层；切实做好基层党建工作，增强党的阶级基础和扩大党的群众基础；加强和改进党的作风建设，深入开展反腐败斗争。

二、加强政府自身建设

加强政府自身建设，塑造人本政府、法治政府、阳光政府、责任政府、服务型政府的形象。为此，政府要加强行政管理体制改革，推动政府转变职能、理顺关系、优化结构、提高效能，形成权责一致、分工合理、决策科学、执行顺畅、监督有力的行政管理体制。为此需要健全政府职责体系，完善公共服务体系，强化社会管理和公共服务；加大机构改革，精简和规范政府机构，健全部门间协调配合机制；完善制约和监督机制，确保权力正确行使，必须让权力在阳光下运行；建立健全决策权、执行权、监督权既相互制约又相互协调的权力结构和运行机制；坚持依法行政，保证国家机关按照法定权限和程序行使权力、履行职责；完善各类公开办事制度，提高政府工作透明度和公信力；实行科学民主决策，推进政务公开，增加透明度，加强廉政建设和反腐败工作。其次，还要提升政府危机处置能力，有效修复国家形象。中国是一个自然灾害多发国家，再加上目前处于社会矛盾突发期，不稳定因素增多，应对突发性危机事件的压力加大。政府应对危机水平直接关系到政府和国家形象。目前，中国各级政府在已有的危机应对机制基础上，应进一步完善危机管理机制：增强各级政府的危机意识，提高危机预警能力和预防能力；加强危机应对机制建设，完善危机处置预案和机构建设，建立畅通的危机协调机制和高效的处置机制，特别是要提高政府部门的危机公关水平；在善后阶段，注意对危机原因、处理过程的调查分析，发现不足和缺陷；在调查分析基础上，总结其中的经验教训，进行技术、观念、制度、机构和政策上的改进和变革。

三、提高国民素质

国民素质是国家形象的有力支撑，国民素质高低直接关系到国家形象。目前国外舆论针对中国国家形象的诸多负面评价都与国民素质有关。随着国际交流的日益频繁，我们要加快国民素质的培养，努力减弱国民素质因素对国家形象的负面冲击。为此，应大力发展不同层次不同类型教育，建设全民学习、终身学习的学习型社会，提高国民科学文化素质。大力弘扬爱国主义、集体主义、社会主义思想，以增强诚信意识为重点，加强社会公德、职业道德、家庭美德、个人品德建设，发挥道德模范榜样作用，引导人们自觉履行法定义务、社会责任、家庭责任，提高国民的道德素质。此外，随着中国与世界联系的密切和中国的日益崛起，我们迫切需要培养和引导国民的大国意识和心态。中国的国民还未形成文明、开放、宽容和自信的大国国民心态。中国国民要做一个理性、包容、谦逊和自信的中国人，抛弃狭隘、偏激和极端，爱国家、爱人类；接受人类的优秀文明成果，学习世界上一切优秀的文明制度和体制；坚持走我们自己的道路。中国还应注意培养和树立国民的形象意识。

四、加强国家品牌形象建设

在国际上，中国国家品牌形象还是低端产品、低质量、低价格的代名词，对中国产品的国际竞争力带来极大制约。树立良好的企业形象和产品品牌形象是塑造国家品牌形象的关键。打造中国国家品牌的良好形象需要国家和企业共同推动和投入。政府应当做好系统规划和全面引导的工作，制定积极的产业政策，对于那些在国际市场上表现优秀的企业，如 TCL、海尔、华为、联想这样一些初具国际影响力的企业品牌，应该给予特别的支持乃至奖励。在这方面，中国应该向韩国学习。韩国为了实施国际化战略，对一些有竞争力的大企业集团给予特别的扶持，终于产生了三星、LG、现代等成功的国际级企业。对从事海外市场开发企业的行为，政府应提出规范和指导，保证中国企业的国际化在积极的、制度化轨道上运行。同时，承担着国家品牌形象塑造主体责任的中国企业，应以国家的责任使命要求自己，提高产品质量，提高企业和产品在国际上的知名度和美誉度，自觉拒绝任何伤害国家形象的短视行为。

第二节　开展国家形象外交

国家形象外交涉及不同主体、领域和形式，不仅有行政机关，还有立法、司法机关，民间力量；不仅有政府外交，还有民间外交、公共外交；不仅有双边、多边外交，还有经济外交、军事外交、政党外交、文化外交、体育外交等。中国应充分、合理利用不同外交形式以塑造、改善中国在国际社会中的国家形象。

一、政府外交

中国政府应继续高举和平、发展、合作旗帜，坚持奉行独立自主的和平外交政策，维护国家主权、安全、发展利益，恪守维护世界和平、促进共同发展的外交政策宗旨。中国应坚持和平发展道路，推动建设持久和平、共同繁荣的和谐世界。中国应坚持奉行互利共赢的开放战略，坚持在和平共处五项原则的基础上同所有国家发展友好合作。中国应加强司法机关和立法机关的外交，加强与世界其他国家和地区在立法、司法等领域的交流与合作，沟通和了解，说明中国的法制、民主建设成就；加强政党外交，树立现代、民主、进取的政党形象；加强中国军事透明度和对外传播，加大对外军事交往，参与国际安全领域合作，增进中国与其他国家的相互理解与信任；加强多边外交，增强中国对国际制度和规则的创设能力，提高中国在国际制度中的作用和影响力；中国应承担与自身实力相当的国际责任，维护周边地区的和平、稳定与繁荣；参与全球治理，维护人类共同利益，维护全球的和平与发展，推动国际秩序向合理方向发展。

二、公共外交

（一）加强文化外交，宣传文化中国

早在 20 世纪 80 年代期间，以哈佛大学杜维明教授为代表的海外知识界提倡以"文化中国"取代"政治中国"和"经济中国"，来建构中国的国际形象。杜维明把文化中国分为三个圈的象征世界：第一圈包括中港台和新加坡的华人社会；第二圈包括北美和东南亚的少数华人社区；第三圈则无关乎血统，凡在知识上促进对中国了解的人士，不管是学者专家、记者商人或者实业家，都算是文化中国的成员。他认为，对文化中国国家形象贡献最大的不是第一核心圈，而是来自最松散、最边缘的第三圈。[①] 近年来，冯惠玲等学者也主张以"文化中国"作为国家形象战略的目标导向。调研显示，在海外意见领袖对中国国家形象的期待中，文化范畴获选率最高（77.8%），以显著优势位居第一。[②] 与飞速发展的经济相比，中国文化的发展是滞后的，中国是文化大国，但不是文化强国，中国文化在国际上的影响力不尽如人意。要建设文化强国，一是要加强文化建设，二是要加大对外文化传播，即文化外交。

中国推行文化外交要解决两个问题：一是对外传播什么。现状是西方谈论中国多，但涉及中国文化少；涉及中国古代文化多，现代文化少。中国文化留给西方的仅是传统的、零散的符号化的印象，如长城、武术、舞龙舞狮、孔子等，但对中国的文化价值、意义了解甚少，甚至存在误读。中国长期对外文化传播，重事实传播，轻价值传播，而价值传播更具有决定意义。因此，未来中国文化传播，应注重传播现代中国文化成果，例如美术、音乐、电影、电视、动漫游戏等；注重价值和意义输出，传播中国优秀的传统文化价值理念和现代价值理念："天人合一""和而不同""仁者爱人""己所不欲、勿施于人"的观念，倡导和谐世界、文明多样性、国际民主化、新安全观、人类共同利益等理念，对当今世界人类问题提出中国的解答，发出中国的声音。

---

① 陈先红. 运用公众外交塑造"文化中国"国家形象 [J]. 国际新闻界，2008,(11):52.
② 冯惠玲，胡百精. 北京奥运会与文化中国国家形象构建 [J]. 中国人民大学学报,2008,(4):17.

二是怎样传播。目前中国文化外交普遍的问题是政府主导，政治色彩浓；形式单一，以文化周和文化年等大型活动为主，缺乏广泛性和长期性；文化外交力度有限。为此，今后中国文化外交方向是：①系统向世界翻译介绍中国不同时期代表人物的思想、著作。②用现代传播手段和表现形式展示中国文化成果，增强中国文化传播范围和吸引力。③政府运作和商业运作机制相结合。④发挥各类 NGO、大众媒体、学术精英、社会活动家和宗教领袖、社会公众等民间力量传播中国文化中的作用。中国应借鉴西方国家文化外交模式：政府在政策上给予指导，民间组织是交流的主要渠道。⑤加大文化外交和对外文化援助的力度。⑥建立一个文化外交长效机制，拓展文化外交的形式，如留学、培训、参观和考察。①

（二）完善国际公关，改善国家形象

中国国际公关经过几十年的发展，取得了一些进步，但与发达国家相比，中国政府在国际公关方面还存在一些不足：国际公共意识淡薄、人员素质不高、专业化不强和理论研究不够。②针对中国国际公关的现状，中国有必要制订系统、完善的国际公关策略，用国际通用的语言、思维方式和规则开展国际公关，必要时也可聘请著名国际公关公司。对中国而言，以下国际公关策略对改善和塑造国家形象是有借鉴意义的。①完善政府新闻发言人制度。一方面，加强新闻发言法律制度建设，加强对新闻发言人的配备和培训，提高发言人的水平和素质，使中国发言制度更规范。另一方面，中国政府新闻发布会要及时、真实地对重大或热点问题发布信息，做出解释。政府公共部门应加大对国内外社情舆论的跟踪分析，把握国内外公众关注的热点和焦点，有针对性地做好新闻发布。在新闻发布时要遵循客观、公正、真实的原则，按新闻规律和国际惯例及时发布信息。②积极开展国际游说。中国可采取以下途径进行国际游说：第一，聘请代理人。可以选择东道国前议员、前政府官员、利益集团、国际公关组织等为代理人进行游说。他们可以凭借自己的各种关系来施加影响，从而使对象国的法律和政策发生有利于中国的变化。第二，加强与外国学界和著名智库的联系与合作。智库和学界精英对所

---

① 缪开金. 中国文化外交研究 [D]. 博士论文, 中共中央党校, 2006.214-216.
② 吴友富. 中国国家形象的塑造和传播 [M]. 上海：复旦大学出版社, 2009.126-127.

在国的政策决策中发挥着一定影响和作用。中国可以通过合作研究、资助、学术研讨会等形式与东道国的著名学界人物与智库建立合作关系和联系，通过他们为我国利益呼吁和呐喊，影响对象国的舆论和政府决策。第三，充分利用华人社团和人脉，进行国际公关。海外华人是中国进行国际公关的重要力量。华人与当地社会和政府有着密切联系，熟悉当地实际情况，借助他们的资源和联系网络，进行国际公关。③利用国际事件进行公关。通过组织、策划、举办具有影响力的国际性活动和事件（如各种重大的社会活动、历史事件、体育赛事和国际博览会等），能极大吸引国际传媒的关注，使之成为国际公众的热门话题，这是塑造国家形象的重要国际公关策略之一。2008年奥运会、2010年世博会等都是中国进行国际公关，塑造良好国家形象的重大举措。④发挥政治协商会议等其他国家机构在国际公关中的独特作用。例如政治协商会议是中国特色的政治制度，它具有开展国际公关等公共外交的优势：成员单位包括了中国共产党和8个民主党派以及无党派人士，共青团、工会、妇联、青联、工商联、友协、科协、台联、侨联等主要的人民团体，中国56个民族、五大宗教团体的代表人物，港澳特邀人士和台湾同胞以及其他各个界别的代表人士。政协有着丰富的对外交往历史和经验，重要广泛的对象，并具有融官方外交与民间外交于一体，灵活多样的特点。①⑤处理好与国际NGO的关系。国际非政府组织是全球公民社会中的主要行为体，在国际社会的影响和作用不容轻视。在一些专业领域，一些国际NGO具有重大的国际影响，例如绿色和平组织、大赦国际、透明国际、无国界记者等。中国应通过多种渠道加强对这些组织的联系与沟通，增进了解，消除由于信息不充分带来的误解；宽容地对待其批评建议，及时提供信息，纠正其错误指责和报道。

三、民间外交

西方社会和舆论比较关注和信任民间力量，对社会事务和民间力量比较感兴趣。其中重要的原因是它们对政府有强烈的不信任感，民间人士和组织则享有较高的信誉。因此民间力量在塑造国家形象方面具有独特作用。在国

---

① 中国政协新闻网.政协外事工作座谈会：开展公共外交 拓展履职领域 [EB/OL]. http://cppcc.people.com.cn/GB/71578/10229966.html.

外，各种民间组织在对外传播和塑造国家形象方面做了许多工作。虽然对外传播和构建国家形象是政府主导的事情，但各国多由民间团体出面来具体执行，政府只是起协调和指导作用。在中国，民间力量发展还不充分，民间力量对外交往能力有限，在重大国际事务中，常常出现中国民间力量的缺席和失声。因此，国家要采取政策，促进民间力量发展，引导和支持民间对外交流。政府可以通过制度建设对民间外交进行积极的引导，通过资金、技能培训的方式影响和塑造民间力量发展的方向，在政府和民间之间形成合理有序的互动渠道，让民间外交力量与政府相互配合，发挥民间外交的独特作用，真正让民间力量成为塑造良好国家形象的中坚力量。中国社会精英在西方媒介的美誉度较高，但曝光率很低，在国际主流舆论中基本听不到中国精英的声音。因此，应提高中国精英在国际媒体和国际社会中的知名度，利用其特殊身份传播中国在国际事务和国内事务的观点和看法，驳斥对中国的不实报道。中国的社会精英应增强社会责任意识和国家形象意识，培养与国际社会沟通的能力，主动传播中国声音，在塑造国家形象方面发挥自己独特的作用。

第三节　提升中国国际传播影响力

进入新世纪，国际传播领域的竞争加剧，西方媒体传播巨头通过兼并进一步加强了在国际传播中的垄断和优势地位，西强东弱的国际传播格局依然存在。与西方相比，无论是在设备、网络、人员、规模等硬实力方面，还是在理念、传播技巧、影响力方面，中国还有很长的路要走。要建立与自身实力地位相适应的国际传播实力，中国需要针对国际传播领域存在的问题，加强改革和建设。

一、推进对外传播事业的改革和建设

1.制定对外传播战略，改革对外传播的管理体制

中国应加强对国际传播领域的研究，制定对外传播的整体战略。目前中国尚未形成对外传播的整体格局和长期规划，因此应在研究的前提下，制定对外传播的整体规划。建立和健全对外传播研究机构，建立科学、完整的对外传播研究体系，加强对外传播理论和实践的研究，如中国对外传播战略策

略、政策法规、管理体制、规模效应、中外传播现状以及传播受众和传播技巧等的研究。在研究基础上，制定中国对外传播的整体规划，如中长期发展目标，对外传播的中心任务、方针政策、战略战术、传播重点以及对外传播机制等。

中国对外传播亟需改革和优化现有传播体制，改变"多头管理、效益低下"的局面，形成市场化的管理体制及与国际传播互动的有利局面。建立统一的的管理体制，组建一个部门专门管理对外传播系统，形成灵活有效的管理体系。在加强政府宏观管理和指导的同时，赋予对外传播主体以较多的自主权，发挥其灵活性。①

2. 加大投入，构建全球对外传播网络

中国应构建包括广播、电视、互联网等传播媒介在内的立体传播网络。加强广播网络的建设，发挥广播在对外传播中的低成本，覆盖面广，传播灵活迅速，使用经济方便的优势，扩大传播范围和受众，以调频、中波、短波三种波段，通过无线电覆盖和进入国外传播网络方式，进入当地的受众市场。在不断增强传统的短波广播发射功率的同时，重点针对欧美国家听众使用中波和调频收音机的习惯，加入对象国大中城市中波调频广播网络，增强中国在西方主流社会的声音。加快卫星网络建设。一是发射和租用卫星，扩大传播范围，同时可以加大与世界不同地区电视台的合作，进入外国电视传播网络，通过他们的电视台传播中国信息和节目。充分利用互联网低成本、高效率、渗透性强的优势，扩大对外传播，进入外国主流舆论。通过独资或合作的方式，建立海外营销网络和发行渠道，销售电视电影、动漫游戏、期刊报纸、图书音像等传播产品。

3. 整合资源，推动媒介产业化、集团化发展

中国媒体经过 70 年的发展，实力有了很大提高，但条块分割，单兵作战，资源利用率低，无法与国际传播巨头抗衡，因此，应整合现在的国际传播人才、资金、技术和节目资源，实行机构合并，资源共享，优势互补，组建一批相互竞争又相互合作，分工明确的对外传播大集团，提升对外传播的实力和竞争力。2001 年 12 月，中国广播影视集团成立，成为中国规模最大的新

---

① 具体参见：段鹏.国家形象建构中的传播策略 [M].北京：中国传媒大学，2007.123-132.

闻传媒集团。中国应进一步加大传播资源的整合，减少目前依然众多的传播主体，推动跨地区、跨领域兼并重组，组建一批实力强大，融合广播、电视、互联网、纸质传媒在内的复合型传媒集团。

电影、电视、动漫产业是传播思想观念、文化习俗、行为方式，塑造国家形象的重要媒介。中国应采取措施，加快这一领域的发展。中国应加强影视编导人才和演艺人才的文化素质和专业素质培养，加强影视动漫产业的原创力，完善和加强完整的影视动漫产业链，组建若干跨媒体、跨行业的具有完整产业链的影视集团，推动该产业发展。①

二、增强对外传播的国际影响力

1. 转变政府部门的传播观念

宣传这个概念蕴含单方面的表达和灌输，缺乏双向的交流，在传媒全球化和信息传播多元化、大众享有高度的信息选择权的今天，它在某种意义上已是一个过时的概念。② 传播，即信息的共享，它强调双边、多边的交流与沟通，具有较强的客观性。二者最大的区别在于操纵还是尊重受众的理解力和自由选择的权利。③ 中国政府应顺应这一变化。中国对外传播不应仅仅是名称上的变化，将"对外宣传"换为"对外传播"，而应是观念上的转变，遵循对外传播的规则和规律，提高对外传播效果。中国政府应该以更加自信和开放的姿态面对世界媒体，增加政府工作的透明度，及时发出自己的声音，表明自己的立场与态度，掌握信息传播的主动权和舆论风向的引导权。

2. 打造具有中国特色的民族传播品牌

不同民族文化之间的差异形成了不同民族之间互补的信息落差和传播空间，使得民族性越突出的文化越容易走向世界。④ 中国对外传播缺乏吸引力的主要原因之一就是内容缺乏民族特色。因此，要加大对具有中国特色的民族传统和现代文化的挖掘和整理，传播中国博大和多彩的文化，把中国传统文化和现代文化融入传播内容，打造具有鲜明中国特色的又贴近国外受众需

---

① 具体见：明安香.传媒全球化与中国崛起 [M].北京：社会科学出版社，2008.187-201.

② [美] 罗伯特·福特纳.国际传播——全球都市的历史、冲突及控制 [M].北京：华夏出版社，2000.97.

③ 二者区别具体可见，周明伟.国家形象传播研究论丛 [M].北京：外文出版社，2008.76.

④ 段鹏.国家形象建构中的传播策略 [M].北京：中国传媒大学，2007.138.

求的精品栏目和节目，形成民族传媒品牌，在国际传播格局中占有一席之地。

3. 提高国际传播技巧

国际传播是门艺术，一门跨国、跨文化、跨语言传播的艺术。在国际传播领域，西方媒体经过一百多年的发展形成了一些传播规则和技巧。它塑造了全球公众的信息接受习惯，因此，中国要增强对外传播的影响力，应学习和借鉴这些技巧、经验，遵守这些传播规则。第一，针对性原则。在对不同主体传播时，从受众的特点出发，选择受众容易接受的内容和方式，使我们所表达的内容更容易为对象国受众接受。世界不同地区对中国的认知和评价并不相同。BBC 的各国国际影响调查表明，欧美在对中国评价上保持了相当的一致性，但并不是铁板一块，2007、2008、2010 年欧美对华评价就出现了相反的走势；要注意分析中东北非地区对中国国际形象评价的起伏原因；非洲地区对中国评价很高，但也出现了"中国威胁论"；对亚太地区中国国际形象明显下降的趋势，要加大分析力度。① 总之，要分析重要节点中国国际形象变化的原因，分析不同地区对中国国际形象评价的特点与原因，从而细化中国政府外交、公共外交、人文交流和对外传播的内容与形式、策略与技巧。即使同一国家不同群体对中国认知途径和印象评价也不是完全相同的。例如，针对美国上流社会和精英人士中的自由派，我们可选择具有自由派倾向的美国全国主流媒体对其公关；对保守派人士可以利用具有保守派倾向的美国全国媒体以及地方媒体传播我们的声音；对美国新生代年轻人，可采用互联网、电影动漫来进行传播。第二，时效性原则。对事件进行抢先报道可以利用先机，设置议题，按照我们的思路对事实进行重构、传播，使受众先入为主地接受我们的观点和倾向，从而掌握信息传播的主动权。针对中国的负面报道，中国传统的"后发制人"传播策略，往往事倍功半，不但收不到"澄清事实"的效果，而且"越抹越黑"。中国应特别注意提高处理和传播"媒体事件"、突发事件或危机事件的技巧。由于对中国形象缺乏稳定的认知，世界对中国的评价更容易受到"媒体事件"、突发事件或危机事件的影响，因此中国一方面要积极制造"媒体事件"，引导国际舆论，提高自身的知名度和美誉度，特别是后者；另一方面，要提高媒体事件和突发事件或危机事件处理和传播的

---

① 相关研究参见：陈世阳 . 从英国广播公司调查看中国国际形象的塑造——以 2005~2013 年数据为基础 [J]. 人民论坛，2014,(14):241.

技巧，减少负面影响。正如全球视野调查公司主席道格·米勒在 2009 年度的各国国际影响报告中所指出的，调查结果表明中国需要学习如何赢得世界人民的心灵和思想。第三，客观公正性原则。客观公正性是媒体的生命力，极大影响媒体的公信力和公众对媒体的选择以及信任程度。由此在报道和传播中要淡化传播者主体色彩，力求客观公正表达。传播者应站在中立角度，用不带感情色彩的语言描述事态，在谈话方式、说话态度、表现方法上，尽可能淡化主观痕迹，寓观点于故事或报道中，力求"润物细无声"，让受众在不经意间接受信息影响。平衡报道是媒体获取公信力，树立客观公众形象的重要策略。事物和价值是多样的，平衡报道多种声音，是尊重事实的表现，更可以树立媒体公信力，赢得受众。此外要淡化官方色彩，多用专家、学者、第三方以及外国媒体传播中国观点和信息。在西方，民众对专家、媒体和官方的信任度依次递减，对官方舆论持怀疑态度。在对外传播中，我们要尽量淡化官方色彩，多用专家学者、知名人士和舆论领袖来说出我们想要表达的信息，效果会更好。借助西方主流媒体和记者，使中国声音较顺畅地传入国外主流社会，是一条重要而有效的策略。因为海外主流媒体在目标国家的公众心目中具有较高公信力和影响力，更容易被受众所接受。第四，本土化传播。使用本土化语言进行传播可以提高传播的效果。从接受信息的角度来说，人们对本民族语言有一种天然的亲切感和感知力，更容易也乐于接受用母语传递的信息。在本土化传播中，在保持民族特色的基础上，结合当地文化风俗进行文化转化。文化转化包含两个方面：一是传播共同价值观念，如人本主义、民主、对弱势群体的关注、法治等，"用一种普遍接受和理解的方式展现、表达和沟通我们的区别"。二是要从中国实际出发，寻找中国文化与其他文化的结合点，"一切产生现实价值的传播产品必须与人们既有的信息消费经验、信息消费偏好的信息消费模式相切合"[①]。

第四节　加强中国国家形象战略管理

以上国家形象各个环节的描述都是单维度的，而在实践中国家形象的塑造受到诸多因素影响，如何有效对这些因素进行规范和控制，建立统一、明

---

① 喻国明. 关于对外传播的一点断想 [J]. 对外大传播，2004,(5):19.

确的良好的国家形象，实现国家形象战略目标，这就需要国家形象战略管理。当前，中国国家形象的塑造缺乏规划、协调和对危机的应对，中央、地方、企业各自为战，尤其需要加强对国家形象的战略管理。

一、建立国家层面的国家形象管理机构

国家形象的塑造是一个长期性、战略性工程，涉及主体众多、领域繁多，需要加强国家形象的顶层设计，建立协调统筹机制，因此我们建议设立一个权威的国家级国家形象管理机构——国家形象委员会，负责国家形象的战略管理。这个机构由一位国家领导人牵头，横向包含中央的外交部、教育部、商务部、工信部、科技部、国防部、文化部、国新办、侨办等相关各部委办，纵向与省级的外事部门保持联系与指导，负责国家形象战略的决策、设计、规划。委员会下设咨询委员会和办公室。咨询委员会成员来自国内学术界、艺术界、媒体界、经济界、外交官、社会团体代表等，还包括在华外国专家、在华外籍经济人士、外国知华人士等，作为一个开放平台应吸纳资源和意见。办公室下设不同小组，负责国家形象建设的研究、协调、监测、评估和危机处理。其中研究小组主要负责研究国家形象现状、国家形象评估方法和标准，确定国家形象的战略设计和规划草案；协调小组主要负责国家形象战略的实施，动员、协调不同主体、资源和方式共同发挥作用；监测、评估小组主要负责对国家形象塑造过程的动态监控，收集、识别、评估损害国家形象的信息和事件，启动相关机制，采取对应措施，维护国家良好形象；危机处理小组主要任务是在发生损害国家形象的重大危机事件时启动危机预案，根据危机处理原则，妥善处理危机，减轻或弥补危机事件对国家形象的不良影响，做好善后工作。

二、加强国家形象的战略设计和规划

国家形象委员会的首要职能就是要加强研究。综合研究国家形象的战略目标和定位，国家形象塑造的内外环境和战略资源以及中国国家形象现状，为下一步的设计和规划奠定基础。其次，设计国家形象，明确国家形象的统一标识和理念。基于过去、现在和未来的多维视角，提炼中国传统文化的脊髓，吸取时代精神和世界文明理念，设计中国国家形象标识。这一标识能赢

得中国人的共识，体现中国传统文化和理念，代表中国未来的发展方向。笔者认为"龙"的形象深入人心，是中华民族文化精神的吉祥符号和美好象征，是海内外华人共同的文化认同，具有鲜明的民族特色；在西方的中国认知中，"龙"也是最熟悉的标识符号之一，尽管是"邪恶"的化身。中国需要做的就是挖掘"龙"蕴含的传统优秀价值，赋予其时代的内涵和形象，体现中国对富强、民主、文明、和谐的理解和追求，与世界各国分享中国的精神和价值，展示中国的大国责任和国际担当。第三，国家形象委员会需要制定国家形象塑造的短期、中期和长期计划。根据国家形象现状和塑造的目标，整合资源，突出重点，有针对性拟定实施方案和对策，逐步完善中国在国际上的形象。在"西强东弱"的国际环境下，中国提升国家形象的有效策略，就是借鉴美国、韩国等国家经验，采用国际通用的方法塑造中国国家品牌形象。40多年来中国经济的快速增长给世界留下了深刻的印象，中国企业和品牌也在快速走出去。国家应采取措施培育中国的国际知名企业和品牌，打造中国的品牌形象。

三、注重国家形象战略实施的协调

国家形象是一个复杂的体系，涉及政治、经济、文化、军事、外交等不同领域，个人形象、地区形象、城市形象、行业形象、企业形象都构成了国家形象的一部分，特别是随着对外开放的升级，中国人、中国企业大规模走出去，地方政府也在积极对外传播地区形象。协调不同主体、不同领域、不同方式，对外传播统一的国家形象就十分重要。首先，要明确各自职责和工作重点。国家形象委员会应发挥协调中心的作用，通过战略规划、目标设计、政策指引引导不同主体在统一形象目标指引下开展对外交流。为此，国家形象委员会有必要公开发布《国家形象战略规划》等相关文件，明确中国国家形象塑造的目标、定位、方案；对国家形象塑造做出重大贡献的机构和个人进行评选和表彰。但在具体实施中，却要更多地依靠地方政府、民间力量展开国家形象的塑造。地方政府有丰富的资源和强烈的主动性塑造多彩的中国形象，应调动、发挥地方政府的积极性。各国的实践证明，政府与民间合作模式最为理想。以民间组织和企业联盟为主导，政府创造有利条件积极配合，要比政府主导的方式更有策略选择余地，并更具创新性。其次，要协调国家形象的不同传播方式，进行整合传播。应根据传播对象及其对中国形象的认知，有针对性地选择传播方式，使人际传播与媒介传播相互配合，政府外交、公共外交和民间外交相互协调，对外传播、塑造丰富而统一的中国形象。

四、开展国家形象的监测与评估

对国家形象管理的重要方面是对国家形象的了解和把握，这有赖于国家形象的动态监测。这可以委托智库等第三方机构来做，选择世界不同地区代表性国家作为观测点，监测该国涉华舆情变化，判断、分析该地区对中国国家认知和评价的趋势；也要注意监控其他地区发生的重大涉华事件的舆情变化。通过对这些信息的探测、整理和分析，判断中国国家形象在该地区的动态，采取对应的措施，维护良好的国家形象。

国家形象的监测和判断离不开效果评估，它是国家形象管理必不可少的环节。评估是对战略实施效果的检验和反馈，有利于矫正战略实施中的不足和漏洞。不同机构和国家在评估国家形象时都建立了自己的评估标准。英国学者和政策分析家西蒙·安霍尔特（Simon Anholt）创建了一套测量国家品牌形象的方法，被称为 Anholt-GFK Roper 国家品牌指数（National Brands Index，以下简称 NBI）。韩国从 2001 年起每年发表国家品牌价值报告，其中国家品牌价值的评估由"国家收入"和"国家影响力指数"两项指标定量计算得出，前者包括商品出口和服务出口两方面，后者则由"国家竞争力""国家亲近感"和"国家品牌战略"三项指标决定。关于国家形象的评估，国际上并未形成统一的标准，并且不同方案在实施中不可避免带有主观倾向性。因此，中国应提出自己的科学、全面的国家形象评估标准，定期对国家形象进行评估。目前，中国已经迈出了可喜的一步，由察哈尔学会、中国外文局对外传播研究中心和华通明略调研机构联合从 2012 年开始发布中国的国际形象调查报告。但中国版的报告存在不足，该报告只是对中国诸多层面的局部形象的调查分析，缺乏中国整体印象或评价的调查环节和数据。

五、重视国家形象的危机处理

在国家形象的常态管理和监测中，要及时发现、处理对国家形象不利因素，防微杜渐；但国内外许多突发事件都会对国家形象造成冲击，应对不当可能会演变为危机事件。为此，有效方法就是建立国家形象危机管理应急机制和应对预案。

在应对国家形象危机时，国家形象委员会应根据危机应对机制，启动相应的应对预案。首先应确认危机，启动危机应对机制，采取行动控制危机，将危机限制在一定范围内，尽量缓解危机升级，努力控制危机的范围，减少危机的破坏；其次，要进行积极有效的危机公关。在现代社会中，利用现代公关手段，处理危机，摆脱困境，恢复良好的国家形象，已成为世界各国政府高度重视的危机应对手段。正确的危机公关不仅有利于克服、消除危机造成的不良后果，而且可化危机为契机，更好地塑造并提升国家形象；再次，应积极开展国际合作。进行危机管理的国际合作与协调已成为国际社会的要求和趋势。同时，开展国际合作，对危机当事国来说，可以在一定程度上降低危机管理的不确定性，通过实行情报资源互享，有助于迅速查明危机原因，提高危机应对的效率；有利于化解和遏制诱发危机的因素，有利于获得有利的国际舆论环境，迅速稳定局势，消除不良影响。危机应对阶段的结束，并不意味着危机管理的结束，只是进入了危机管理的下一个阶段——危机的善后阶段。妥善的危机善后有利于国家形象的进一步修复和完善。在危机善后阶段，国家应特别注意：积极进行危机后的恢复重建；对危机发生原因、危机处理过程以及危机的影响进行调查分析；在调查分析基础上，进行必要的改进和变革，提升国家形象。无论在哪一个阶段，都应遵循普遍的危机处理原则：以人为本原则；主动、及时性原则；信息公开的真实性、一致性原则；快速反应原则。这些原则是国际公认的危机处理原则，有利于危机的控制，也有利于将危机事件对国家形象的冲击和危害降到最低。

小结

国家形象战略实施的方式有塑造和管理，从中可以衍生出许多具体的方法和路径，例如国家实力建设、外交和媒介传播等。结合国家形象战略理论与中国国家形象实际，中国国家形象战略实施的具体路径有：（1）推进现代化建设，提高综合实力。中国应进一步加大改革开放，坚持现代化建设，特别要注意加强执政党、政府自身建设，树立执政党和政府新形象；提高国民素质，加强国家品牌形象建设。（2）加强开展国家形象外交，充分、合理利用政府外交、公共外交、民间外交这些不同外交形式以塑造、改善中国在国际社会中的国家形象。（3）提升中国国际传播影响力。中国需要针对国际传播领域存在的问题，加强改革和建设；转变传播观念，提高传播技巧，增强对外传播的国际影响力。（4）加强中国国家形象战略管理。中国应建立国家层面的国家形象管理机构，加强国家形象的战略设计和规划，注重国家形象战略实施的协调，开展国家形象的监测与评估，重视国家形象的危机处理。

结　语

　　本书提出并论证了国家形象战略问题，在此基础上，结合战略学等学科的研究成果提出了国家形象战略框架，并逐一描述了国家形象战略的各个要素及其在战略框架中的作用和地位。在国家形象战略框架指导下，以美国、德国、俄罗斯和中国为案例，整理、分析了这些国家"二战"后或"冷战"后国家形象塑造的历程和经验。在理论、历史，并结合对中国国家形象现状分析的基础上，本书提出了未来中国国家形象战略设计。最后，作为结语，这里再次对研究内容进行强调和总结。

一、国家形象战略的提出和研究是对现实的回应，是对国家战略研究的丰富，对中国和平崛起具有重大理论和现实意义

　　国家形象在不同国家的整体战略中的地位和作用是不同的。对于社会化程度较低、与国际社会联系不密切的国家，本国在国际社会上的声誉和形象就不是一个战略性问题，还不需要提升到战略层面；对于西方发达国家，由于发展比较成熟，且在国际传播和话语体系中占据主导地位，国家形象对于它们来说似乎也不成为问题，尽管他们早已将丑化他国形象作为对外战略中的重要策略。那么对于中国这个正在崛起的非西方国家，国家形象是否是一个可有可无的问题？显然不是。40年前开启的改革开放就启动了中国融入国际社会的进程，当今中国已与世界紧密联系在一起。"当代中国与世界的关系发生了历史性变化，中国的前途日益紧密地同世界的前途命运联系在一起"。融入世界是中国开放战略的必然要求和结果，也是中国未来长期的战略选择。但随着中国的崛起，中国融入世界的进程遇到了在国际社会中占主导地位的

西方国家的猜疑和阻挠。西方国家对中国崛起普遍抱有疑虑，以矛盾的心态看待中国的发展，一方面希望从中国发展中获益，另一方面对中国这个异质文明的强大保持着警惕和抵制，在对华政策上采取了"骑墙"政策——接触与遏制并行。这决定了在相当长的时期内中国与西方的关系处于冲突与合作中。中国如何避免传统大国崛起中被现状国家包围遏制，突破崛起困境，顺利实现国家复兴的目标？积极塑造良好的国家形象，获得国际认同，为国家的生存和发展创造良好的外部环境，就成为一种重要战略选择。这不仅对中国的崛起有重大现实意义，而且也是对非西方国家崛起问题的理论探索，其中蕴藏着中国特色国际关系理论的土壤。

战略在长期的发展演变中，从一个军事概念扩展到社会各个层面，形成了一个庞大的战略体系。国家形象战略是战略在国家形象领域的延伸和具体应用，是对战略研究和国家战略体系的丰富。作为战略体系一部分的国家战略也是一个体系，除本身外，还包括中观的部门战略（如经济发展战略、安全战略、国际战略等）和微观的子战略部分（如能源战略、产业战略、地区国际战略等）。国家战略体系的形成有赖于部门战略和子战略的完善和支撑。战略层次上的宏观研究必须以微观和中观研究为基础，否则就很容易空泛无物、缺乏实证和可操作性。在中国的国家战略研究中一个明显缺陷就是中观的部门战略研究和微观的子战略研究十分薄弱，许多领域还存在空白。中国的国家战略研究应从研究那些影响中国生存和发展迫切的具体战略性问题入手，逐步上升到更高层次的综合。国家形象战略是国家战略中的一个子战略，它的提出和研究有利于回答中国崛起中面临的重大现实问题，有利于充实和丰富国家战略研究。

但在现实中，对国家形象战略还存在忽视的倾向。中国还普遍存在"只要中国发展了，国家形象自然就会好"的观念，并不认为国家形象是一个战略性问题。战略性问题"是在国家战略的实践中产生和形成的，并随着国家战略的实现条件（也包括战略决策者的素质、性格和偏好）的变化而变化"。在信息化时代和全球化时代，国家形象战略作用的凸显。在西方有意识丑化、妖魔化中国形象的情况下，对中国而言，形象问题已是对国家发展产生重大影响的因素，因此应正确认识国家形象的战略作用和地位。国家形象是国家利益的组成部分，是维护和推进国家利益的有效工具，是影响外交政策和外交行为的重要因素。国家形象战略作为对外战略的子战略，在国家战略体系中处于第三层次，服务于国家战略和对外战略目标。

二、国家形象战略环境、国家形象战略资源、国家形象战略目标、国家形象战略定位、国家形象塑造、国家形象战略管理共同构成了国家形象战略框架的主要内容

在战略学的基础上，作者提出了国家形象战略的概念和框架。所谓国家形象战略就是国家调动一切力量与资源以塑造良好国际形象的艺术与科学，其包含着国家形象战略环境、国家形象战略资源、国家形象战略目标、国家形象战略定位、国家形象塑造、国家形象战略管理等要素。这些要素在国家形象战略框架中有着不同的功能和地位，共同构成了战略框架的主要内容。

这些要素可分为战略谋划和战略实施两部分。国家形象战略谋划集中于观念层面，包含对国家形象战略资源的分析、战略环境的判断、战略目标的确定以及战略定位。其中，战略环境和资源是基础性要素。在分析国家形象战略环境中，除了一般意义上的国际战略环境之外，还应注意对国家形象有特殊意义的的环境因素——国际传播环境，它包含国际传播格局、国际传播秩序和国际舆论环境三个方面。战略资源是实现战略目标的支持性要素，除了经济、军事、科技、自然、政治、教育、科技、文化等一般要素外，还要注意国民、传媒、体育、社会因素。它们构成了国家形象的社会层面内容，是国家形象不可或缺的部分。国家形象战略目标在整个战略占有重要地位，是战略的核心要素。国家形象战略目标就是：树立良好的国家形象，维护和实现国家利益。战略定位是国家利益和国家形象战略目标的具体化，是战略观念和实践的纽带和中间环节。

战略实施涉及实践层面，主要包含国家形象塑造和国家形象战略管理。国家形象塑造是一国国内公众主动构建和对外传播一国形象的正面要素，以影响国际公众形成该国国际形象的过程。国家形象的塑造方式有两种：一是建构，二是国际传播。国家形象的建构包含两个方面的内容：建设和提高本国的综合实力，形成良好国家形象的基础；构建良好的国家形象环境。在建构国家形象中，外交发挥着重要作用，国家形象的塑造和维护依赖于政府外交、公共外交、民间外交的共同作用，但三者的地位和作用是不同的。国际

传播是塑造国家形象形成的至关重要的因素，包括人际传播，即外交，和大众媒体传播两种方式。成熟完善的国家形象战略不仅包含常态管理，更包含危机管理。积极应对危机，进行有效的危机管理，减轻危机对国家形象的冲击和破坏，是维护国家形象的重要途径，也是国家形象战略中不可或缺的环节。国家形象危机管理包括危机预警阶段、危机处理阶段、危机的善后三个阶段。这些要素构成了国家形象战略框架。

三、大国国家形象塑造的历史经验值得借鉴

尽管国家形象战略这个概念提出的时间不长，但各国特别是大国塑造国家形象的历史却久远，在历史的磨砺中形成了各具特色的国家形象，其中的经验教训值得借鉴。美国、德国、俄罗斯都普遍重视本国国际形象的塑造与维护；在不同时期，由于内外环境变化和国家利益变动，大国都相应调整本国国家形象政策和战略。在国家形象的塑造手段方面，大国都重视公共外交、对外传播、国际活动的作用，强调包括软实力在内的综合实力的提升对塑造国家形象的意义。

由于受国外环境、国内政策以及领导者个人因素的影响，在毛泽东时期、邓小平时期和"冷战"后三个不同时期，中国对国家形象战略环境、目标和定位等战略要素的判断与认识，以及在建构和传播国家形象方面的实践呈现出阶段性特征。新中国 70 多年国家形象战略演进过程，是一个不断继承和发展的过程。期间沉淀和积累下一些经验教训，也凝结形成了一些中国国家形象的特质，成为中国未来国家形象战略设计的重要借鉴和宝贵财富：现代化是中国国家形象塑造的目标；社会主义、大国、和平是中国国家形象定位不可或缺的特质；综合国力的发展为国家形象塑造和提升奠定了坚实基础；对外宣传和外交是塑造国家形象的重要途径。

四、中国应进行国家形象战略的设计

国家形象的复杂性和战略属性以及中国和平崛起的强烈现实需求使中国十分必要科学地设计未来国家形象塑造的战略。基于国家形象战略理论、中外大国国家形象塑造的历史经验以及对中国国家形象现状的评估，本书提出中国国家形象战略内容包含：（1）战略环境：未来外部环境机遇与挑战并存，

但对中国来说，这是一个机遇大于挑战的历史时期。未来一段时期，我国仍处于大有可为的战略机遇期。这为中国国家形象塑造提供了良好的外部环境；（2）战略资源：中国已有的雄厚战略资源和未来的发展潜力都为中国未来国家形象塑造和战略实施提供了坚实的支撑；（3）战略目标和定位："富强、民主、文明、进步、和谐"现代化国家是中国国家形象塑造的战略目标。它体现了历史、现在和未来，中国和世界的多维统一，有利于凝聚中国人的共识，整合协调不同要素，赢得世界的认同。这种目标在当下的具体体现就是，文明大国形象、东方大国形象、负责任大国形象、社会主义大国形象。这是新时期中国国家形象的定位，为国家形象的塑造提供了方向和依据；（4）战略实施的具体路径：第一，推进现代化建设，提高综合实力。中国应进一步加大改革开放，坚持现代化建设，特别要注意加强执政党、政府自身建设，树立执政党和政府新形象；提高国民素质，加强国家品牌形象建设；第二，加强开展国家形象外交。充分、合理利用政府外交、公共外交、民间外交这些不同外交形式以塑造、改善中国在国际社会中的国家形象；第三，提升中国国际传播影响力。中国需要针对国际传播领域存在的问题，加强改革和建设；转变传播观念，提高传播技巧，增强对外传播的国际影响力；第四，加强中国国家形象战略管理。中国应建立国家层面的国家形象管理机构，加强国家形象的战略设计和规划，注重国家形象战略实施的协调，开展国家形象的监测与评估，重视国家形象的危机处理。

图表附录

参考文献

一、中文书目

1. 薄贵利. 国家战略论 [M]. 北京：中国经济出版社，1994.

2. 陈述. 中华人民共和国史 [M]. 北京：人民出版社，2009.

3. 程曼丽. 国际传播学教程 [M]. 北京：北京大学出版社，2006.

4. 程曼丽. 外国新闻传播史导论 [M]. 上海：复旦大学出版社，2007.

5. 楚树龙，金威. 中国外交战略和政策 [M]. 北京：时事出版社，2008.

6. 戴伦彰. 走向 21 世纪的中国对外经济关系 [M]. 北京：中国物价出版社，1997.

7. 邓小平. 邓小平文选（第 1-3 卷）[M]. 北京：人民出版社，1993.

8. 丁邦泉. 国际危机管理 [M]. 北京：国防大学出版社，2004.

9. 丁磊. 国家形象及其对国家间行为的影响 [M]. 北京：知识产权出版社，2010.

10. 董锡健，潘肖珏.CIS: 中国企业形象战略 [M]. 上海：复旦大学出版社，2007.

11. 段鹏. 国家形象建构中的传播策略 [M]. 北京：中国传媒大学出版社，2007.

12. 封永平. 大国崛起困境的超越：认同建构与变迁 [M]. 北京：中国社会科学出版社，2009.

13. 斐坚章. 毛泽东外交思想研究 [C]. 北京：世界知识出版社，1994.

14. 甘险峰. 中国对外新闻传播史 [M]. 福州：福建人民出版社，2004.

15. 高金钿 . 国际战略学概论 [M]. 北京：国防大学出版社，2001.

16. 宫力 . 邓小平与美国 [M]. 北京：中共党史出版社，2004.

17. 宫力 . 和平为上——中国对外战略的历史与现实 [M]. 北京：九州出版社，2007.

18. 宫玉振 . 中国战略文化解析 [M]. 北京：军事科学出版社，2002.

19. 关世杰 . 国际传播学 [M]. 北京：北京大学出版社，2004.

20. 管文虎 . 国家形象论 [M]. 成都：电子科技大学出版社，2000.

21. 郭惠民 . 国际公共关系教程 [M]. 上海：复旦大学出版社，1996.

22. 郭惠民 . 当代国际公共关系 [C]. 上海：复旦大学出版社，1998.

23. 郭树勇 . 建构主义与国际政治 [M]. 北京：长征出版社，2001.

24. 郭树勇 . 大国成长的逻辑——西方大国崛起的国际政治社会学分析 [M]. 北京：北京大学出版社，2006.

25. 韩念龙 . 当代中国外交 [M]. 北京：中国社会科学出版社，1988，376.

26. 韩源 . 全球化与中国大战略 [M]. 北京：中国社会科学出版社，2005.

27. 何佩群，俞沂暄 . 国际关系与认同政治 [M]. 北京：时事出版社，2006.

28. 何增科 . 公民社会与第三部门 [C]. 北京：北京大学出版社，2007.

29. 侯玉波 . 心理学教材——社会心理学 [M]. 北京：北京大学出版社，2008.

30. 胡鞍钢 . 中国崛起之路 [M]. 北京：中国传媒大学出版社，2005.

31. 胡白精 . 危机传播管理 [M]. 北京：中国传媒大学出版社，2005.

32. 胡锦涛 . 高举中国特色社会主义伟大旗帜，为夺取全面建设小康社会新胜利而奋斗——在中国共产党第十七次全国代表大会上的报告 [M]. 北京：人民出版社，2007.

33. 胡宁生 . 中国政府形象战略 [M]. 北京：中共中央党校出版社，1999.

34. 黄仁伟 . 中国崛起的时间和空间 [M]. 上海：上海社会科学院出版社，2002.

35. 黄硕风 . 综合国力新论 [M]. 北京：中国社会科学出版社，1999.

36. 黄泽存 . 新时期对外宣传论稿 [M]. 北京：五洲传播出版社，2002.

37. 蒋春堂 . 政府形象探索 [M]. 北京：中国国际广播出版社，2001.

38. 姜兆鸿，杨平学 . 印度军事战略研究 [M]. 北京：军事科学出版社，

1993.

39. 江泽民 . 江泽民文选（第 1-3 卷）[M]. 北京：人民出版社，2006.

40. 康绍邦，宫力 . 国际战略新论 [M]. 北京：解放军出版社，2006.

41. 康绍邦，宫力 . 中国与世界 [M]. 北京：九州出版社，2007.

42. 康绍邦，宫力 . 中国和平发展战略研究 [M]. 北京：中共中央党校出版社，2007.

43. 李光斗 . 品牌战：全球化留给中国的最后机会 [M]. 北京：清华大学出版社，2006.

44. 李继盛 . 国家战略艺术：结构、原则、方法 [M]. 南宁：广西人民出版社，1993.

45. 李锦坤，王建伟 . 战略思维 [M]. 天津：天津社会科学出版社，2003.

56. 李景治，罗天虹等 . 国际战略学 [M]. 北京：中国人民大学出版社，2003.

47. 李少军 . 国际战略报告 [M]. 北京：中国社会科学出版社，2005.

48. 李少南 . 国际传播 [M]. 台北：台湾黎明文化事业公司，1994.

49. 李世华等 . 邓小平外交战略研究 [M]. 长春：吉林大学出版社，1996.

50. 李希光 . 妖魔化中国的背后 [M]. 北京：中国社会科学出版社，1996；

51. 李希光，周庆安 . 软力量与全球传播 [M]. 北京：清华大学出版社，2005.

52. 李小军 . 数读中国 60 年（1949-2009）[M]. 北京：社会科学文献出版社，2009.

53. 李正国 . 国家形象建构 [M]. 北京：中国传媒大学出版社，2006.

54. 李智 . 文化外交：一种传播学的解读 [M]. 北京：北京大学出版社，2005.

55. 李智 . 中国国家形象：全球传播时代建构主义的解读 [M]. 北京：新华出版社，2011.

56. 刘华蓉 . 大众传媒与政治 [M]. 北京：北京大学出版社，2004.

57. 刘继南 . 国际传播——现代传播论文集 [C]. 北京：北京广播学院出版社，2000.

58. 刘继南，周积华，段鹏等 . 国际传播与国家形象 [M]. 北京：北京广播学院出版社，2002.

59. 刘继南，何辉等 . 中国形象——中国国家形象的国际传播现状与对策 [M]. 北京：中国传媒大学出版社，2006.

60. 刘建飞 . 敌人朋友还是伙伴——中美日战略关系演变 [M]. 北京：中央文献出版社，2000.

61. 刘建飞 . 大博弈：中国的"太极"与美国的"拳击" [M]. 杭州：浙江人民出社，2005.

62. 刘建飞，刘丽华 . 同舟共济—东北亚安全与合作 [M]. 北京：九州出版社，2009

63. 刘明 . 当代中国国家形象定位与传播 [M]. 北京：外文出版社，2007.

64. 刘小燕 . 中国政府形象传播 [M]. 太原：山西人民出版社，2005.

65. 鲁毅 . 外交学概论 [M]. 北京：世界知识出版社，1997.

66. 罗浩波 . 社会文明学导论 [M]. 杭州：浙江大学出版社，2008

67. 毛泽东 . 毛泽东选集（第 1-4 卷）[M]. 北京：人民出版社，1991.

68. 毛泽东 . 毛泽东选集（第五卷）[M]. 北京：人民出版社，1977.

69. 毛泽东 . 建国以来毛泽东文稿（第六册）[M]. 北京：中央文献出版社，1992.

70. 毛泽东 . 毛泽东外交文选 [M]. 北京：中央文献出版社、世界知识出版社，1994.

71. 门洪华 . 构建中国大战略的框架 [M]. 北京：北京大学出版社，2005.

72. 门洪华 . 霸权之翼——美国国际制度战略 [M]. 北京：北京大学出版社，2005.

73. 门洪华 . 中国软实力方略 [C]. 杭州：浙江人民出版社，2007.

74. 门洪华，任晓 . 中国改变世界 [C]. 杭州：浙江人民出版社，2009.

75. 门洪华 . 中国：大国崛起 [C]. 杭州：浙江人民出版社，2004.

76. 孟小平 . 揭示公共关系的奥秘——舆论学 [M]. 北京：中国新闻出版社，1989.

77. 廖心文，熊华源等 . 走出国门的周恩来 [M]. 石家庄：河北人民出版社，2001.

78. 明安香 . 传媒全球化与中国崛起 [M]. 北京：社会科学文献出版社，

2008.

79. 钮先钟 . 战略研究 [M]. 桂林：广西师范大学出版社，2003.

80. 彭伟步 . 信息时代政府形象传播 [M]. 北京：社会科学文献出版，2005.

81. 秦启文，周永康 . 形象学导论 [M]. 北京：社会科学文献出版社，2004.

82. 秦亚青 . 文化与国际社会：建构主义国际关系理论研究 [M]. 北京：世界知识出版社，2006.

83. 秦亚青 . 权力·制度·文化——国际关系理论与方法研究文集 [C]. 北京：北京大学出版社，2007.

84. 沙莲香 . 社会心理学 [M]. 北京：人民大学出版社，1987.

85. 上海社会科学世界经济与政治研究所 . 负责任大国的路径选择 [C]. 北京：时事出版社，2007.

86. 时殷弘 . 国际政治——理论探究、历史概观、战略思考 [M]. 北京：当代世界出版社，2002.

87. 石志夫 . 中华人民共和国对外关系史（1949.10-1989.10）[M]. 北京：北京大学出版社，1994.

88. 苏扬 . 中国出了个毛泽东 [M]. 北京：解放军出版社，1991.

89. 孙有中 . 解码中国形象 [M]. 北京：世界知识出版社，2009.

90. 田增佩，王泰平 . 老外交官回忆周恩来 [M]. 北京：世界知识出版社，1998.

91. 王辑思，金灿荣 . 中国学者看世界 3：大国战略卷 [C]. 北京：新世界出版社，2007.

92. 王稼祥 . 王稼祥选集 [M]. 北京：人民出版社，1989.

93. 王杏芳 . 中国与联合国 [M]. 北京：世界知识出版社，1995.

94. 王绳祖 . 国际关系史 [M]. 北京：世界知识出版社，1995-2004.

95. 王学东 . 外交战略中的声誉因素研究——"冷战"后中国参与国际制度的解释 [M]. 天津：天津人民出版社，2007.

96. 王逸舟 . 全球政治和中国外交 [M]. 北京：世界知识出版社，2003.

97. 王逸舟 . 中国学者看世界——国家利益卷 [C]. 北京：新世界出版社，2007.

98. 王逸舟，谭秀英 . 中国外交六十年（1949-2009）[M]. 北京：中国社会科学出版社，2009.

99. 王众一，朴光海 . 日本韩国国家形象的塑造与形成 [M]. 北京：外文出版社，2007.

100. 吴一夫，赵括 . 外国名人政要评说中国 [M]. 北京：中国经济出版社，1998.

101. 吴友富 . 中国国家形象的塑造和传播 [M]. 上海：复旦大学出版社，2009.

102. 吴照云 . 企业国际形象战略 [M]. 上海：江西高校出版社，1995.

103. 吴征 . 中国的大国地位与国际传播战略 [M]. 北京：长征出版社，2001.

104. 谢益显 . 中国外交史 [M]. 郑州：河南人民出版社，1995.

105. 许木松 . 国家营销：新加坡国家品牌之道 [M]. 杭州：浙江人民出版社，2012.

106. 许曼舒 . 国际危机预警 [M]. 北京：时事出版社，2008.

107. 薛澜，张强等 . 危机管理 [M]. 北京：清华大学出版社，2003.

108. 阎学通，孙学峰 . 中国崛起及其战略 [M]. 北京：北京大学出版社，2005.

109. 杨伟芬 . 渗透与互动：广播电视与国际关系 [M]. 北京：北京广播学院出版社，2000.

110. 叶自成 . 中国大战略 [M]. 北京：中国社会科学出版社，2003.

111. 于朝辉 . 战略传播管理——“冷战”后美国国际形象建构研究 [M]. 北京：时事出版社，2008.

112. 余明阳，韩红星 . 品牌学概论 [M]. 广州：华南理工大学出版社，2008.

113. 余明阳，杨芳平 . 品牌定位 [M]. 武汉：武汉大学出版社，2008.

114. 余起芬 . 国际战略论 [M]. 北京：军事科学出版社，1998.

115. 俞新天 . 改革开放 30 年：国际体系中的中国角色（国际卷）[M]. 北京：中国大百科全书出版社，2008.

116. 张昆 . 国家形象传播 [M]. 上海：复旦大学出版社，2005.

117. 张小明 . 公共部门危机管理 [M]. 北京：中国人民大学出版社，2006.

118. 赵可金 . 公共外交的理论与实践 [M]. 上海：上海辞书出版社，2007.

119. 赵丕涛 . 外事概说 [M]. 上海：上海社会科学院出版社，1995.

120. 郑超然 . 外国新闻传播史 [M]. 北京：中国人民大学出版社，2000.

121. 中国现代国际关系研究所危机管理与对策研究中心 . 国际危机管理概论 [M]. 北京：时事出版社，2003.

122. 中华人民共和国外交部外交史研究室 . 周恩来外交活动大事记（1949～1975）[M]. 北京：世界知识出版社，1993.

123. 中华人民共和国外交部外交史研究室 . 新中国外交风云录（第 5 辑）[M]. 北京：世界知识出版社，1999.

124. 中华人民共和国外交部政策研究司 . 中国外交 [M]. 北京：世界知识出版社，2006.

125. 中央文献研究室 . 邓小平年谱（1975-1997）[M]. 北京：中央文献出版社，2004.

126. 周恩来 . 周恩来外交文献 [M]. 北京：中央文献出版社，1990.

127. 周弘 . 对外援助与国际关系 [M]. 北京：中国社会科学出版社，2002.

128. 周明伟 . 国家形象传播研究论丛 [C]. 北京：外文出版社，2008.

129. 周云 . 品牌学 [M]. 北京：清华大学出版社，2008.

130. 周宁 . 龙的幻象 [M]. 北京：学苑出版社，2004.

131. 朱锋，[美] 罗斯 . 中国崛起：理论与政策的视角上海人民出版社，2008.

132. 佐斌 . 中国人的脸与面子：本土社会心理学探索 [M]. 武汉：华中师范大学出版社，1997.

二、译著书目

1.[美] 诺曼·R·奥古斯丁等 . 危机管理 [M]. 北京：中国人民大学出版社，2001.

2.[法] 薄富尔 . 战略绪论 [M]. 钮先钟译，海拉尔市：内蒙古文化出版社，1997.

3.[英] 赫德利·布尔 . 无政府社会——世界政治秩序研究 [M]. 张小明译，北京：世界知识出版社，2003.

4.[美] 兹比格纽·布热津斯基 . 大棋局 [M]. 中国国际问题研究所译，上海：上海人民出版社，1998.

5.[美] 詹姆斯·多尔蒂，小罗伯特·普法尔茨格拉芙 . 争论中的国际关系理论 [M]. 阎学通等译，北京：世界知识出版社，2003.

6.[法] 路易斯·多洛 . 国际文化关系 [M]. 孙恒译，上海：上海人民出版社，1987.

7.[美] 戴维·杜鲁门 . 政府之进程 [M]. 纽约：阿尔弗雷德诺夫公司，1971.

8.[美] 斯蒂芬·范埃弗拉 . 政治学研究方法指南 [M]. 陈琪译，北京：北京大学出版社，2006.

9.[美] 利昂·费斯汀格 . 认知失调理论 [M]. 郑全全译，杭州：浙江教育出版社，1999

10.[美] 傅立民 . 论实力：治国方略与外交艺术 [M]. 刘晓红译，北京：清华大学出版社，2004.

11.[美] 罗伯特·福特纳 . 国际传播："地球都市"的历史、冲突及控制 [M]. 刘利群译，北京：华夏出版社，2000.

12.[英] 利德尔·哈特 . 战略论 [M]. 北京：战士出版社，1981.

13.[美] 塞缪尔·亨廷顿 . 文明的冲突与世界秩序的重建 [M]. 北京：新华出版社，2002.

14.[美] 罗伯特·吉尔平 . 世界政治中的战争与变革 [M]. 武军等译，北京：中国人民大学出版社，1994.

15.[美] 罗伯特·基欧汉，约瑟夫·奈 . 权力与相互依赖——转变中的世界政治 [M]. 北京：中国人民公安大学出版社，1992

16.[美] 罗伯特·基欧汉 . 霸权之后：世界政治经济中的合作与纷争 [M]. 苏长和等译，上海：上海世纪出版集团，2001.

17.[美] 亨利·基辛格 . 白宫岁月 [M]. 北京：世界知识出版社，1980.

18.[美] 亨利·基辛格 . 我眼中的周恩来 [M]. 石家庄：河北人民出版社，1993.

19.[美] 罗伯特·杰维斯 . 国际政治中的知觉与错误知觉 [M]. 秦亚青译，北京：世界知识出版社，2003.

20.[德]卡尔·冯·克劳塞维茨.战争论（第一卷）[M].中国人民解放军军事科学院译，北京：商务印书馆，1997.

21.[挪威]托布约尔·克努成.国际关系理论史导论[M].余万里译，天津：天津人民出版社，2004.

22.[挪威]斯坦因·U.拉尔森.政治学理论与方法[M].任晓译，上海：上海世纪出版集团，2006.

23.[美]乔舒亚·库珀·雷默等.中国形象——外国学者眼里的中国[M].沈晓雷等译，北京：社会科学文献出版社，2008.

24.[美]艾·里斯，杰克·特劳特.定位[M].王恩冕译，北京：中国财政经济出版社，2002.

25.[美]伊恩·米特若夫，格斯·阿纳戈诺斯.危机！防范与对策[M].燕清联合传媒管理咨询中心译，北京：电子工业出版社，2004.

26.[美]汉斯·摩根索.国家间政治——寻求权力与和平的斗争[M].北京：中国人民公安大学出版社，1990.

27.[美]道格拉斯·默里，保罗·维奥蒂.各国防务政策之比较研究[M].北京：军事学院出版社，1985.

28.[美]约瑟夫·奈.硬权力与软权力[M].门洪华译，北京：北京大学出版社，2005.

29.[美]尼克松.领袖们[M].北京：知识出版社，1984.

30.[德]赫尔穆特·斯密特.理解中国[M].梅兆荣等译，海口：海南出版社，2009.

31.[英]约翰·汤林森.文化帝国主义[M].冯建三译，上海：上海人民出版社，1999.

32.[美]约翰·托夫勒.第四次浪潮[M].北京：华夏出版社，1996.

33.[美]亚历山大·温特.国际政治的社会理论[M].秦亚青译，上海：上海人民出版社，2000.

34.[美]肯尼思·沃尔兹.国际政治理论[M].胡少华、王红缨译，北京：中国人民公安大学出版社，1992

35.[澳]罗伯特·休斯.危机管理.王成等译[M].北京：中信出版社，2001.

36.[美]W. 菲利普斯·夏夫利 . 政治科学研究方法 [M]. 新知译，上海：上海世纪出版集团，2006.

37.[美] 哈罗德·伊萨克斯 . 美国的中国形象 [M]. 于殿利、陆日宇译，时事出版社，1999.

三、中文报刊

1. 陈家兴 . 我们失去文化创造力了吗？[N]. 人民日报，2009-06-16（5）.

2. 陈剑 . 毛泽东 "斗争哲学" 的内涵、价值和局限及其对构建和谐社会的现实意义 [J]. 毛泽东思想研究，2009，（4）.

3. 陈杰 . 卡塔尔国家形象的构塑 [J]. 阿拉伯世界研究，2008，（4）.

4. 陈开和 . 论我国在多边外交活动中的国际公共关系策略 [J]. 外交评论，2007，（6）.

5. 陈先红 . 运用公众外交塑造 "文化中国" 国家形象 [J]. 国际新闻界，2008，（11）.

6. 陈宗权，谢红 . 社会认同论与国家形象主体性生成理论的可能——兼论国家形象研究范式及未来的研究纲领 [J]. 国际观察，2015，（3）.

7. 程曼丽 . 国家形象危机中的传播策略分析 [J]. 国际新闻界，2006，（3）.

8. 程曼丽 . 大众传播与国家形象塑造 [J]. 国际新闻界，2007，（3）.

9. 戴轶，赵茜 . 体育在国家对外关系中的作用分析 [J]. 北京体育大学学报，2008，（3）.

10. 邓超 . 建构主义理论视角下的国家形象塑造 [D]. 学位论文，中国传媒大学，2006.

11. 邓淑华，张凤军 . 邓小平对塑造中国和平大国形象的贡献 [J]. 毛泽东思想研究，1999，（2）.

12. 丁宏 . 全球化、全球治理与国际非政府组织 [J]. 世界经济与政治论坛，2006，（6）.

13. 董青岭，李爱华 . 和平·发展·合作——关于中国国家形象建设的几点思考 [J]. 理论学刊，2006，（4）.

14. 董青岭 . 论全球化背景下国家形象建构 [D]. 学位论文，山东师范大学，2006.

15. 范红 . 国家形象的多维塑造与传播策略 [J]. 清华大学学报（哲学社会科学版），2013，（2）.

16. 樊勇明 . 全球化与国际行为主体多元化——兼论国际关系中的非政府组织 [J]. 世界经济研究，2003，（9）.

17. 方世南 . 邓小平的国家与民族形象意识及其重大价值 [J]. 苏州大学学报，2001，（2）.

18. 冯惠玲，胡百精 . 北京奥运会与文化中国国家形象构建 [J]. 中国人民大学学报，2008，（4）.

19. 冯霞，尹博 . 北京奥运文化传播与中国国家形象塑造 [J]. 北京社会科学，2007，（4）.

20. 傅新 . 全球化时代的国家形象——兼对中国谋求和平发展的思考 [J]. 国际问题研究，2004，（4）.

21. 傅新 . 综合安全与国家形象 [J]. 现代国际关系，2004，（6）.

22. 甘险峰 . 国家形象传播范式辨析 [J]. 中州学刊，2014，（11）.

23. 高晓琳 . 改革开放三十年中国融入全球化的历程、经验及前景 [J]. 当代世界与资本主义，2008，（6）.

24. 宫力 . 试论毛泽东的外交思想 [J]. 中共中央党校学报，1999，（4）.

25. 顾潜 . 对世界新闻传播秩序的审视 [J]. 复旦学报（社会科学版），2004，（5）.

26. 管文虎，李振兴 . 论负责任的大国形象 [J]. 天府新论，2004，（5）.

27. 管文虎 . 国家的国际形象浅析 [J]. 当代世界，2006，（6）.

28. 管文虎 . 关于研究中国国际形象问题的几点思考 [J]. 国际论坛，2007，（5）.

29. 郭鲁芳，张素 . 中国公民出境旅游文明与软实力提升研究 [J]. 旅游学刊，2008，（12）.

30. 郭树勇 . 利益集团与美国外交 [J]. 世界经济研究，1997，（5）.

31. 郭树勇 . 论大国成长中的国际形象 [J]. 国际论坛，2005，（6）.

32. 郭树勇 . 论和平发展进程中的中国大国形象 [J]. 毛泽东邓小平理论研究，2005，（11）.

33. 郭树勇 . 论和平发展进程中的中国大国形象 [J]. 毛泽东邓小平理论研

究，2005，（11）.

34. 韩源，王磊. 全球化时代的新闻传播与国家形象宣传战略 [J]. 西南民族大学学报·人文社科版，2005，（3）.

35. 韩源. 全球化背景下的中国国家形象战略框架 [J]. 当代世界与社会主义，2006，（1）.

36. 何帆. 发展的中国经济有利于世界繁荣 [J]. 求是，2003，（6）.

37. 何辉. 中国国家形象广告：策略与效果 [J]. 对外传播，2011（3）.

38. 胡鞍钢，张晓群. 中国传媒迅速崛起的实证分析 [J]. 战略与管理，2004，（2）.

39. 胡锦涛. 在全国宣传思想工作会议上发表重要讲话 [N]. 人民日报，2003-12-08（1）.

40. 胡锦涛. 在对外友协成立 50 周年大会上的致词 [N]. 人民日报，2004-05-21（1）.

41. 胡锦涛. 包括台湾同胞在内的全体中华儿女团结起来，共同为推进祖国和平统一大业而努力奋斗 [N]. 人民日报，2005-03-05（1）.

42. 胡学龙. 游说战略：日本企业在美国竞争制胜法宝 [J]. 国际经贸探索，1992，（2）.

43. 黄彬华. 丰田汽车戳破"日本制造"神话 [N]. 联合早报，2010-02-06.

44. 黄蓉生，李国安. 和谐社会构建与社会文明建设 [J]. 马克思主义研究，2007，（2）.

45. 贾高建. 社会发展战略：科学还是艺术？[N]. 学习时报，2006-09-27.

46. 贾建芳. 构建社会主义和谐社会的重点难点问题解析 [J]. 马克思主义研究，2006，（3）.

47. 江忆恩. 中国参与国际体制的若干思考 [J]. 世界经济与政治，1999，（7）.

48. 江泽民. 江泽民在全国对外宣传工作会议上强调站在更高起点上把外宣工作做得更好 [N]. 人民日报，1999-02-27（1）.

49. 江泽民. 全面建设小康社会，开创中国特色社会主义新局面 [N]. 人民日报，2002-11-09.

50. 金灿荣，董春岭. 中国外交现状与发展战略 [J]. 当代世界，2009，

（9）.

51. 李安山. 为中国正名：中国的非洲战略与国家形象 [J]. 世界经济与政治，2008，（4）.

52. 李宝俊，徐正源. "冷战"后中国负责任大国身份的建构 [J]. 教学与研究，2006，（1）.

53. 李德芳. 体育外交的作用及其运用——以北京奥运会为例 [J]. 现代国际关系，2008，（10）.

54. 黎尔平. 全球公民社会的理论与逻辑困境 [J]. 马克思主义与现实，2004，（3）.

55. 李慧明. 国际社会的负责任大国——当代中国的身份诉求与实践建构 [J]. 国际关系学院学报，2008（1）.

56. 李凯. 全球性媒介事件与国家形象的建构和传播 [D]. 复旦大学，2005.

57. 李小华. 解析"中国威胁论"与"中国崩溃论"的神话 [J]. 当代亚太，1999，（11）.

58. 李艳芳. 国家形象在大国崛起中的战略作用及其建构 [D]. 学位论文，陕西师范大学，2007.

59. 李争平，张翠微. 走出新的援外之路 [N]. 经济日报，1995-11-14（5）.

60. 李智. 论全球化传播语境下的国家形象建构 [J]. 阴山学刊，2009，（1）.

61. 李之侠. 建立世界传播新秩序势在必行 [J]. 国际新闻界，1998.（1）.

62. 梁晓波. 中国国家形象的跨文化建构与传播 [J]. 武汉大学学报，2014（1）.

63. 梁媛. 媒介外交与国家形象塑造 [D]. 学位论文，福建师范大学，2007.

64. 廖宏斌. 我国公共外交的发展现状及对策分析 [J]. 四川大学学报（哲学社会科学版），2007，（5）.

65. 廖宏斌. 公共外交：国际经验与启示 [J]. 当代世界与社会主义（双月刊），2009，（1）.

66. 缪开金. 中国文化外交研究 [D]. 博士论文，中央党校，2006.

67.[韩] 林锡俊，[美] 乔·菲利浦斯，[中] 叶克林 .CSR "品牌"：以企业社会责任提升国家形象 [J]. 学海，2007，（3）.

68. 林哲，薛求知 . 我国国家文化整合传播：概念、动因和目标分析——基于国际政治的视角 [J]. 国际论坛，2005，（1）.

69. 刘东国 . 中国面临的资源环境问题与和谐世界的建设 [J]. 教学与研究，2007，（11）.

70. 刘宏松 . 中国的国际组织外交：态度、行为与成效 [J]. 国际观察，2009，（6）.

71. 刘军 . 从现实主义到建构主义 [J]. 社会科学，2004，（2）.

72. 刘珺 . 网络环境下对外传播与国家形象塑造 [J]. 新闻知识，2007，（7）.

73. 刘美，吴娅茹，孔祥云 . 品牌建设的国家思考 [J]. 经济研究参考，2009，（37）.

74. 刘美珣等 . 自品牌建设的国家思考 [J]. 经济研究参考，2009，（37）.

75. 刘乃京 . 媒体全球化对外交的挑战 [J]. 国际论坛，2001，（3）.

76. 刘胜湘 . 国家安全观的终结——新安全观质疑 [J]. 欧洲研究，2004，（1）.

77. 刘水明，王小光 . 文化外交彰显魅力——文化部长孙家正畅谈今年我国对外文化交流工作 [N]. 人民日报，2005-12-19（7）.

78. 刘小燕 . 关于传媒塑造国家形象的思考 [J]. 国际新闻界，2002，（2）.

79. 刘小燕 . 从国民形象传播看国家文明形象的构建 [J]. 国际新闻界，2007，（3）.

80. 刘艳房，张骥 . 国家形象及中国国家形象战略研究综述 [J]. 探索，2008，（2）.

81. 罗建波 . 中国对非洲外交视野中的国家形象塑造 [J]. 现代国际关系，2007，（7）.

82. 罗建波 . 中国国家形象战略的基本框架与实现途径 [J]. 理论视野，2007，（8）.

83. 门洪华 . 压力、认知与国际形象——关于中国参与国际制度战略的历史解释 [J]. 世界经济与政治，2005，（4）.

84. 门洪华，周厚虎 . 中国国家形象的建构及其传播途径 [J]. 国际观察，2012（1）.

85. 孟建. 大公关视域下的国家形象建构 [J]. 国际公关，2011（2）.

86. 倪建平，黄卫红. 关于中国国家形象与外交政策的理论思考 [J]. 毛泽东邓小平理论研究，2004.（10）.

87. 祁述裕. 如何塑造我国的国家文化形象 [N]. 解放日报，2006-11-06（13）.

88. 乔舒亚·库珀·雷默. 事关形象的紧急关头 [N]. 参考消息，2006-10-04（16）.

89. 乔旋. 构建中国文化外交新战略提升国家形象 [J]. 教学与研究，2010（5）.

90. 全国党建研究会秘书处. 新中国成立 60 年来党的建设主要成就与经验研讨会综述 [J]. 党建研究，2009，（12）.

91. 任燕华. 国民素质与国际竞争力 [J]. 江汉论坛，2006，（6）.

92. 桑颖. 论国际旅游与国家形象的塑造 [J]. 东南亚纵横，2009，（9）.

93. 时殷弘. 关于中国的大国地位及其形象的思考 [J]. 国际经济评论，1999，（10）.

94. 宋效峰. 新中国对非洲援助评析 [J]. 亚洲论坛，2002，（1）.

95. 宋效峰. 国际威望政策与中国的和平崛起 [J]. 江苏社会科学，2006，（3）.

96. 苏长和，朱鸣. 世界政治中的跨国利益集团 [J]. 现代国际关系，1998，（11）.

97. 苏长和. 中国与国际制度 [J]. 世界经济与政治，2002，（10）.

98. 苏长和. 中国的软权力——以国际制度与中国的关系为例 [J]. 国际观察，2007，（2）.

99. 苏淑民. 公共外交与中国国家形象的塑造 [J]. 教学与研究，2008，（1）.

100. 孙宝印. 日本韩国国家形象塑造的启示 [J]. 对外大传播，2007，（3）.

101. 孙建社. 中国外交战略理念的转变：由强调"斗争"到主张"合作" [J]. 社会主义研究，2008，（3）.

102. 孙明哲. 国际关系的文化因素及其价值约束——兼论文化的认识功能 [J]. 学术交流，2006，（3）.

103. 孙溯源. 集体认同与国际政治———一种文化视角 [J]. 现代国际关系, 2003,（1）.

104. 孙有中. 国家形象的内涵及其功能 [J]. 国际论坛, 2002,（3）.

105. 汤光鸿. 论国家形象 [J]. 国际问题研究, 2004,（4）.

106. 唐小松. 中国公共外交的发展及其体系构建 [J]. 现代国际关系, 2006,（2）.

107. 王公龙. 塑造负责任的大国形象 [J]. 党政论坛, 2007,（3）.

108. 王浩雷. 关于党和国家形象对外表述的若干问题 [J]. 北京大学学报（哲学社会科学版), 2008,（3）.

109. 王海洲. 国家形象研究的知识图谱及其政治学转向 [J]. 政治学研究, 2013（3）.

110. 汪红伟. 中国军事外交及其国际形象效应 [J]. 当代世界, 2009,（4）.

111. 王家芬. 论邓小平国家形象思想 [J]. 求实, 2002,（2）.

112. 王家瑞. 高扬和平发展合作旗帜，努力推动构建和谐世界——学习江泽民同志国际战略和外交思想的几点体会 [J]. 求是杂志, 2006,（21）.

113. 王建友. 大国崛起与大国国民意识 [J]. 湖北省社会主义学院学报, 2007,（6）.

114. 王生才. 中国的大国外交战略与大国形象塑造 [J]. 高校社科动态, 2007,（1）.

115. 王实. 塞舌尔国家形象品牌塑造 [J]. 中国广告, 2008,（12）.

116. 王玮. 国际制度对非成员国的作用 [J]. 国际观察, 2009,（2）.

117. 王希. 有关中国国际形象的思考 [J]. 国际新闻界, 2000,（1）.

118. 王欣. 全球视野中的中国国家文化利益及其实现方式 [J]. 江海学刊, 2005,（4）.

119. 王学东. 国家声誉与国际制度 [J]. 现代国际关系, 2003,（7）.

120. 王学东. 国家崛起与国家声誉 [J]. 现代国际关系, 2004,（7）.

121. 王逸舟. "9·11" 综合症与新的国际安全态势 [J]. 世界经济与政治, 2001,（11）.

122. 王钰. 权力与声誉——对中国在美国国家形象及其构建的研究 [D]. 博士论文, 复旦大学, 2006.

123. 王珏. 东亚地区中国国家形象解析 [J]. 世界经济与政治论坛, 2007, （5）.

124. 王玉贵. 论民间外交 [J]. 盐城师范学院学报（人文社会科学版）, 2008, （5）.

125. 韦宗友. 权力、软权力与国家形象 [J]. 国际观察, 2005, （5）.

126. 温朝霞. 跨文化传播视阈中的国家形象塑造 [J]. 探索, 2009, （3）.

127. 温家宝. 政府工作报告 [N]. 人民日报, 2007-03-18（3）.

128. 吴飞, 陈艳. 中国国家形象研究述评 [J]. 当代传播, 2013（1）.

129. 吴亚明. 中共中央台办、国务院台办主任陈云林就当前两岸关系问题发表谈话 [N]. 人民日报, 2008-05-2.

130. 吴瑛. 国际舆论格局与我国对外传播的路径选择 [J]. 新视野, 2009, （4）.

131. 吴友富. 战略视域下的中国国家形象传播 [J]. 国际观察, 2012, （4）.

132. 夏立平. 论中国和平崛起的重要战略机遇期 [J]. 毛泽东邓小平理论研究, 2004, （1）.

133. 肖克. 建构主义视角下的国家安全分析 [J]. 内蒙古社会科学（汉文版）2007, （1）.

134. 谢雪屏. 论文化软权力与中国国家形象的塑造 [J]. 山西师大学报（社会科学版）, 2009, （9）.

135. 许峰, 朱雯. 肯尼斯·伯克话语修辞观视角下的国家形象塑造 [J]. 理论月刊, 2014, （8）.

136. 许华. 俄罗斯国家形象与软实力 [J]. 俄罗斯东欧中亚研究, 2013, （3）.

137. 徐进. 国家品牌指数与中国国家形象分析 [J]. 国际关系学院学报, 2012, （1）.

138. 徐小鸽. 国际新闻传播中的国家形象问题 [J]. 新闻与传播研究, 1996, （2）.

139. 徐小红. 西方国家新闻媒体同外交决策的关系 [J]. 外交学院学报, 2003, （4）.

140. 阎志军. 企业品牌国际化中的国家品牌效应 [J]. 国际经济合作,

2007,（9）.

141.阎志民.抓住重要战略机遇期全面建设小康社会 [J].理论探讨,2003,（1）.

142.杨冬云.国家形象的构成要素与国家软实力 [J].湘潭大学学报（哲学社会科学版）,2008,（5）.

143.杨洁篪.维护世界和平促进共同发展——纪念新中国外交 60 周年 [J].求实,2009,（19）.

144.杨洁勉.重要战略机遇期与中国外交的历史任务 [J].毛泽东邓小平理论研究,2003,（4）.

145.杨金海.文化帝国主义与军事帝国主义 [J].马克思主义与现实,1999,（4）.

146.杨阳.浅析文化在国际关系中的作用 [J].现代国际关系,2002,（4）.

147 杨烨,卜新兵.试论中国社会主义国家形象的理论构建与实践探索 [J].江西师范大学学报,2010,（2）.

148.姚洪越.试论毛泽东和平思想的内容、特点和地位 [J].理论学刊,2009,（5）.

149.姚奇志,胡文涛.日本文化外交的观念变革与实践创新 [J].日本学刊,2009,（5）.

150.尹鸿.国际化语境中的当前中国电影 [J].当代电影,1996,（6）.

151.于朝晖.整合公共外交——国家形象构建的战略沟通新视角 [J].国际观察,2008,（1）.

152.于朝晖."9·11"后美国中东战略传播管理研究 [J].阿拉伯世界研究,2008,（7）.

153.喻国明.关于对外传播的一点断想 [J].对外大传播,2004,（5）.

154.俞可平.论全球化与国家主权 [J].马克思主义与现实（双月刊）,2004,（1）.

155.袁正清.从安全困境到安全共同体:建构主义的解析 [J].欧洲研究,2003,（4）.

156.曾河山.从英法韩文化战略看国家形象的塑造 [J].对外大传播,2007,（2）.

157. 章百家. 改变自己，影响世界——20 世纪中国外交基本线索刍议 [J]. 中国社会科学，2002，（1）.

158. 张昆，徐琼. 国家形象刍议 [J]. 国际新闻界，2007，（3）.

159. 张昆，刘旭彬. 中国国家形象传播的思考 [J]. 理论月刊，2008，（9）.

160. 张连福. 在曲折中前行：新世纪两岸关系述评 [J]. 高等教育与学术研究，2009，（10）.

161. 张启波. 简论毛泽东外交战略思想的基本特色 [J]. 外交学院学报，1993，（4）.

162. 张清敏. 全球化环境下的中国文化外交 [J]. 外交评论，2006，（1）.

163. 张胜军. 新世纪中国民间外交研究：问题、理论和意义 [J]. 国际观察，2008，（5）.

164. 张郁慧. 中国对外援助研究 [D]. 博士论文，中央党校，2006.

165. 赵启正. 加强公共外交，建设国际舆论环境 [J]. 对外大传播，2007，（4）.

166. 赵启正. 由民间外交到公共外交 [J]. 外交评论，2009，（5）.

167. 赵彦云. 中国国际竞争力最新分析报告 [N]. 经济日报，2003-09-02.

168. 赵均. 体育与中国国家形象研究 [J]. 北京体育大学学报，2012，（1）.

169. 周俊. 全球公民社会在治理结构中的作用及其限度 [J]. 马克思主义与现实，2008，（1）.

170. 周丕启. 政治合法性与国际稳定 [J]. 国际论坛，2001，（5）.

171. 周丕启. 国际关系中的政治合法性 [J]. 世界经济与政治，2002，（3）.

172. 周琦，彭震. "中国威胁论" 成因探析 [J]. 湘潭大学学报（哲学社会科学版），2009，（3）.

173. 周庆安. 国家形象宣传片的历史规律与现实挑战 [J]. 对外传播，2011，（3）.

174. 周洋，濮端华. 文化认同视域下国家形象的建构路径 [J]. 南京政治学院学报，2014，（6）.

175. 朱凯兵，成曦. 论中国国际形象的定位、塑造与展示 [J]. 南京政治学院学报，2006，（6）.

176. 庄锡福. 社会文明建设与政治文明建设辩证关系分析 [J]. 马克思主义

研究，2006，（6）.

　　177. 资中筠 . 杂说东西方国家关系中的文化因素 [J]. 方法，1998，（1）.

四、英文文献

　　1. Alt, James and Randall Calvert. "Reputation and Hegemonic Stability：a Game-Theoretic Analysis", *American Politial Science Review*,Vol. 82, No. 2 (Jun., 1988).

　　2. Andon, Lams. "Deeds speak louder than words", *the Washington Quarterly*, 25, 2, (Spring 2002).

　　3. Berridge,G.R,Alan James. *Dictionary of Diplomacy*(London：Palgrave, 2001).

　　4. Boulding, Kenneth. *The Image Knowledge in Life and Society*(Ann Arbor：University of Michigan,1956).

　　5. Boulding, Kenneth. "National Images and International Systems", *Journal of Conflict Resolution 3*,(Feb.1959).

　　6. British Council & Foreign and Commonwealth Office."Think UK Final Report", February 2004.

　　7. Chas, Jr., W. Freeman. *Arts of Power-Statecraft and Diplomacy*(Washington D.C.：United States Institute of Peace Press, 1997).

　　8. Choi, Jinbong. "Framing North Korea as Axis of Evil"(Ph.D. dissertation, the University of Minnesota,2005).

　　9. Choucri, Nazli, Robert C. *North, Nations in Conflict National Growth and International Violence*(New York：W.H. Freeman & Company,1975).

　　10. Cohen, Warren I. *East Asia at the Center*(New York：Columbia University Press,2000).

　　11. Dennis, Eerette, George Gerbner. ed. *Beyond the Cold War*(Newbury Park：Sage Publications,1991).

　　12. Dower, John W. *War Without Mercy*(New York：Randon House, 1986).

　　13. Edgar, Iain R. Guide to Image Work：*Imagination-based Research Methods*(New York：Routledge,2004).

14. Egon, Brunswik. *The Conceptual Framework of Psychology*(Chicago: University of Chicago Press,1952).

15. Erik, Karl. "Rosengren,International News: Methods,Data,and Theory", *Journal of Peace Research*(1974).

16. Farmer, Edward L. "Sifting Truth from Facts: The Reporter as Interpreter of China," in *Voices of China*, ed. Chin-Chuan Lee(New York: The Guildford Press, 1990).

17. Foyle, Douglas Charles. *The Influence of Public Opinion on American Foreign Policy Decision Making Context, Beliefs, and Process*(Duke University,1997).

18. Franke, Wolfgan. *China and the West*(New York: HarPer&Row,Publishers,1967).

19. Fuller, Graham. *Hearing To Examine U.S. Understanding of Arab Social and Political News Media*(New York, N.Y.: Carol Publishing Group,1990).

20. Giffard,C.Anthory,Nancy K.Rivenburgh. "News Agencies,National Images and Global media events",*Journalism and Mass Communication Quarterly* 77,(Spring 2000).

21. Hawk, Beverly G. *Africa's Media Image*(New York: Praeger,1992).

22. Hermann, Charles F. ed. *International Crises Insights from Behavioral Research*(New York : Free Press,1972).

23. Hill, Christopher. "World Opinion and the Empire of Circum-stance", *International Affairs*,Vol.72,No.1,Jan.1996.

24. Holsti, Ole R. *Public Opinion and American Foreign Policy*(The University of Michigan Press,1996).

25. Horne, John., Alan Tomlinsm, Garry Whannel: *Understanding Sport* (W&FN Press, 1999).

26. Iriye, Akira. *Mutual Images*(Cambridge: Harvard University Press,1975).

27. Jaffe, Eugene D& Nebenzahl, Israel D. *National Image and Competitive Advantage*(Copenhagen : Copenhagen Business School Press, 2001).

28. Jervis, Robert. *The logic of Image in International Relations*(Princeton:

Princeton University Press, 1970).

29. Jervis, Robert. *Perception and Misperception in International Politics* (Princeton: Princeton University Press,1970).

30. Kamalipour, Yahya R. *The U.S. Media and the Middle East*(Westport: Greenwood Press,1995).

31. Katzensteine, Peter. *The Culture of National Security Norms and Identity in World Politics*(Cornel University Press,1996).

32. Keohane, Robert O, Joseph S. Nye. "Power and Interdependence in the Information Age", *Foreign Affairs*,(Fall 1998).

33. Knutson, Jeanne N. ed. *Handbook of political Psychology*(San Francisco. Jossey-Bass,1973).

34. Lee, Chin-Chuan. *Voices of China*(New York: The Guildford Press, 1990).

35. Lee, Suman. "A Theoretical Model of National Image Processing and International Public Relations"(Ph.D. Dissertation, Syracuse University, 2004).

36. Llosa, Mario Vargas. "The Culture of Liberty", *Foreign Policy*, (January/ February 2001).

37. Luther, Catherine A. *Press Images, National Identity, and Foreign Policy a Case Study of U.S.-Japan Relation from 1955-1995*(New York: Routledge, 2001).

38. Malek,Abbas. *News Media and Foreign Relations a Multifaceted Perspective*(Norwood: Ablex Publication,1997).

39. Mancall, Mark. *China at the Center*(New York: the free press,1984).

40. Mcgiffert, Carola. ed. *China in the American Political Imagination* (Washington, D.C: The Csis Press, 2006).

41. Mercer, Jonathan. *Reputation and International Politics*(Ithaca and London: Cornell University Press,1996).

42. Merrill., J.C. *Global Journalism A Survey of International Communication*, 3rd ed. (New York: Longman, 1995).

43. Miller, George A. *Language and Communication*, 2nd ed. (New York: McGraw-Hill, 1963).

44. Nathan, James A. & James K. Oliver. *Foreign Policy Making and the*

American Political System (The Third Edition, The Johns Hopkins University Press,1994).

45. Newman, Bruce I. *Handbook of Political Marketing* (Sage Publications. Inc,1999)

46. Nye, Joseph Jr. *The Paradox of American Power Why the World's Only Superpower Can't Go It Alone* (New York: Oxford University Press, 2002).

47. Nye, Joseph Jr. *Soft Power The Means to Success in World Politics*(New York: Public Affairs,2004).

48. Nye, Joseph S. and William A. Owens. "America's Information Edge", *Foreign Affairs*, (March/April1996).

49. Perry, David K. "The Image Gap: How International News Affects Perceptions of Nations", *Journalism Quarterly* (Summer/Autumn,1987).

50. Pew Global Attitudes Project team .Global Public Opinion in the Bush Years (2001-2008) [EB/OL].*http//pewglobal.org/reports/display.php? ReportID=263*

51. Rielly, John E. *American Public Opinion and U.S. Foreign Policy 1999* (The Chicago Council on Foreign Relations).

52. Rosengren, Karl Erik. "International News: Methods, Data, and Theory", *Journal of Peace research*(1974).

53. Shambaugh,David. "Introduction: Imaging Demons: the Rise of Negative Imagery in U.S.-China Relations",*Journal of Contemporary China*,2003,12(35).

54. Sheng, Ding. "The Soft Power and the Rise of China"(Ph.D. Dissertation, The State University of New Jersey,2006).

55. Soensen, Thomas C. *The Word War The Story of American Propaganda* (New York: Harper and Row, 1968).

56. Suman, Lee. A. "Theoretical Model of National Image Processing and International Public Relations", (Ph.D.Dissertation, Syracuse University, 2004).

57. Su Shangming. "Changing American Images of China as Reflected in the New York Times, the Washington Post, and the Christian Science Monitor, 1972-1985"(Ph.D. Dissertation, University of Hawaii,1991).

58. Taylor,Philip M.*Global Communications,International Affair and the Media since 1945*(London and New York：Routledge,1997)

59. Tuch, Hans N. *Communicating in the World U. S. Public Diplomacy Overseas* (New York：St. Martin's Press,1990).

60. Uriel, Rosenthal, Charles Michael T. *Coping with Crises The Management of Disasters, Roits and Terrorism*(Springfield : Charles C. Thomas, 1989).

61. Walt, Stephen M. *The Origins of Alliances*(Ithaca and London：Cornell University Press,1987).

62. Wang, Jianwei. *Limited Adversaries Post Cold War Sino-American Mutual Images* (Oxford University Press, 2000).

63. Weaver, K. "The changing world of thinktanks", *Political Science and Politics*, (1989),22(3).

64. Wendt, Alexander. "Anarchy Is What States Make of It：The Social Construction of Politics Power", *International Organization*,(Vol.46,1992).

65. Yan, Wenjie. "A Q-Analysis of the Changing Image of China in the 'New York Times'from 1949-1988" (Ph.D. Dissertation. Buffalo：State University of New York, 1993).

66. Yue, Ren. "National Image Conflict and the Pursuit of Nuclear Independence "(Ph.D. Dissertation, Columbia University,1994).

后　记

　　本书是 2012 年笔者申报、主持的国家社科基金青年项目"战略视野下中国国家形象塑造研究（课题号：12CXW037）"的结题成果，是博士论文《国家形象战略研究》的提升和完善。与博士论文相比较，本书在观点、重点、内容和结构四个方面做了调整和完善。

　　第一，观点的完善。国家形象战略目标的实现不仅有赖于具体的国家形象建设和传播行动，还有赖于对国家形象战略实施过程进行有效的管理。国家形象战略实施的过程从某种程度上讲，就是国家形象战略管理过程。本成果在国家形象战略实施的环节增加了"战略管理"内容。国家形象战略管理是对战略过程的管理，涉及到战略设计和规划、协调、控制、评估以及危机管理等环节。"国家形象战略管理"内容的增加使国家形象战略框架更加合理、完整。

　　第二，重点的调整。从理论框架为重点变为以"中国国家形象战略方案"为重点。博士论文的重点在于构建国家形象战略理论框架，文章的布局也体现了这一点。论文共 7 章，理论部分占据了 5 章。本书的重点调整为"中国国家形象战略方案"。这是深化研究的要求和结果，也是课题的重要意义和价值所在。从成果的结构安排来看，全书共 14 章，理论部分仍为 5 章，但中国国家形象战略方案设计部分由原来的 1 章扩充为 5 章。本书第二部分新增的3 章内容侧重于对大国国家形象塑造经验的总结，也是服务于中国国家形象战略方案的设计。

　　第三，内容的删增。本书在博士论文基础上压缩删减了 7 万余字，新增8 万余字，包括一些新的材料和内容。文章章节由博士论文的 7 章增加到现在的 14 章。一些章节是由原博士论文中的一节或一目扩充而来。

第四，结构的调整。博士论文和本书的结构都是按照"理论—历史—方案"的思路安排。博士论文这三部分的章节比例为 5：1：1，后两部分略显单薄；本书明确分为三部分：理论部分、历史部分和方案部分，三者的比例为 5：4：5，结构更清晰、合理、均衡。

呈现在大家面前的这份 22 万字的成果，得益于各个方面的支持和帮助。这里首先要感谢国家社科基金委给予本课题的资助，使已有的研究得以继续和深化，坚定了我坚持已有研究方向的决心，也鼓励着一个年轻人坚持在科研道路上跋涉前行。这里还要感谢博士导师宫力教授在学术道路上给予的培养、指导和影响；感谢北京大学王缉思老师，清华大学史安斌、周庆安老师以及中央党校刘建飞、康少邦、郭建平、左凤荣、王红续、门洪华等老师的指导和教诲；感谢国际关系学院的赵晓春、刘跃进教授对深化研究成果提出的真知灼见。感谢国家行政学院中国外交和国际事务中心主任于军教授的鼓励和支持。感谢课题组成员的合作和努力，国家外文局的孙敬鑫在材料、观点方面贡献良多，还有中共中央对外联络部的王洪涛、新华社新闻所的谭林茂和全国人大杂志社的刘文学。感谢研究生涉立立、朱伟婧等在研究中做出的贡献。最后还要感谢北京体育大学有关领导、老师在课题研究中给予的大力支持。

另需说明的是，课题成果有关内容作为阶段性成果已经公开发表。

2019 年 12 月 30 日